Reinhild Kemper
Dieter Teipel

Betreuung von Leistungssportlern mit Behinderung an Olympiastützpunkten und spezifischen Fördereinrichtungen

SPORTVERLAG *Strauß*

Anschrift der Autoren:
PD Dr. Reinhild Kemper
Prof. Dr. Dieter Teipel
e-Mail: Dieter.Teipel@uni-jena.de
Abteilung Sportpsychologie/Sportmotorik
Institut für sportwissenschaft
Fakultät für Sozial- und Verhaltenswissenschaften
Friedrich-Schiller-Universität Jena
Seidelstraße 20
07749 Jena

Bibliografische Information der Deutschen Nationalbibliothek

Die Deutsche Nationalbibliothek verzeichnet diese Publikation in der Deutschen Nationalbibliografie; detaillierte bibliografische Daten sind im Internet über <http://dnb.ddb.de> abrufbar.

Kemper, Reinhild; Teipel, Dieter
Betreuung von Leistungssportlern
mit Behinderung an Olympiastützpunkten
und spezifischen Fördereinrichtungen.
Sportverlag Strauss, Köln 2008 – 1. Auflage
ISBN   978-3-939390-07-7

© SPORTVERLAG Strauß
Olympiaweg 1 - 50933 Köln
Tel (0221) 846 75 76
Fax (0221) 846 75 77
e-Mail: info@sportverlag-strauss.de
http: //www.sportverlag-strauss.de

Herstellung: buch bücher dd ag, Birkach
Satz und Cover: Reinhild Kemper
Einband: HKS 6 Hopf Kommunikation & Service, Berlin
Printed in Germany

Abstract

In dem vorliegenden Beitrag werden 2 Forschungsprojekte einbezogen. Es handelt sich zum einen in der Studie 1 um die Organisation der Betreuung an Olympiastützpunkten aus der Perspektive von behinderten Athleten und zum anderen in der Studie 2 um die Betreuung von behinderten Leistungssportlern an Olympiastützpunkten und spezifischen Fördereinrichtungen aus der Perspektive von Trainern und Funktionären.

In der Studie 1 wird die Beratung und Betreuung behinderter Leistungssportler an den diversen Betreuungseinrichtungen im Leistungssport aus der Sicht der Athleten mit Behinderung analysiert. An der Befragung anhand eines umfangreichen Fragebogens nahmen insgesamt 113 Leistungssportler mit Behinderung (47 Frauen und 66 Männer) teil. Das Durchschnittsalter der 113 behinderten Athleten betrug 32.08 Jahre. Bei den 113 behinderten Leistungssportlern handelte es sich um 89 Athleten mit Körperbehinderungen in Form von Einschränkungen im Stütz- und Bewegungsapparat, um 10 Athleten mit Sehbehinderungen, um 6 Leistungssportler mit Blindheit und um 4 Athleten mit Behinderungen im zentralen und peripheren Nervensystem.

Die Leistungssportler mit Behinderung gaben an, dass ihnen von den Betreuungseinrichtungen die Olympiastützpunkte (OSP) und die Firmen für die Geräteherstellung (z.B. Prothesen, Rollstühle) erheblich bekannter waren als die Institute für Sportwissenschaft (ISW), das Institut für Angewandte Trainingswissenschaft (IAT) und vor allem als das Institut für Forschung und Entwicklung von Sportgeräten (FES). Von den 113 befragten Athleten mit Behinderung wurden 47 Leistungssportler (41.59%) durchgängig an einem Olympiastützpunkt (OSP) betreut. 64 Athleten wurden von keinem Olympiastützpunkt (OSP) betreut, und 2 Sportler machten zu ihrer Betreuungssituation keine Angaben.

Ca. 50% der 113 behinderten Leistungssportler beantworteten die Fragen zur Bekanntheit der einzelnen Betreuungsbereiche am Olympiastützpunkt (OSP). Die Betreuungsbereiche der Medizinischen Leistungsdiagnostik, der psychotherapeutischen/physikalischen Therapie, der Laufbahnberatung, der Krankengymnastik und der Ernährungsberatung waren ihnen weitgehend bekannt, wohingegen die allgemein-medizinische Betreuung, die biomechanische Leistungsdiagnostik, die orthopädisch-medizinische Betreuung, die psychologische Beratung und die internistisch-medizinische Betreuung weniger bekannt waren.

Nach der Auffassung von 78 Leistungssportlern mit Behinderung (69.02%) zeigte sich in dem neuen Leistungssportkonzept des Deutschen Behindertensportverbandes (DBS) eine leichte Verbesserung in der Öffentlichkeitsarbeit des Verbandes.

In der Studie 2 werden Aspekte der Betreuung von Leistungssportlern mit Behinderung an Olympiastützpunkten (OSP) und weiteren Fördereinrichtungen anhand von Befragungen von Trainern und Funktionären analysiert. Es wurde eine quantitative Befragung von Trainern mittels eines Fragebogens sowie eine qualitative Befragung von Trainern, Vertretern von Olympiastützpunkten (OSP) und von weiteren Betreuungseinrichtungen anhand des Leitfadeninterviews durchgeführt. An der quantitativen Befragung mittels eines Fragebogens nahmen 41 Trainer, an der qualitativen Befragung mittels des Interviews 14 Personen teil.

Aus der quantitativen Befragung der 41 Trainer ging hervor, dass ihnen von den Betreuungseinrichtungen an erster Stelle die Olympiastützpunkte (OSP) bekannt waren, gefolgt von den Firmen für die Geräteherstellung, den Instituten für Sportwissenschaften (ISW), dem Institut für Angewandte Trainingswissenschaft (IAT) und dem Institut für Forschung und Entwicklung von Sportgeräten (FES). Hinsichtlich der Nutzung der Serviceeinrichtungen an den Olympiastützpunkten (OSP) wurde deutlich, dass die von den Trainern betreuten Athleten vorrangig die medizinische Leistungsdiagnostik und die Physiotherapie in Anspruch nahmen. Die Trainer erachteten die positiven Auswirkungen des Leistungssportkonzepts des Deutschen Behindertensportverbandes (DBS) in der Verbesserung der Öffentlichkeitsarbeit des Verbandes und der leistungssportbezogenen Strukturen sowie in der Nutzung der trainingswissenschaftlichen Erkenntnisse. Den befragten Cheftrainern waren die Angebote der Olympiastützpunkte (OSP) bekannter als den Heimtrainern. Die Cheftrainer beurteilten die Auswirkung des Leistungssportkonzepts auf die Veränderung der organisatorischen Strukturen in Annäherung an die Struktur des Leistungssports der Nichtbehinderten als nachweislich positiver als die Heimtrainer.

Die qualitative Befragung anhand eines Interviewleitfadens wurde mit 14 Personen (4 Trainern, 7 Vertretern von Fördereinrichtungen und 3 Vertretern des Deutschen Behindertensportverbandes (DBS)) durchgeführt.

Die Trainer bekundeten in Bezug auf die Betreuung ein hohes Maß an Gleichberechtigung der behinderten Leistungssportler mit den Sportlern aus dem Nichtbehindertenbereich. Die Vertreter der Olympiastützpunkte (OSP) konstatierten hinsichtlich der Betreuungssituation der Athleten mit Behinderung an ihren Stützpunkten eine intensive Nutzung der Serviceangebote. Die Kader-Athleten mit den unterschiedlichen Behinderungsarten und Schadensklassen nahmen das Betreuungsangebot der Olympiastützpunkte (OSP) an. Ferner wurden auch talentierte Nachwuchsathleten im Sinne der Talentförderung in die Betreuung einbezogen. Die Gleichberechtigung in der Betreuung der behinderten Leistungssportler wurde als bereits weitgehend umgesetzt erachtet. Die Vertreter des Deutschen Behindertensportverbandes (DBS) wünschten sich eine noch intensivere und umfangreichere Betreuung der Athleten durch die einzelnen Olympiastützpunkte (OSP).

Vorwort

In der vorliegenden Veröffentlichung werden aus thematischen Gründen 2 Forschungsprojekte im Überblick dargestellt. Es handelt sich zum einen in der Studie 1 um die ‚Organisation der Betreuung an Olympiastützpunkten (OSP) aus der Perspektive von behinderten Athleten'. Diese Studie wurde vom Deutschen Sportbund (DSB) in Kooperation mit dem Deutschen Behindertensportverband (DBS) angeregt und im Jahr 2004 finanziell unterstützt.

Die Studie 2 war dem Thema der ‚Betreuung von behinderten Leistungssportlern an Olympiastützpunkten (OSP) und spezifischen Fördereinrichtungen aus der Perspektive von Trainern und Funktionären' gewidmet. Hierbei handelte es sich um eine Studie des Bundesinstituts für Sportwissenschaft (BISp). Diese Untersuchung wurde im Jahr 2005 vom Bundesinstitut für Sportwissenschaft Bonn (BISp) (VF 07/04/08/2005) finanziell gefördert.

Im vorliegenden Kontext gilt der Dank dem Deutschen Sportbund (DSB) und dem Bundesinstitut für Sportwissenschaft (BISp) für die organisatorische, finanzielle, strukturelle und inhaltliche Unterstützung der beiden Projekte. Ferner gebührt dem Deutschen Behindertensportverband (DBS) Dank für die ideelle und organisatorische Unterstützung bei der Planung, Durchführung und Auswertung der beiden Studien.

Außerdem ist den Athleten mit Behinderung für ihre bereitwillige Teilnahme an der Befragung zur Organisation der Betreuung an Olympiastützpunkten (OSP) aus der Perspektive von behinderten Athleten (Studie 1) zu danken. Darüber hinaus gilt der Dank den Trainern und Trainerinnen sowie den Funktionären und Funktionärinnen (Studie 2), die an der Befragung zur Betreuung von behinderten Leistungssportlern an Olympiastützpunkten (OSP) und weiteren spezifischen Fördereinrichtungen teilgenommen haben.

Schließlich ist den Mitarbeitern der Abteilung Sportpsychologie/Sportmotorik des Instituts für Sportwissenschaft Jena Dank zu sagen, nämlich Herrn Dr. Eckhard Enders, Frau Mag. Daniela Brinkmann, Frau Diplom-Sportwissenschaftlerin Claudia Rink, Herrn Diplom-Sportwissenschaftler Frank Füger und Frau Stud. Sportwissenschaftlerin Katja Römhild für ihre Unterstützung bei der Planung, der Vorbereitung, der Durchführung, der statistischen und inhaltsanalytischen Auswertungen der Befragungen sowie bei der Manuskripterstellung.

August 2008　　　　　　　　　　　　　　Reinhild Kemper, Dieter Teipel

Inhaltsübersicht

		Seite
1.	**EINFÜHRUNG (Studie 1 und 2)**	9
2.	**STUDIE 1:** Organisation der Betreuung an Olympiastützpunkten aus der Perspektive von behinderten Athleten	13
3.	**STUDIE 2:** Betreuung von behinderten Leistungssportlern an Olympiastützpunkten und spezifischen Fördereinrichtungen aus der Perspektive von Trainern und Funktionären	109
4.	**LITERATUR (Studie 1 und 2)**	235

1. EINFÜHRUNG

Der Leistungssport von Menschen mit Behinderung hat seit den Paralympics 1988 in Seoul und insbesondere seit den Paralympics 2000 in Sydney und den Paralympics 2004 in Athen international und national erheblich an Bekanntheit und Beachtung in den Medien und in der Öffentlichkeit gewonnen.

Für diesen Aufschwung des Sports und vor allem des Leistungssports von Menschen mit Behinderung waren in Deutschland die Verabschiedung des ‚Leistungssportkonzepts 2001' und die Vorlage des 10. Sportberichts der Bundesregierung im Jahre 2002 von wesentlicher Bedeutung.

Mit der Diskussion und Durchsetzung des ‚Leistungssportkonzepts 2001' für Leistungssportler[1] mit Behinderung unterstrich der Deutsche Behindertensportverband (DBS) u.a. die Notwendigkeit der zunehmenden Professionalisierung, der sozialen und beruflichen Förderung und der Optimierung des Trainingsumfeldes der Athleten, wozu auch die Betreuung in den unterschiedlichen Fördereinrichtungen gehörte.

Im Rahmen des 10. Sportberichts verwies das Bundesministerium des Innern (2002) auf der Basis der wachsenden Bedeutung des Leistungssports von Menschen mit Behinderung und der Notwendigkeit einer besseren Förderung auf eine deutliche Erhöhung der Fördermittel seit 1998 und stellte auch die Öffnung der Olympiastützpunkte für Athleten mit Behinderung ab dem Jahr 2000 heraus. Demnach konnten die behinderten Kaderathleten die umfassenden Serviceleistungen in der Grundversorgung (u.a. die medizinische Grundversorgung, die Leistungsdiagnostik in Teilbereichen, die Physiotherapie, die psychologische Grundberatung, die Ernährungsberatung und die Laufbahnberatung) in Anspruch nehmen. In der Folge hob das Bundesministerium des Innern (2004) die besondere Erfordernis der ärztlichen Beratung und Betreuung sowie der wissenschaftlichen Begleitung von Athleten mit Behinderung in Hinsicht auf die Vorbeugung von Verschlimmerungen von Behinderungen und Krankheiten und des Auftretens von Sekundärschäden hervor. Daher sollten die Leistungssportler mit Behinderung zunehmend von den einzelnen Abteilungen in den Olympiastützpunkten und Leistungszentren möglichst umfassend betreut und beraten werden.

Entsprechend dem Leistungssportkonzept des Deutschen Behindertensportverbandes (2001) wurde den trainingsbegleitenden Maßnahmen eine zentrale Rolle zur Optimierung der Leistungsfähigkeit und zur Kontrolle des Trainingsprozesses der behinderten Athleten zugesprochen. Allerdings orientierte sich das Untersuchungsinstrumentarium der Olympiastützpunkte auf nichtbehinderte Leistungssportler und berücksichtigte nicht die Erfordernisse und Spezifika der behinderten Sportler. Die komplexe Leistungsdiagnostik in den spe-

---

[1] In der vorliegenden Studie wird aus Gründen der Vereinfachung vornehmlich die männliche Bezeichnung gewählt. Selbstverständlich sind, wenn nicht extra gekennzeichnet, bei der ‚männlichen' Schreibform wie z.B. ‚Leistungssportler/Athleten' auch die ‚Leistungssportlerinnen/Athletinnen' gemeint.

ziellen Ausdauersportarten wie Langlauf, Skilanglauf und Radsport sollte mehrmals pro Jahr angeboten werden. Außerdem wurde die wissenschaftliche Trainingsbegleitung in starkem Maße intensiviert. Insofern wurde die Kooperation der Trainer und Athleten des Behindertensportverbandes mit den Olympiastützpunkten erheblich verstärkt.

Zur Analyse der Betreuung von **Leistungssportlern ohne Behinderung** in den Olympiastützpunkten und weiteren Fördereinrichtungen finden sich differenzierte Studien von u.a. Hackfort und Schlattmann (1992) sowie Schlattmann und Hackfort (1994) in Bezug auf die Laufbahnberatung und das Umfeldmanagement an Olympiastützpunkten, Emrich (1996) in Hinsicht auf soziologische Aspekte der Olympiastützpunkte und Hackfort, Emrich und Papathanassiou (1997) bezüglich der nachsportlichen Karriereverläufe. Außerdem liegen Studien u.a. von Kemper (2003) hinsichtlich spezifischer Karriereaspekte nichtbehinderter Leistungssportler, von Emrich, Pitsch, Fröhlich und Güllich (2004) in Bezug auf die Kenntnis und Nutzung der Olympiastützpunkte aus Sicht der nichtbehinderten Athleten sowie von Hackfort und Birkner (2004) mit Schwerpunkt auf der Förderung der Hochleistungssportler durch die Berufsausbildung vor.

Im Vergleich zu den nichtbehinderten Athleten wird den Leistungssportlern mit Behinderung trotz einer zunehmenden Tendenz offensichtlich noch eine erheblich geringere institutionelle Beratung, Betreuung und Unterstützung zuteil. Insofern finden sich noch Defizite in unterschiedlichen Bereichen hinsichtlich einer athletenspezifischen Grundförderung und vor allem Spezialförderung.

Spezifische Aspekte der Betreuung und Beratung von **Leistungssportlern mit Behinderung** in den Olympiastützpunkten und weiteren Fördereinrichtungen wurden bislang allenfalls in Studien von Scheid und Rieder (2000), Wiedmann (2003), Kemper (2003) und Scheid, Rank und Kuckuck (2003) thematisiert.

Die sportmedizinische und trainingswissenschaftliche Betreuung von behinderten Leistungssportlern an einem Olympiastützpunkt wurde von Wiedmann (2000) herausgestellt. Außer diesen Betreuungsbereichen wurden auch die Felder des Umfeldmanagements, der Trainingssicherung, der Öffentlichkeitsarbeit und der Vermarktung berücksichtigt. Darüber hinaus wurden die Athleten einzelner Disziplingruppen auch bei der Durchführung von Kaderlehrgängen unterstützt. Außerdem wurde mit dem Bau eines behindertengerecht ausgestatteten Funktionsgebäudes die Voraussetzung für Krafttraining und Regenerationsmaßnahmen auch für behinderte Leistungssportler geschaffen.

Nur wenige Leistungssportler mit Behinderung schätzten gemäß der Studie von Kemper (2003) die Beratung, Betreuung und insgesamt die Kooperation mit den Vertretern von Olympiastützpunkten als zufriedenstellend ein. Die meisten Athleten wünschten sich eine differenziertere Information über die Betreuungsangebote und die Möglichkeit der Nutzung der Grundversorgung und weiterer Angebote der Olympiastützpunkte.

Scheid, Rank und Kuckuck (2003) stellten in ihrer Befragung zu den Erwartungen der behinderten Athleten eine Verlagerung und Differenzierung der Beratung und Betreuung zu Gunsten der institutionellen Unterstützung fest. Die befragten Athleten mit Behinderung wünschten eine stärkere Betreuungs- und Beratungsleistung von den Fachverbänden und den Olympiastützpunkten in Form von Unterstützung bei den Finanzen, bei der Öffentlichkeitsarbeit und bei den Serviceleistungen.

Aufgrund der offensichtlichen Forschungslücken wurden umfangreiche quantitative und qualitative Befragungen zu der Organisation der Betreuung an Olympiastützpunkten aus der Sicht von Athleten mit Behinderung und aus der Sicht von Trainern und Funktionären durchgeführt.

In der vorliegenden Veröffentlichung finden sich daher diese beiden theoretisch, methodisch und analytisch aufeinander bezogenen Studien. Es handelte sich zum einen um:

Studie 1: ‚Organisation der Betreuung an Olympiastützpunkten aus der Perspektive von behinderten Athleten'.

Aufgrund des Defizits an Informationen und Erhebungen über die Durchführung und Beurteilung von Training und Betreuung behinderter Leistungssportler in Deutschland sowie über die Möglichkeiten der Betreuung von behinderten Leistungssportlern durch die Fördereinrichtungen wurde eine Bestandsanalyse vorgenommen. Daher wurden die Betreuung und Beratung bei den sich in der Vorbereitung für den Zielwettkampf Paralympics Athen 2004 befindlichen und durch den Deutschen Behindertensportverband (DBS) nominierten ca. 250 Kadersportlern anhand einer quantitativen Befragung mittels eines Fragebogens analysiert. Diese Studie wurde inhaltlich, organisatorisch und finanziell vom Deutschen Sportbund (DSB) unterstützt.

Im thematischem Anschluss und inhaltlicher Weiterführung handelt es sich zum anderen um:

Studie 2: ‚Betreuung von behinderten Leistungssportlern an Olympiastützpunkten und spezifischen Fördereinrichtungen aus der Perspektive von Trainern und Funktionären'.

In dieser Studie wurde die Kenntnis und Nutzung der Angebote von Olympiastützpunkten und weiteren Einrichtungen zur Förderung von Leistungssportlern mit Behinderungen anhand einer umfangreichen Befragung von Trainern und Funktionären untersucht. Hierbei wurden die Aspekte der Kenntnis und Nutzung der Fördereinrichtungen aus der Perspektive von Heimtrainern und Cheftrainern von Athleten mit Behinderung sowie von Vertretern von weiteren Fördereinrichtungen erfragt. Bei diesen Aspekten handelte es sich um die Bekanntheit, die Organisation, die Art und Häufigkeit der Nutzung von Bestandteilen der Betreuungseinrichtungen durch die behinderten Leistungssportler.

Die sowohl quantitative als auch qualitative Analyse der Kenntnis und Nutzung der Angebote von Olympiastützpunkten und weiteren Fördereinrichtungen durch Leistungssportler mit Behinderungen vorwiegend aus der Perspektive von Trainern und Funktionären wurde anhand einer quantitativen Befragung mittels eines Fragebogens und anhand einer qualitativen Befragung mittels eines Leitfadeninterviews vorgenommen. Diese Befragungen wurde inhaltlich und organisatorisch vom Deutschen Behindertensportverband (DBS) und finanziell vom Bundesinstitut für Sportwissenschaft (BISp) gefördert.

Somit werden in dem vorliegenden Beitrag 2 thematisch aufeinander bezogene Forschungsprojekte im Überblick dargestellt. Die beiden Studien werden jeweils strukturell mit der Zielstellung, der Methodik, der Darstellung und Diskussion der Ergebnisse sowie der Zusammenfassung und den Empfehlungen als unabhängige Projekte dargeboten. Das Literaturverzeichnis wird aus den Beiträgen und Veröffentlichungen aus den beiden Studien integrativ zusammengesetzt.

Auf der Grundlage der Befunde dieser beiden Studien wird angezielt, die Betreuung und Beratung der Leistungssportler mit Behinderung an den Olympiastützpunkten und den weiteren Fördereinrichtungen in der Vergangenheit und in der Gegenwart zu analysieren, Defizite in Kenntnis und Nutzung bei den Beteiligten zu verdeutlichen und Möglichkeiten der Verbesserung und Optimierung der Kooperation von Leistungssportlern mit Behinderung an den Olympiastützpunkten und weiteren Fördereinrichtungen herauszustellen.

2. STUDIE 1:

Reinhild Kemper & Dieter Teipel

Organisation der Betreuung an Olympiastützpunkten aus der Perspektive von behinderten Athleten

Inhaltsverzeichnis

		Seite
Inhaltsverzeichnis		15
1.	**ZIELSTELLUNG**	25
2.	**BETREUUNG VON LEISTUNGSSPORTLERN OHNE UND MIT BEHINDERUNG**	27
2.1	Betreuung von Leistungssportlern ohne Behinderung	27
2.2	Betreuung von Leistungssportlern mit Behinderung	30
2.3	Kennzeichnung der Betreuungseinrichtungen	36
2.3.1	Olympiastützpunkte (OSP)	36
2.3.2	Institut für Angewandte Trainingswissenschaft (IAT)	38
2.3.3	Institut für Forschung und Entwicklung von Sportgeräten (FES)	40
2.3.4	Institute für Sportwissenschaft (ISW)	41
2.3.5	Firmen für Geräteherstellung (Prothesen, Rollstühle)	42
2.3.6	Betreuung durch Olympiastützpunkte (OSP)	43
2.4	Spezifische Fragestellung	48
3.	**METHODIK**	51
3.1	Untersuchungsverfahren	51
3.2	Untersuchungspersonen	52
3.3	Untersuchungsdurchführung	62
3.4	Untersuchungsauswertung	62

4.	**DARSTELLUNG UND DISKUSSION DER ERGEBNISSE**	**63**
4.1	**Bekanntheit der Betreuungseinrichtungen**	**63**
4.2	**Betreuung am Olympiastützpunkt (OSP)**	**65**
4.2.1	Betreuung und Kenntnis der Betreuungsbereiche am Olympiastützpunkt (OSP)	65
4.2.2	Nutzung der Betreuungsbereiche am Olympiastützpunkt (OSP)	68
4.2.2.1	*Medizinische Betreuung am Olympiastützpunkt (OSP)*	68
4.2.2.2	*Physiotherapeutische/physikalische Betreuung am Olympiastützpunkt (OSP)*	70
4.2.2.3	*Krankengymnastische Betreuung am Olympiastützpunkt (OSP)*	72
4.2.2.4	*Betreuung nach Krankheiten und Verletzungen am Olympiastützpunkt (OSP)*	73
4.2.2.5	*Ernährungsberatung am Olympiastützpunkt (OSP)*	74
4.2.2.6	*Psychologische Beratung am Olympiastützpunkt (OSP)*	75
4.2.2.7	*Laufbahnberatung am Olympiastützpunkt (OSP)*	76
4.2.3	Zufriedenheit mit Betreuung am Olympiastützpunkt (OSP)	80
4.3	**Betreuung am Institut für Angewandte Trainingswissenschaft (IAT)**	**88**
4.4	**Betreuung am Institut für Forschung und Entwicklung von Sportgeräten (FES)**	**90**
4.5	**Betreuung an Instituten für Sportwissenschaft (ISW)**	**91**
4.6	**Betreuung durch Firmen für Geräteherstellung (Prothesen, Rollstühle)**	**94**

4.7	Umsetzung des Leistungssportkonzepts des Deutschen Behindertensportverbandes (DBS)	97
5.	ZUSAMMENFASSUNG UND EMPFEHLUNGEN	101
5.1	Zusammenfassung	101
5.2	Empfehlungen	107

Tabellenverzeichnis

Seite

Tabelle 2.1.	Auflistung der bestehenden Olympiastützpunkte in Deutschland seit 1997 (Bundesministerium des Innern, 2002, S. 33).	36
Tabelle 2.2.	Berliner Athen-Starter (Olympiastützpunkt Berlin, 2005).	46
Tabelle 2.3.	Betreuungsbilanz für das Jahr 2003 am Olympiastützpunkt Frankfurt/Rhein/Main(Olympiastützpunkt Frankfurt/Rhein/Main, 2005).	47
Tabelle 3.1.	Familienstand der Athleten.	52
Tabelle 3.2.	Kinder der Athleten.	52
Tabelle 3.3.	Schulausbildung der Athleten.	53
Tabelle 3.4.	Tätigkeitsfelder der Athleten.	54
Tabelle 3.5.	Wohnort der Athleten.	54
Tabelle 3.6.	Bundesland der Athleten.	55
Tabelle 3.7.	Art der Behinderung der Athleten.	56
Tabelle 3.8.	Ursachen der Behinderung der Athleten.	57
Tabelle 3.9.	Hautsportarten/Disziplinen der Athleten.	57
Tabelle 3.10.	Größte sportliche Erfolge der Athleten.	59
Tabelle 3.11.	Sportliche Erfolge der Athleten im Jahr 2003.	61
Tabelle 4.1.	Bekanntheitsgrad der Betreuungseinrichtungen (‚1=nicht bekannt' bis ‚5=sehr bekannt').	63
Tabelle 4.2.	Olympiastützpunkte der Athleten.	65
Tabelle 4.3.	Vorhandensein einzelner Betreuungsbereiche an Olympiastützpunkten.	66
Tabelle 4.4.	Nutzung der medizinischen Betreuung am Olympiastützpunkt (OSP).	68
Tabelle 4.5.	Häufigkeit der Nutzung der medizinischen Betreuung am Olympiastützpunkt im Jahr 2004 (‚1=vereinzelt' bis ‚5=mehr als 3mal pro Monat').	69

Tabelle 4.6.	Gründe für die Nichtnutzung der orthopädischen, internistischen und allgemein-medizinischen Betreuung am Olympiastützpunkt (OSP).	70
Tabelle 4.7.	Häufigkeit der Nutzung der physiotherapeutischen/physikalischen Betreuung am Olympiastützpunkt im Jahr 2004 (‚1=vereinzelt' bis ‚5=mehr als 3mal pro Monat').	71
Tabelle 4.8.	Gründe für die Nichtnutzung der physiotherapeutischen/physikalischen Betreuung am Olympiastützpunkt (OSP).	71
Tabelle 4.9.	Häufigkeit der Nutzung der krankengymnastischen Betreuung am Olympiastützpunkt im Jahr 2004 (‚1=vereinzelt' bis ‚5=mehr als 3mal pro Monat').	72
Tabelle 4.10.	Gründe für die Nichtnutzung der krankengymnastischen Betreuung am Olympiastützpunkt.	73
Tabelle 4.11.	Anpassung der Betreuungseinrichtungen an Verletzung/ Krankheit der Athleten (‚1=sehr schlecht' bis ‚5=sehr gut').	74
Tabelle 4.12.	Gründe für die Nichtnutzung der Ernährungsberatung am Olympiastützpunkt.	75
Tabelle 4.13.	Gründe für die Nichtnutzung der psychologischen Beratung am Olympiastützpunkt (OSP).	76
Tabelle 4.14.	Inanspruchnahme der Leistungen der Laufbahnberatung.	77
Tabelle 4.15.	Zufriedenheit mit der Laufbahnberatung (‚1=nicht zufrieden' bis ‚5=sehr zufrieden').	78
Tabelle 4.16.	Gründe für die Nichtnutzung der Laufbahnberatung am Olympiastützpunkt (OSP).	78
Tabelle 4.17.	Gründe für die Benachteilungen im Umgang an den Olympiastützpunkten.	79
Tabelle 4.18.	Zufriedenheit mit der Betreuung am Olympiastützpunkt (OSP) (‚1=nicht zufrieden' bis ‚5=sehr zufrieden').	80
Tabelle 4.19.	Veränderung der persönlichen Betreuungssituation im medizinischen Bereich am Olympiastützpunkt (OSP) (‚1=stark verschlechtert' bis ‚5=stark verbessert').	83

Tabelle 4.20.	Veränderung der persönlichen Betreuungssituation im medizinischen Bereich am Olympiastützpunkt (OSP) nach Eintritt der Behinderung (,1=stark verschlechtert' bis ,5=stark verbessert').	85
Tabelle 4.21.	Bekanntheit der Servicebereiche am Institut für Angewandte Trainingswissenschaft (IAT).	88
Tabelle 4.22.	Gründe für die Nutzung der Betreuungsmaßnahmen am Institut für Angewandte Trainingswissenschaft (IAT).	89
Tabelle 4.23.	Bekanntheitsgrad der Serviceeinrichtungen am Institut für Forschung und Entwicklung von Sportgeräten (FES) (,1=nicht bekannt' bis ,5=sehr bekannt').	90
Tabelle 4.24.	Bekanntheitsgrad von Serviceeinrichtungen an Instituten für Sportwissenschaft (ISW) (,1=nicht bekannt' bis ,5=sehr bekannt').	91
Tabelle 4.25.	Zufriedenheit mit der Qualität der an den Instituten für Sportwissenschaft (ISW) angebotenen Serviceeinrichtungen (,1=nicht zufrieden' bis ,5=sehr zufrieden').	92
Tabelle 4.26.	Bekanntheitsgrad von Serviceeinrichtungen der Firmen der Geräteherstellung (,1=nicht bekannt' bis ,5=sehr bekannt').	94
Tabelle 4.27.	Zufriedenheit mit der Qualität der Serviceeinrichtung der Firmen der Geräteherstellung (Prothesen/Rollstühle) (,1=nicht zufrieden' bis ,5=sehr zufrieden').	95
Tabelle 4.28.	Gründe für die Nutzung der Serviceeinrichtungen der Firmen der Geräteherstellung (Prothesen/Rollstühle).	96
Tabelle 4.29.	Bewertung der Veränderung der Situation der behinderten Athleten durch das Leistungssportkonzept des Deutschen Behindertensportverbandes (DBS) (,1=stark verschlechtert' bis ,5=stark verbessert').	97

Abbildungsverzeichnis

                                                                              Seite

Abbildung 2.1	Überblick über die Struktur des Instituts für Angewandte Trainingswissenschaft (IAT) (Institut für Angewandte Trainingswissenschaft, 2005).	39
Abbildung 4.1.	Bekanntheitsgrad der Betreuungseinrichtungen (‚1=nicht bekannt' bis ‚5=sehr bekannt').	64
Abbildung 4.2.	Zufriedenheit mit der Medizinischen Betreuung am Olympiastützpunkt (OSP) (‚1=nicht zufrieden' bis ‚5=sehr zufrieden').	81
Abbildung 4.3.	Zufriedenheit mit der Betreuung im Bereich der Leistungsdiagnostik am Olympiastützpunkt (OSP) (‚1=nicht zufrieden' bis ‚5=sehr zufrieden').	81
Abbildung 4.4.	Zufriedenheit mit den Beratungsbereichen am Olympiastützpunkt (OSP) (‚1=nicht zufrieden' bis ‚5=sehr zufrieden').	82
Abbildung 4.5.	Veränderung der persönlichen Betreuungssituation im medizinischen Bereich am Olympiastützpunkt (OSP) (‚1=stark verschlechtert' bis ‚5=stark verbessert').	83
Abbildung 4.6.	Veränderung der persönlichen Betreuungssituation im Bereich der Leistungsdiagnostik am Olympiastützpunkt (OSP) (‚1=stark verschlechtert' bis ‚5=stark verbessert').	84
Abbildung 4.7.	Veränderung der persönlichen Betreuungssituation in den Beratungsbereichen am Olympiastützpunkt (OSP) (‚1=stark verschlechtert' bis ‚5=stark verbessert').	84
Abbildung 4.8.	Veränderung der persönlichen Betreuungssituation im medizinischen Bereich am Olympiastützpunkt (OSP) nach Eintritt der Behinderung (‚1=stark verschlechtert' bis ‚5=stark verbessert').	86
Abbildung 4.9.	Veränderung der persönlichen Betreuungssituation im Bereich der Leistungsdiagnostik am Olympiastützpunkt (OSP) nach Eintritt der Behinderung (‚1=stark verschlechtert' bis ‚5=stark verbessert').	87

Abbildung 4.10. Veränderung der persönlichen Betreuungssituation in den Beratungsbereichen am Olympiastützpunkt (OSP) nach Eintritt der Behinderung (‚1=stark verschlechtert' bis ‚5=stark verbessert'). 87

Abbildung 4.11. Bekanntheitsgrad der Serviceeinrichtungen am Institut für Forschung und Entwicklung von Sportgeräten (FES) (‚1=nicht bekannt' bis ‚5=sehr bekannt'). 90

Abbildung 4.12 Bekanntheitsgrad von Serviceeinrichtungen an Instituten für Sportwissenschaft (ISW) (‚1=nicht bekannt' bis ‚5=sehr bekannt'). 91

Abbildung 4.13. Zufriedenheit mit der Qualität der an den Instituten für Sportwissenschaft (ISW) angebotenen Serviceeinrichtungen (‚1=nicht zufrieden' bis ‚5=sehr zufrieden'). 92

Abbildung 4.14. Bekanntheitsgrad von Serviceeinrichtungen der Firmen der Gerätehestellung (‚1=nicht bekannt' bis ‚5=sehr bekannt'). 94

Abbildung 4.15. Zufriedenheit mit der Qualität der Serviceeinrichtung der Firmen der Gerätehestellung (Prothesen/Rollstühle) (‚1=nicht zufrieden' bis ‚5=sehr zufrieden'). 95

Abbildung 4.16. Bewertung der Veränderung der Situation der behinderten Athleten durch das Leistungssportkonzept des Deutschen Behindertensportverbandes (DBS) (‚1=stark verschlechtert' bis ‚5=stark verbessert'). 99

1. ZIELSTELLUNG

In den letzten beiden Jahrzehnten allgemein und insbesondere seit den Paralympischen Spielen 2000 in Sydney und 2004 in Athen wird dem Leistungssport von Menschen mit Behinderung eine erheblich höhere Beachtung und Anerkennung im internationalen Bereich des Sports wie auch im nationalen Bereich der Sportpolitik und der Gesellschaft zuteil.

Aufgrund der zunehmenden politischen Bedeutung des Leistungssports von Menschen mit Behinderung und des bestehenden Nachholbedarfs hinsichtlich der Beratung und Betreuung von Athleten mit Behinderung hat das Bundesministerium des Innern im Rahmen des 10. Sportberichts im Jahr 2002 nicht nur auf eine deutliche Erhöhung der Fördermittel seit dem Jahre 1998 verwiesen, sondern auch hervorgehoben, dass seit dem Jahr 2000 alle Olympiastützpunkte für behinderte Spitzensportlerinnen und -sportler geöffnet wurden. Demnach konnten behinderte Kadersportler in den Olympiastützpunkten die umfassenden Serviceleistungen im Rahmen der Grundversorgung in Anspruch nehmen (u.a. medizinische Grundversorgung, Leistungsdiagnostik in Teilbereichen, Physiotherapie, psychologische Grundberatung, Ernährungsberatung, Laufbahnberatung). In diesem Zusammenhang wies das Bundesministerium des Innern (2004) auf die Gefahr einer Verschlimmerung der Behinderung und/oder das Auftreten von Sekundärschäden hin und stellte heraus, dass der Leistungssport von Menschen mit Behinderung in besonderem Maße ärztlicher Beratung und Betreuung sowie wissenschaftlicher Begleitung bedurfte.

Mit dem ‚Leistungssportkonzept 2001' für behinderte Sportlerinnen und Sportler unterstrich der Deutsche Behindertensportverband (DBS) u.a. die Notwendigkeit der Optimierung des Trainingsumfeldes der Athleten, wozu auch die Betreuung in den unterschiedlichen Fördereinrichtungen gezählt wurde.

Somit wurde sowohl auf politischer als auch auf sportbezogener Ebene die Notwendigkeit einer verbesserten Betreuung der Athleten im Leistungssport der Behinderten erkannt und vermehrte Anstrengungen zur Umsetzung dieser Forderungen wurden unternommen. Dennoch lag offensichtlich noch Nachholbedarf in verschiedenen sportbezogenen und umfeldbezogenen Bereichen hinsichtlich einer athletengerechten Förderung im Leistungssport der Menschen mit Behinderung vor.

Zur Analyse der Betreuung von *Leistungssportlern ohne Behinderung* fanden sich differenzierte Studien u.a. von Emrich (1996) in Hinsicht auf die Soziologie der Olympiastützpunkte, von Kemper (2003) bezüglich spezifischer Aspekte zu Beginn und zum Höhepunkt der Karriere nichtbehinderter Leistungssportler und von Emrich, Pitsch, Fröhlich und Güllich (2004) in Bezug auf Servicebedingungen von Olympiastützpunkten aus Athletensicht.

Im Gegensatz hierzu wurden Aspekte der Betreuung von *Leistungssportlern mit Behinderung* bislang allenfalls in den Beiträgen von Scheid und Rieder (2000), Wiemann (2000) und Kemper (2003) marginal thematisiert.

Aufgrund des Defizits an Informationen und Erhebungen über die Durchführung und Beurteilung von Training und Betreuung behinderter Leistungssportler in Deutschland sowie über die Möglichkeiten der Betreuung von behinderten Leistungssportlern durch die Olympiastützpunkte und weitere Fördereinrichtungen wird in der vorliegenden Studie eine Bestandsanalyse durchgeführt. Insofern wird die Betreuung und Beratung durch die Olympiastützpunkte und weitere Fördereinrichtungen bei den sich bereits in der Vorbereitung für den Zielwettkampf für die Paralympics Athen 2004 befindlichen und durch den Deutschen Behindertensportverband (DBS) nominierten ca. 250 Kadersportlern analysiert.

Auf der Grundlage der Befunde dieser Befragung wird angezielt, die Betreuung und Beratung der Leistungssportler mit Behinderung zu überprüfen und in angemessener Weise zu verbessern.

2. BETREUUNG VON LEISTUNGSSPORTLERN OHNE UND MIT BEHINDERUNG

Im Rahmen des vorliegenden Forschungsprojekts können grundlegend die Aspekte der Betreuung von Leistungssportlern ohne und mit Behinderung differenziert werden.

2.1 Betreuung von Leistungssportlern ohne Behinderung

Zur Analyse der Betreuung von Leistungssportlern ohne Behinderung finden sich differenzierte Studien u.a. von Emrich (1996) in Hinsicht auf die Soziologie der Olympiastützpunkte, Kemper (2003) bezüglich der spezifischen Karriereaspekte nichtbehinderter Leistungssportler und Emrich, Pitsch, Fröhlich und Güllich (2004) in Bezug auf Olympiastützpunkte aus Athletensicht.

Emrich (1996) widmete sich in einer Studie der Entstehung, Struktur und Leistungsfähigkeit von Olympiastützpunkten. Er kam zu dem Ergebnis, dass nur 69% der Athleten an Olympiastützpunkten betreut wurden. Die Ursache hierfür lag nicht allein in einer teilweise verfehlten Standortauswahl, sondern auch in einer gleichzeitig bestehenden Ungenauigkeit in Bezug auf die Anzahl der betreuten Athleten an den einzelnen Olympiastützpunkten. Es wurde empfohlen, dass sich die Athleten z.B. für die Dauer eines Jahres einem Olympiastützpunkt zuordnen sollten, der sie in den Kerndienstleistungen betreuen sollte. Ferner wurde gefordert, dass die Leistungssportler in regelmäßigen Abständen mit den Mitarbeitern des Olympiastützpunktes über die in Anspruch genommenen Leistungen diskutieren und diese evaluieren sollten, um eine Mindestversorgung aller Athleten zu gewährleisten. Zu den Kerndienstleistungen eines Olympiastützpunktes wurden gezählt: Orthopädische Betreuung, Physiotherapie, Laufbahnberatung in regelmäßiger Diskussion mit Athleten und eine allmähliche Schaffung der Voraussetzungen zur wirksamen Integration einer praxisorientierten psychologischen Beratung und Betreuung.

Darüber hinaus sollte ein innovativer Olympiastützpunkt Voraussetzungen zur zeitbudgetoptimierten Nutzung von Kerndienstleistungen schaffen, z.B. in Form von Wohn- und Übernachtungsmöglichkeiten oder in Form eines mobilen Services. Die Versorgung aller Athleten mit Informationen über die Möglichkeiten und Bedingungen zur Nutzung der in mehreren Regionen zentrierten Zusatzdienstleistungen gehörte zu den weiteren Aufgaben eines Olympiastützpunktes.

Der zentralen Lenkungsstelle wurden spezifische Aufgabenfelder zugeschrieben: Planung, Koordinierung und Begleitung des Ausdifferenzierungsprozesses des Gesamtsystems in den Bereichen der medizinischen und biomechanischen Leistungsdiagnostik, der Krankengymnastik und der Ernährungsberatung.

Bei Bedarf sollte eine entsprechende Beratung der regionalen Zentren und der Olympiastützpunkte im Sinne der Organisationsentwicklung erfolgen. Ferner gehören eine mehrjährige, möglichst langfristig angelegte Finanzplanung zur Sicherung der Versorgung von Athleten mit Kerndienstleistungen, die Abrechnung der in regionalen Zentren erbrachten Zusatzdienstleistungen nach einem festem Berechnungsschlüssel, die regelmäßige Überprüfung des Auslastungsgrades von regionalen Zentren und die Evaluierung der Zufriedenheit der Athleten mit den bereitgestellten Kerndienstleistungen sowie die regelmäßige Ermittlung eventuell sich wandelnder Bedürfnisse bzw. Betreuungswünsche von Athleten zu den weiteren Aufgabenbereichen.

Emrich (1996, S. 305) zog als Fazit aus seiner Studie, dass die einzelnen Olympiastützpunkte als Dienstleistungsunternehmen mit weitgehender Eigenständigkeit ausgestattet werden sollten und als Indikator für ihren Erfolg eine durch die betreuten Athleten vorgenommene Qualitätsbeurteilung der am notwendigsten erscheinenden und auch realiter zu erbringenden Kerndienstleistungen zu Grunde gelegt werden sollte.

Emrich, Pitsch, Fröhlich und Güllich (2004) führten bei nichtbehinderten Bundeskaderathleten eine längsschnittlich angelegte Befragung zwischen 1990 und 1992 sowie 1999 zur spezifischen Betreuung an Olympiastützpunkten hinsichtlich der Aspekte des Vorhandenseins von Betreuungsbereichen, der Nutzungshäufigkeit und den Gründen für eine eventuelle Nichtnutzung durch. Ferner wurden die Athleten um eine Qualitätseinschätzung bezüglich der in Anspruch genommenen Leistungen gebeten.

Es zeigte sich im Vergleich zwischen den Erhebungen von 1990/1992 und 1999, dass die physiotherapeutische und krankengymnastische Betreuung jeweils den höchsten Bekanntheits- und Nutzungsgrad mit 78.9% bzw. 64% aufwies. Hiernach folgte der Bekanntheits- und Nutzungsgrad des medizinischen Bereichs mit 76.7% bzw. 71.7%. Die Laufbahnberatung wies einen Bekanntheitsgrad von 74% auf. Die Ernährungsberatung und die Sportpsychologie hingegen waren erheblich weniger bekannt (47.1% und 29.7%) und wurden auch von den befragten Athleten weniger in Anspruch genommen (27.5% und 21.4%). Die Athleten zeigten sich in Hinsicht auf die Bewertung der Qualität der Angebote mehrheitlich zufrieden bis sehr zufrieden, unabhängig vom Umfang der Verfügbarkeit der Leistungen. Die Nicht-Nutzer gaben als Begründung für die Nichtnutzung an, dass sie keinen persönlichen Bedarf für die Betreuung sahen bzw. dass sie von anderen Einrichtungen hinreichend betreut wurden.

Insofern hatte im Vergleich der ersten und zweiten Befragung das Ausmaß der Informiertheit der Athleten über die Angebote der Olympiastützpunkte erheblich zugenommen, wohingegen die Anteile der Nutzung annähernd gleich geblieben waren. Die individuelle Betreuungssituation hatte sich allerdings seit ihrer Zugehörigkeit zum Olympiastützpunkt erheblich verbessert. Emrich et al. (2004) hoben hervor, dass die Befunde für weitere Überlegungen zum Qualitätsmanagement von Dienstleistungen herangezogen werden sollten, um das Angebot an diversen Leistungen der Olympiastützpunkte noch angemessener auf die Erwartungen in Bezug auf die Nutzung auszurichten.

Kemper (2003) befragte im Rahmen einer umfangreichen Erhebung zu spezifischen Karriereaspekten 292 nichtbehinderte Leistungssportler zu ihrer Zufriedenheit hinsichtlich der Betreuung zu Beginn und in der Hochphase der Karriere. Die Gesamtgruppe der Athleten bestand aus 112 Sportlerinnen und 180 Sportlern. Die Athleten bewerteten ihre Zufriedenheit mit dem Trainer, den Trainingsbedingungen, der Trainingsgruppe, dem Verein, dem Verband, der Laufbahnberatung, den Fördermaßnahmen, den finanziellen Auswirkungen des Sports, der Darstellung in den Medien und der beruflichen Ausbildung. Es wurde deutlich, dass die Gesamtgruppe der Leistungssportler hohe Einschätzungen der Zufriedenheit mit den Trainingsbedingungen, mit der Trainingsgruppe und mit dem Trainer zu Beginn und in der Hochphase der Karriere zeigte. Im Kontrast hierzu fanden sich in Hinsicht auf die Laufbahnberatung, die finanziellen Auswirkungen des Leistungssports und die Darstellung in den Medien erheblich niedrigere Zufriedenheitsbewertungen zu Beginn und in der Hochphase der Karriere. Zwischen den weiblichen und männlichen Leistungssportlern konnten in 6 von insgesamt 20 Aspekten der Karrierebedingungen zu Beginn und in der Hochphase der Karriere zumindest tendenziell signifikante Unterschiede aufgefunden werden. Die weiblichen Athleten waren in der Hochphase ihrer Karriere hoch signifikant zufriedener mit den finanziellen Auswirkungen des Leistungssports als die männlichen Athleten. Ferner erwiesen sie sich in der Hochphase der Karriere als sehr signifikant zufriedener mit ihrer Darstellung in den Medien als die männlichen Leistungssportler. Außerdem zeigten sie signifikant höhere Zufriedenheitsgrade in der Hochphase der Karriere mit dem Verband und mit ihrem Verein als die männlichen Leistungssportler. Schließlich waren die weiblichen Athleten in der Hochphase ihrer Karriere tendenziell signifikant zufriedener mit den Trainingsbedingungen als die männlichen Athleten. Der Gesamtwert der Zufriedenheit lag in der Hochphase der Karriere signifikant höher bei den weiblichen im Vergleich zu den männlichen Athleten.

Bei den männlichen Athleten konnten Zunahmen der Zufriedenheit vom Beginn bis zur Hochphase der Karriere in Bezug auf die Trainingsbedingungen, die Fördermaßnahmen, das Selbstbewusstsein und die erzielten Leistungen aufgefunden werden. Allerdings zeigten sich bei den männlichen Athleten auch einige Abnahmen der Zufriedenheit vom Beginn bis zur Hochphase der Karriere. Bei diesen Merkmalen mit Zufriedenheitsabnahmen handelte es sich um die Interaktion mit dem Trainer, mit ihrem Verein, mit ihrem Verband und mit ihrer beruflichen Ausbildung.

2.2 Betreuung von Leistungssportlern mit Behinderung

Zur Betreuung von Leistungssportlern mit Behinderung fanden sich offensichtlich noch keine systematischen Studien. Daher werden im Folgenden die Befunde von Studien mit marginaler Berücksichtigung dieser Problematik aufgeführt. Aspekte der Betreuung von Leistungssportlern mit Behinderung wurden bislang allenfalls in Studien von Wiedmann (2000) und Kemper (2003) thematisiert.

Wiedmann (2000) beschäftigte sich intensiv mit der sportmedizinischen und trainingswissenschaftlichen Betreuung an den Olympiastützpunkten, insbesondere am Beispiel des OSP Freiburg-Schwarzwald.

Die Hauptaufgaben der Olympiastützpunkte lagen dabei nach Wiedmann (2000, S. 139f.) in der:

- sportmedizinischen, physiotherapeutischen, trainingswissenschaftlichen sowie sozialen Betreuung von Kaderathleten und Kaderathletinnen im täglichen Training und bei zentralen Maßnahmen,
- Standortsicherung, d.h. Erhalt und Nutzbarmachung von Trainingsstätten für den Spitzensport durch Beteiligung an den Betriebs- und Folgekosten,
- Standortspezifischen Steuerung der Leistungssportentwicklung in den Schwerpunktsportarten: (a) Koordination des standortspezifischen Stützpunktsystems auf Bundes- und Landesebene in den Bereichen Personal, Beschaffung sowie ergänzende Baumaßnahmen; (b) Mitwirkung bei der Überführung von Nachwuchskadern in die Bundesförderung, insbesondere mittels Anstellung von Trainern (Trainermischfinanzierung im Schnittstellenbereich); (c) konzeptionelle Einbindung von Sportinternaten und sportbetonten Schulen sowie anderen leistungssportrelevanten Einrichtungen vor Ort.

Die sportartübergreifenden Serviceangebote wurden von Wiedmann (2000) als Hauptaufgabe der Olympiastützpunkte angesehen. Im Rahmen der Grund- und Schwerpunktbetreuung wurden die Betreuungsleistungen durch hauptamtliche Kräfte realisiert, was den einzelnen Verbänden in diesem Umfang personell und finanziell so nicht möglich war. Vor allem die sportmedizinische und sportwissenschaftliche Betreuung bildeten dabei einen zentralen Aufgabenbereich der Olympiastützpunkte.

Die Ziele und Inhalte der Betreuung sowie Struktur und Arbeitsweise eines Olympiastützpunktes stellte Wiedmann (2000) am Beispiel des OSP Freiburg-Schwarzwald dar und ging vorrangig auf die sportmedizinische und sportwissenschaftliche Betreuung ein.

Die sportmedizinische Betreuung wurde am OSP Freiburg-Schwarzwald durch die bereits vorhandenen medizinischen Einrichtungen, z.B. durch die Medizinische Universitätsklinik, realisiert. Dadurch konnte auf die Anstellung eigenen Fachpersonals am OSP verzichtet werden. Weiterhin führte der OSP Freiburg-

Schwarzwald im Rahmen der Schwerpunktbildungen zentrale leistungsdiagnostische Untersuchungen sowie leistungsphysiologische Trainingssteuerung für verschiedene Verbände, u.a. den Deutschen Skiverband oder den Deutschen Behindertensportverband (DBS), durch.

Das Serviceangebot des Olympiastützpunktes im Bereich der Sportmedizin beinhaltete schwerpunktmäßig die Gesundheitsüberwachung einschließlich der präventiven und rehabilitativen Betreuung der Athleten sowie eine intensive, interdisziplinäre Leistungsdiagnostik unter Nutzung der biomechanischen und trainingswissenschaftlichen Kapazitäten. In Freiburg wurde dies durch die Kooperation verschiedener Institute realisiert. Die Zusammenarbeit der Abteilung für Rehabilitative und Präventive Sportmedizin der Medizinischen Universitätsklinik und der Sporttraumatologie Freiburg ermöglichte u.a. ganztägige Sprechstunden mit bevorzugter Behandlung der Nachwuchs- und Spitzenathleten des OSP. Die Behandlungsmaßnahmen bei Verletzungen und Erkrankungen wurden mit den zuständigen Sozialversicherungsträgern abgerechnet, während die jährlichen Gesundheitsuntersuchungen und leistungsdiagnostischen Maßnahmen über Projektmittel des Deutschen Sportbundes und die Haushalte der Olympiastützpunkte finanziert wurden. Wiedmann (2000, S. 141f.) stellte routinemäßige Inhalte der gesundheitlichen und leistungsphysiologischen Untersuchungen, trainingsbegleitende Maßnahmen der Internistik und der Orthopädie heraus.

Routinemäßige Inhalte der gesundheitlichen und leistungsphysiologischen Untersuchungen:
- Anamnese,
- Klinische Untersuchung,
- Erhebung des labormedizinischen Status,
- Echokardiographie,
- Ruhe-EKG, Belastungs-EKG,
- Ergometrie mit Herzfrequenz und Laktatdiagnostik.

Trainingsbegleitende Maßnahmen Internistik:
- Ergometrien, Laktatbestimmungen in Labor- und Feldtests,
- Bestimmung der Leistungs- und Belastungsfähigkeit,
- Erstellung abgesicherter Belastungsempfehlungen,
- Erfassung weiterer Leistungsparameter zur Erkennung von Überlastungen und gesundheitlichen Veränderungen.

Trainingsbegleitende Maßnahmen Orthopädie:
- sportorthopädische Untersuchungen, Beratung und Betreuung aller Athleten/-innen,
- präventive orthopädische und krankengymnastische Untersuchungen,
- Muskelfunktionsdiagnostik und isokinetische Kraftdiagnostik,

- Trainingsberatung und Einführung in die sportartspezifische Funktionsgymnastik und präventives Krafttraining,
- Rehabilitationsmaßnahmen nach Sportverletzungen und chirurgischen Eingriffen,
- orthopädische Steuerung aller krankengymnastisch notwendigen Behandlungsmaßnahmen.

Eine kontinuierliche Überwachung des Trainings- und Gesundheitszustandes der Athleten ergab sich dadurch, dass sie auch im Rahmen zentraler Verbandsmaßnahmen durch den Olympiastützpunkt betreut wurden. Zusätzlich wurde die Betreuung des OSP durch die Lehrgangs- und Wettkampfbetreuung der Athleten ergänzt.

Die trainingswissenschaftliche und biomechanische Betreuung wurde am Olympiastützpunkt Freiburg durch eine Kooperation mit dem Institut für Sport und Sportwissenschaft realisiert. Folgende Leistungen wurden durch das Institut gegenüber dem Olympiastützpunkt realisiert (vgl. Wiedmann, 2000, S. 142f.):

- Analyse sportmotorischer Bewegungstechniken, d.h. Beschreibung und Einschätzung leistungsrelevanter Merkmale sportspezifischer Techniken auf der Grundlage kinematographischer (Video, Film), dynamographischer (Kraftmessungen), elektromyographischer (Muskelaktivität) und anthropometrischer Verfahren (Körperbaumerkmale),
- Durchführung von Konditionsanalysen, d.h. disziplinspezifische leistungsdiagnostische Untersuchungen zur Abschätzung der Bein- (Legpress, Rad, Messpedal), Arm- und Sprungkraftfähigkeit auf der Grundlage langjährig erprobter und ständig verbesserter Diagnoseverfahren,
- Planung und Mitarbeit bei trainings- und wettkampfbegleitenden Maßnahmen (Teilnahme bei Lehrgängen und Wettkämpfen),
- präventive und rehabilitative Biomechanik: Zusammenarbeit mit Sportmedizinern (Orthopäden, Internisten, Leistungsphysiologen) zur Prävention und Rehabilitation von Verletzungen bzw. zur exakten Belastungssteuerung,
- Dokumentation von Trainingsdaten: EDV-gestützte Erfassung und Auswertung von Trainingsinhalten und -methoden,
- Entwicklung und Betreuung von Sofortinformationssystemen (qualitative Videoanalyse, Videoprinter, biomechanisches Feedback),
- Beratung von Trainern und Athleten bei der Erstellung von Trainingsplänen (Technik- und Konditionssteuerung, Leistungsprognose, Belastungsgestaltung).

Wiedmann (2000) führte aus, dass durch die Aufnahme des Deutschen Behindertensportverbandes (DBS) in die Kuratorien der Olympiastützpunkte Freiburg-Schwarzwald und Rhein-Ruhr eine verstärkte Betreuung der Kadergruppen des DBS erfolgt war, wobei bezüglich der Sportarten und der Betreuungsbereiche Schwerpunkte festgelegt und mit dem DSB und dem Bundesministerium des Innern abgestimmt wurden. Für die Sportarten Ski nordisch und Radsport fanden mehrmals jährlich am OSP Freiburg-Schwarzwald leistungsdiagnostische Untersuchungen am Sportmedizinischen Institut der Universität Freiburg statt. Dazu zählten nach Wiedmann (2000) die Anamnese, eine klinische Untersuchung, der labormedizinische Status, Echokardiographie, Ruhe-EKG, Belastungs-EKG und Ergometrie mit Herzfrequenz und Laktatdiagnostik. Diese Untersuchungen wurden ergänzt durch biomechanische Tests (Kraft- und Kraftausdauerwerte, individuelle Sitzpositionen) im Radlabor des OSP.

Die Serviceeinrichtungen der OSP erstreckten sich laut Wiedmann (2000) auf weitere Felder, z.B. Umfeldmanagement, Mobilität, Trainingssicherung, Öffentlichkeitsarbeit und Vermarktung.

Durch die weitreichenden Kooperationen mit verschiedenen Instituten und Einrichtungen bot der Olympiastützpunkt Freiburg-Schwarzwald nach Wiedmann (2000) optimale Voraussetzungen für die Sportarten Skilauf, Radsport und Behindertensport.

Kemper (2003) untersuchte in einer umfangreichen Studie unterschiedliche Aspekte innerhalb von Karriereverläufen bei insgesamt 116 behinderten Kaderathleten. 21 weibliche Sportlerinnen und 95 männliche Sportler (56 frühbehinderte und 60 spätbehinderte Athleten) mit Handicap wurden u.a. zur Zufriedenheit mit ihrem Trainer, den Trainingsbedingungen, der Trainingsgruppe, dem Verein, dem Verband, der Laufbahnberatung an Olympiastützpunkten (OSP), den Förderungsmaßnahmen, den finanziellen Auswirkungen des Leistungssports, der Darstellung in den Medien und ihrer beruflichen Ausbildung befragt. Auf einer Skala von ‚1=nicht zufrieden' bis ‚5=sehr zufrieden' bewerteten die Athletinnen und Athleten die einzelnen organisatorischen Bedingungen.

Die Zufriedenheit mit dem Trainer und der Trainingsgruppe wurden von den Athletinnen hoch bewertet, wobei die Athleten bei der Beurteilung des Trainers und des Vereins hohe Zufriedenheitsraten aufwiesen. Die geringste Zufriedenheit äußerten die weiblichen sowie männlichen Athleten in Bezug auf die finanziellen Auswirkungen des Leistungssports, die Fördermaßnahmen sowie die Laufbahnberatung. Im Vergleich zwischen den weiblichen und männlichen Athleten erwiesen sich die männlichen behinderten Leistungssportler in ihrer Karriere als signifikant zufriedener mit den finanziellen Auswirkungen des Leistungssports als die weiblichen Leistungssportler.

Die weiblichen und männlichen Athleten zeigten in der Hochphase ihrer Karriere höhere Zufriedenheitswerte als zu Beginn ihrer Karriere. Die weiblichen Athleten waren im Vergleich zu den männlichen Athleten in der Hochphase geringfügig zufriedener mit ihrem Verband als zu Beginn ihrer Karriere.

Die Ergebnisse in den Gruppen der früh- und spätbehinderten Athleten ließen erkennen, dass die frühbehinderten Sportler hochgradig zufriedener mit ihrem Trainer und den Trainingsbedingungen waren. Die spätbehinderten Athleten zeigten hohe Zufriedenheitsraten bei der Beurteilung der Trainingsgruppe bzw. des Vereins. Niedrige Zufriedenheitsbewertungen fanden sich bei den früh- und spätbehinderten Athleten in Hinsicht auf die finanziellen Auswirkungen des Leistungssports und die Laufbahnberatung. Über den Karriereverlauf hinweg stieg die Zufriedenheit mit den Betreuungspersonen und Betreuungseinrichtungen in beiden Gruppen an, abgesehen von der Zufriedenheit mit dem Verband, der von den spätbehinderten Athleten in der Hochphase negativer bewertet wurde als zu Beginn ihrer Karriere.

Kemper (2003) analysierte ferner die Nachteile, die für die Athleten mit Handicap mit ihrem Leistungssport verbunden waren. Es wurde deutlich, dass in dem häufigen Verzicht der Ausübung von Hobbys und den Einschränkungen im Privatleben aufgrund der vielen sportlichen Aktivitäten die größten Nachteile des Leistungssports gesehen wurden. Ferner bemängelten die Athleten die starke Einbindung in sportliche Belange, die eine Isolierung von dem Leben außerhalb des Sports mit sich brachte. Zudem wurden die mangelnde finanzielle Unterstützung und bestehende Konflikte zwischen Beruf/Schule und Sport als Nachteile genannt, da einige der behinderten Sportler ihren Urlaub nach dem Wettkampfkalender planen mussten, weil eine Freistellung durch den Arbeitgeber nicht gewährt wurde. Ferner wurde auf eine wahrgenommene Ausgrenzung von behinderten Athleten in der Beratung und Betreuung durch den Deutschen Sportbund (DSB) und eine nicht ausreichende Berücksichtigung der Belange von behinderten Sportlern innerhalb der Verbände des Deutschen Behindertensportverbandes (DBS) hingewiesen.

Bezüglich des Leistungsfaktors bestand die größte Belastung für die behinderten Athleten darin, dem hohen Trainingsaufwand gerecht zu werden, zumal viele behinderte Athleten berufstätig waren und das Training erst im Anschluss an die Arbeitszeit absolvieren konnten. Der Erfolgsdruck durch die Trainer und die Äußerungen von Neid und Missgunst konkurrierender Athleten wurden ferner von einigen Athleten als Nachteile aufgeführt.

Hinsichtlich der sozialen Anerkennung bemängelten die behinderten Athleten, dass die Leistungen behinderter Sportler in der Öffentlichkeit noch nicht ausreichend anerkannt wurden. Auch das mangelnde Medieninteresse am Leistungssport der Behinderten wurde als nachteilig empfunden.

Bezüglich der eng mit dem Leistungssport verbundenen Reisen klagten einige Athleten mit Behinderung darüber, dass ein reibungsloser Ablauf der An- und Abfahrten zu den Wettkampforten durch häufig fehlende bzw. mangelnde Mobilitätsmöglichkeiten kaum gewährleistet war. Auch das Ein- und Auspacken von Trainingsutensilien wurde mitunter als strapaziös erlebt. Weitere Nachteile benannten die Athleten in Hinsicht auf die Gefährdung ihrer Gesundheit, da ihre intensive Sportausübung in manchen Fällen mit Verschleißerscheinungen und Verletzungen verbunden war.

Auch auf die nicht immer ausreichende Unterstützung im familiären, schulischen, beruflichen und sportlichen Bereich verwiesen einige Athleten:

„Der Arbeitgeber ist nicht sehr kooperativ. Er gibt mir zwar ein paar freie Arbeitstage, aber er kommt nicht meinem Trainingszeitplan nach, wenn ich z.B. einmal um 15 Uhr schon gehen müsste. Ich muss mein Training nach dem Job richten und nicht anders." (Athlet)

„Meine Eltern waren zuvor gegen eine leistungssportliche Karriere. Sie hatten große Bedenken, dass ich das mit meiner Behinderung nicht könnte und dass sich meine Behinderung vielleicht noch verschlimmern würde. So habe ich anfangs auch keine Unterstützung erhalten." (Athletin)

Auf den noch bestehenden Mangel hinsichtlich der Betreuung an den Olympiastützpunkten verwiesen einige Athleten:

„Für uns behinderte Sportler ist die Nutzung der Leistungen des Olympiastützpunktes meist erst dann gegeben, wenn die Nichtbehinderten bereits versorgt sind. Ganz deutlich wird das bei der Physiotherapie. Wir bekommen erst dann einen Termin, wenn die nichtbehinderten Sportler versorgt sind. Dabei ist bei uns aufgrund der Behinderung die medizinische Betreuung mitunter sehr wichtig." (Athletin)

Eine zumindest partiell unterschiedliche Betreuung an einzelnen Olympiastützpunkten merkten einige Athleten an, die selbst aber positive Erfahrungen mit den Serviceleistungen an den Olympiastützpunkten gemacht hatten:

„Hier an unserem Olympiastützpunkt werden wir behinderte Sportler genauso behandelt wie die nichtbehinderten Sportkollegen. Das klappt sehr gut, aber ich weiß auch, dass das an anderen Olympiastützpunkten nicht unbedingt der Fall ist." (Athlet)

Somit beinhalteten die Ausführungen von Wiedmann (2000) die Struktur und die Möglichkeiten der Betreuung der Athleten mit Behinderung an einem spezifischen Olympiastützpunkt, wohingegen sich gemäß Kemper (2003) die Nutzungsmöglichkeit dieser Betreuungseinrichtungen zumindest in einigen Olympiastützpunkten als begrenzt erwies.

2.3 Kennzeichnung der Betreuungseinrichtungen

In den folgenden Ausführungen werden die in dieser Studie berücksichtigten Betreuungseinrichtungen für Leistungssportler näher gekennzeichnet, nämlich die Olympiastützpunkte (OSP), das Institut für Angewandte Trainingswissenschaft (IAT), das Institut für Forschung und Entwicklung für Sportgeräte (FES), die Institute für Sportwissenschaft (ISW) sowie private Firmen für Geräteherstellung (Prothesen, Rollstühle).

2.3.1 Olympiastützpunkte (OSP)

Olympiastützpunkte sind Dienstleistungseinrichtungen für Spitzensportler sowie deren Trainer. In begrenztem Maße stehen Olympiastützpunkte auch Nachwuchsathleten zur Verfügung. Entsprechend den Ausführungen des Bundesministeriums des Innern (2002, S. 32) haben sie die Aufgabe, für die an Bundesleistungszentren und Bundesstützpunkten trainierenden Kaderathleten sportartübergreifend die sportmedizinische, physiotherapeutische, trainingswissenschaftliche und soziale Beratung und Betreuung im täglichen Training und bei zentralen Schulungsmaßnahmen der Verbände zu gewährleisten. Die Koordination in Bezug auf das bestehende Trainingssystem wie Bundesleistungszentren, Landesleistungszentren mit Bundesnutzung und Bundesstützpunkte gehört ferner zu den Aufgaben der Olympiastützpunkte. Außerdem stellen sie über die sog. Trainermischfinanzierung (Bund, Land oder sonstige Stellen) die durchgängige leistungssportliche Schulung der Athleten im Übergang von der Landes- zur Bundesförderung sicher. Die Olympiastützpunkte kooperieren eng mit den Sportfachverbänden zur Erfüllung ihrer Aufgabenstellung.

Seit 1997 existieren in Deutschland 20 Olympiastützpunkte, deren Struktur durch die zu unterstützenden Sportarten/Disziplinen und die Anzahl der zu betreuenden Athleten, die räumlichen Möglichkeiten des Trainingsbetriebs (zentrale/dezentrale Trainingsstätten) sowie die sportwissenschaftliche, apparative und personelle Ausstattung und die Trägerschaft bestimmt ist. Tabelle 2.1 enthält eine Auflistung der bestehenden Olympiastützpunkte in Deutschland.

Tabelle 2.1. Auflistung der bestehenden Olympiastützpunkte in Deutschland seit 1997 (Bundesministerium des Innern, 2002, S. 33).

Olympiastützpunkt	Sportarten
1. OSP Berlin	Boxen, Eishockey, Eiskunstlauf, Eisschnelllauf, Gewichtheben, Judo, Kanurennsport, Leichtathletik, Moderner Fünfkampf, Radsport, Rudern, Sportschießen, Schwimmen, Wasserspringen, Segeln, Turnen, Volleyball

Forts. Tabelle 2.1. Auflistung der bestehenden Olympiastützpunkte in Deutschland seit 1997 (Bundesministerium des Innern, 2002, S. 33).

2. OSP Potsdam	Kanurennsport, Leichtathletik, Ringen, Rudern, Schwimmen
3. OSP Mecklenburg-Vorpommern	Kanurennsport, Leichtathletik, Rudern, Wasserspringen, Volleyball
4. OSP Cottbus-Frankfurt/Oder	Boxen, Gewichtheben, Judo, Radsport, Ringen, Sportschießen
5. OSP Chemnitz/Dresden	Bob- u. Schlittensport, Eisschnelllauf, Gewichtheben, Leichtathletik, Rudern, Wasserspringen, Ski nordisch, Turnen
6. OSP Leipzig	Handball, Hockey, Judo, Kanurennsport, Kanu-Slalom, Leichtathletik, Rudern, Schwimmen, Wasserspringen, Turnen, Volleyball
7. OSP Hamburg/Schleswig-Holstein	Hockey, Rudern, Segeln, Schwimmen
8. OSP Niedersachsen	Judo, Leichtathletik, Schwimmen, Wasserball, Turnen
9. OSP Magdeburg/Halle	Boxen, Handball, Kanurennsport, Leichtathletik, Rudern, Schwimmen, Wasserspringen, Turnen
10. OSP Köln/Bonn/Leverkusen	Fechten, Hockey, Judo, Leichtathletik, Turnen
11. OSP Rhein/Ruhr	Badminton, Basketball, Handball, Hockey, Kanurennsport, Schwimmen, Tischtennis
12. OSP Westfalen	Bob- u. Schlittensport, Kanu-Slalom, Leichtathletik, Ringen, Rudern, Ski nordisch, Sportschießen, Reiten, Rhythmische Sportgymnastik, Volleyball
13. OSP Thüringen	Bob- u. Schlittensport, Eisschnelllauf, Leichtathletik, Ringen, Sportschießen, Ski nordisch
14. OSP Frankfurt/Rhein-Main	Hockey, Leichtathletik, Ringen, Sportschießen, Schwimmen, Tischtennis, Turnen, Volleyball
15. OSP Rheinland-Pfalz/Saarland	Badminton, Ringen, Tischtennis, Triathlon
16. OSP Rhein/Neckar	Boxen, Gewichtheben, Kanurennsport, Leichtathletik, Ringen, Schwimmen, Tischtennis
17. OSP Tauberbischofsheim	Fechten
18. OSP Stuttgart	Leichtathletik, Radsport, Sportschießen, Turnen, Rhythmische Sportgymnastik
19. OSP Freiburg/Schwarzwald	Radsport
20. OSP Bayern	Bob- u. Schlittensport, Eishockey, Eisschnelllauf, Kanu-Slalom, Leichtathletik, Sportschießen, Ski alpin/nordisch, Taekwondo

Den Trägern eines Olympiastützpunkts steht ein Kuratorium beratend zur Seite. Wichtige Entscheidungen müssen mit diesem Kuratorium abgestimmt werden. Das Kuratorium umfasst als Mitglieder in der Regel das Bundesministerium des Innern (BMI), das jeweilige Bundesland, die beteiligten Kommunen, den Bundesausschuss Leistungssport des Deutschen Sportbundes, die Stiftung Deutsche Sporthilfe, den jeweiligen Landessportbund, die den Olympiastützpunkt nutzenden Bundessportfachverbände, die Vertreter der Aktiven sowie anderweitige Institutionen wie Universitäten und Sponsoren (vgl. Bundesministerium des Innern, 2002, S. 32).

Da seit dem Jahr 2000 alle Olympiastützpunkte für A- und B-Kader-Athleten mit Behinderung geöffnet sind, ist ihnen von der Gesetzeslage aus eine ausreichende medizinische Versorgung, in Teilbereichen eine medizinische Leistungsdiagnostik, eine physiotherapeutische Behandlung, eine psychologische Grundberatung, eine Ernährungsberatung und eine adäquate Laufbahnberatung gewährleistet.

2.3.2 Institut für Angewandte Trainingswissenschaft (IAT)

Das Institut für Angewandte Trainingswissenschaft (IAT) ist ein Institut im Verein ‚Institut für Angewandte Trainingswissenschaft (IAT)/Institut für Forschung und Entwicklung von Sportgeräten (FES) des DSB e.V.', gefördert durch das Bundesministerium des Innern (BMI).

Das Institut für Angewandte Trainingswissenschaft (IAT) wurde 1992 in Leipzig eingerichtet. Das Institut arbeitet unter dem Prinzip der Wahrung des humanen Spitzensports mit den Partnern der Sportverbände und im wissenschaftlichen Verbundsystem zusammen, um konzeptionelle und wissenschaftliche Lösungen im Anliegen des deutschen Spitzen- und Nachwuchssports zu unterstützen.

Im Vordergrund der Forschung steht die Umsetzung angewandter wissenschaftlicher Maßnahmen in Training und Wettkampf. In Zusammenarbeit mit Vertretern des Bundesinstituts für Sportwissenschaften (BISp) und des Bundesausschusses Leistungssport (BL) wird eine prozessbegleitende Trainings- und Wettkampfforschung durchgeführt.

Auf dieser Ebene wurden im Jahr 1997 in 15 Spitzenverbänden insgesamt 1173 Sportlerinnen und Sportler aus A-, B-, C-Kadern der Verbände mit unterschiedlichen und sportartrelevanten wissenschaftlichen Interventionen betreut.

Darüber hinaus beschäftigte sich das Institut für Angewandte Trainingswissenschaft (IAT) mit der Nachwuchstrainingsforschung sowie der Eignungs- und Talentdiagnostik. 1997 wurden 23 Sportartengruppen in der Forschung prozessbegleitend unterstützt.

Weitere Arbeitsrichtungen stellen die Technologieentwicklung, die Verlaufsforschung und der Wissenstransfer am IAT dar. Im Bereich der Technologieentwicklung stehen vorrangig Messtechnologien, Auswerte- und Steuerungssoftware sowie Softwareanpassungen im Vordergrund der wissenschaftlichen Arbeit. Im Rahmen der Vorlaufsforschung ist man bemüht, Entwicklungen im Voraus mit Hilfe von unterschiedlichen Modellierungs- und Simulationsverfahren zu untersuchen. Für die Forschungen verfügt das IAT über 50 sportartspezifische bzw. wissenschaftsdisziplinspezifische Messbasen: Konfigurationen von Mess- und Informationssystemen (MIS), wie Schwimmkanal, kippbares Laufband, Kanuergometer, Messplätze für Wasserspringen, Turnen, Leichtathletik, Boxen, aber auch Messplätze zur Erfassung von Körperhaltungen, Haltungsschwächen, muskulären Dysbalancen sowie zur Kraftdiagnostik und Talentdiagnostik. Abbildung 2.1 gibt einen ausführlichen Überblick über die Struktur des Instituts für Angewandte Trainingswissenschaft (IAT).

Struktur des Instituts für Angewandte Trainingswissenschaft (IAT)					
			Vorstand des Trägervereins IAT/FES e.V.		
Direktor	Fachkonferenz Wissenschaft	Themenleitgruppe Nachwuchs	Arbeitsgruppen		
			AG Mess- und Informationssysteme	AG Biomechanik	AG IAT-Web
		Fachgruppenleiterkonferenz			
Fachgruppe Ausdauer	Fachgruppe Kraft und Technik	Fachgruppe Technik und Taktik	Fachgruppe Sportmedizin	Fachgruppe Forschungstechnologie	Abteilung IDS
Kanurennsport/ Kanuslalom Lauf/Gehen Schwimmen Triathlon Biathlon Eisschnelllauf Skilanglauf	Gewichtheben Wasserspringen Wurf/Sprung Mehrkampf Eiskunstlaufen Skisprung Skeleton	Boxen Judo Ringen Hockey Volleyball	Gesundheits- und Belastbarkeits- u. Leistungsdiagnostik	Technologie Service	Information Dokumentation Bibliothek Öffentlichkeitsarbeit Service
Verwaltung		Werkstatt		Service	

Abbildung 2.1. Überblick über die Struktur des Instituts für Angewandte Trainingswissenschaft (IAT) (Institut für Angewandte Trainingswissenschaft, 2005).

Abbildung 2.1 verdeutlicht, dass in den Fachgruppen Ausdauer, Kraft und Technik sowie Technik und Taktik Athleten aus unterschiedlichen Sportarten betreut werden. Behindertenspezifische Sportarten sind der Auflistung nicht zu entnehmen. Dennoch kommen einigen wenigen behinderten Athleten die neuesten wissenschaftlichen Erkenntnisse am IAT zu Gute. Nicht zuletzt, da das Bundesministerium des Innern (BMI) in den vergangenen Jahren zusätzliche Mittel für strukturelle Verbesserungen im Bereich des Sports von Menschen mit Behinderungen zur Verfügung gestellt hat. Diese Mittel wurden u.a. auch für die Zusammenarbeit des Deutschen Behindertensportverbandes (DBS) mit dem Institut für Angewandte Trainingswissenschaft (IAT) gewährt.

Zu der Arbeitsrichtung Wissenstransfer gehören eigene Veröffentlichungen, die Erstellung von Multimediadatenbanken auf CD-ROM, die Durchführung von Symposien und Workshops sowie die Mitwirkung an bzw. die Ausrichtung von Trainerseminaren.

Ferner beinhaltet der Bereich der Weltstandsanalysen nach sportlichen Großereignissen wie Olympischen Spielen (Atlanta, Nagano, Sydney, Salt Lake City, Athen, Turin) ein spezielles Arbeitsgebiet am Institut für Angewandte Trainingswissenschaft (IAT).

2.3.3 Institut für Forschung und Entwicklung von Sportgeräten (FES)

Das Institut für Forschung und Entwicklung von Sportgeräten (FES) ist ein Institut des Trägervereins Institut für Angewandte Trainingswissenschaft (IAT)/ Institut für Forschung und Entwicklung von Sportgeräten (FES) des DSB e.V., gefördert durch das Bundesministerium des Innern (BMI).

Das Institut für Forschung und Entwicklung von Sportgeräten (FES) in Berlin befasst sich mit einer Vielzahl von ingenieurwissenschaftlichen Methoden für Sportgeräteentwicklung, für Serviceleistungen und die Betreuung von Spitzenathleten sowie für die innovative Entwicklung und praxisnahe Anwendung von Mess- und Informationssystemen zur Optimierung im System ‚Mensch und Material'.

Im Rahmen der Sportentwicklung stehen folgende Aufgaben im Vordergrund:

Werkstoffprüfung:

- Recherche neuer Werkstoffe,
- Prüfung der Verarbeitungsparameter und der mechanischen Eigenschaften der Materialien einzeln und als Verbund,
- Betreuung der einzelnen Abteilungen bei Materialauswahl und Erstellung von Laminatplänen.

Bauteilprüfung:

- Überprüfung der berechneten Ergebnisse,
- Vergleich unterschiedlicher Konstruktionsvarianten,
- Bauteilversagen und Schadensanalyse.

Das Aufgabengebiet ‚Service und Betreuung' dient vorrangig der Überführung und Umsetzung von Forschungs- und Entwicklungsergebnissen in die verschiedenen Sportarten. Die Sportler sollen optimal individuell angepasste Sportgeräte zur Verfügung gestellt bekommen, die auch vom FES entsprechend gewartet werden.

Neu entwickelte Mess- und Informationssysteme dienen in Kooperation zwischen Konstrukteur und Athlet als Basis bezüglich der Betrachtung und Bewertung der komplexen Wechselwirkungen im System ‚Mensch und Material'.

Für den Deutschen Behindertensportverband (DBS) unterstützt und betreut das Institut für Forschung und Entwicklung von Sportgeräten (FES) vorrangig Sportler in den paralympischen Segeldisziplinen.

2.3.4 Institute für Sportwissenschaft (ISW)

Laut der Adressenliste der Deutschen Vereinigung für Sportwissenschaft (dvs) konnte im Jahr 2002 an 65 sportwissenschaftlichen Hochschuleinrichtungen in Deutschland Sport bzw. Sportwissenschaft studiert werden.

Im Wintersemester 2001/02 waren rund 27.000 Studierende für das Fach Sport immatrikuliert (vgl. Statistisches Bundesamt Deutschland, 2004).

Unterschiedliche Studiengänge bieten sowohl staatliche (Lehramt an der Primarstufe, Sekundarstufe 1 und 2, Gymnasium) als auch akademische Abschlussmöglichkeiten (Magister und Diplom-Sportlehrer bzw. Diplom-Sportwissenschaftler, Bachelor und Master) an. Darüber hinaus werden Zusatz- und Aufbaustudiengänge sowie die Möglichkeit eines Promotionsstudiums von vielen Einrichtungen angeboten. Ferner werden Beiträge zu anderen universitären Studiengängen und zur Ausbildung von Mitarbeitern der Sportorganisationen erbracht.

Die einzelnen sportwissenschaftlichen Hochschuleinrichtungen, die meist als Institute für Sportwissenschaft in übergeordnete Fachbereiche und Fakultäten eingegliedert sind, werden größtenteils von 3 Professuren getragen, die die geisteswissenschaftlichen (Sportpädagogik/-didaktik, Sportgeschichte, Sportsoziologie, Sportpsychologie), naturwissenschaftlichen (Bewegungs- und Trainingswissenschaft) sowie medizinischen Aspekte des Faches (Sportmedizin, Anatomie, Physiologie) repräsentieren. Ferner kommen Qualifikationsstellen zur Habilitation bzw. Promotion sowie Stellen für Wissenschaftliche Angestellte und Lehrkräfte für besondere Aufgaben hinzu.

Neben der Durchführung von Lehrveranstaltungen und Prüfungen zählen die Grundlagen- und Anwendungsforschung in den Bereichen des Leistungssports, des Schulsports, des Freizeit- und Breitensports, der Sportpolitik und Sportökonomie und des Behindertensports zu den weiteren Aufgabengebieten.

Finanzielle Unterstützung für die unterschiedlichen Forschungen wird u.a. aus Mitteln der Länder, des Bundes, der Spitzenverbände des Sports, anderer Sportorganisationen sowie durch Forschungsförderungseinrichtungen gewährt. Außer den Lehr- und Forschungsaufgaben werden verstärkt Beratungsaufgaben z.b. im Bereich der Trainingssteuerung, der Leistungsdiagnostik, der Gesundheitsvorsorge und der Rehabilitation wahrgenommen.

2.3.5 Firmen für Geräteherstellung (Prothesen, Rollstühle)

Firmen, die sich mit der Herstellung von Geräten im Behindertenbereich beschäftigen, bieten innovative Produkte für Menschen mit eingeschränkter Mobilität oder anderweitigen Handicaps an. Sie tragen wesentlich dazu bei, die Lebensqualität der Betroffenen zu verbessern.

Experten aus verschiedenen Berufsfeldern und mit unterschiedlichen Qualifikationen stellen sich dabei immer wieder neuen Herausforderungen, z.B. in der Verarbeitung neuer Materialien oder in der Entwicklung neuartiger Funktionsmechanismen.

Es ist dem Erfindergeist und der Kreativität der Mitarbeiter zuzuschreiben, dass Geräte hergestellt werden können, die den besonderen Ansprüchen einzelner Athleten mit Behinderung gerecht werden.

Derartige Geräte umfassen Bein-, Armprothesen (z.B. Fußprothesen, Kniegelenke oder Modular-Adapter, kosmetische Armprothesen, zugbeständige Armprothesen bis hin zu myoelektrischen und Hybrid-Armprothesen) oder Orthesen (zur Stabilisierung, Ruhigstellung, Entlastung oder Korrektur von Körperteilen), Rollstühle (z.B. Aktiv-Rollstühle, Adaptiv-Rollstühle, Leichtgewicht-Rollstühle usw.) und spezifische Therapiegeräte sowie Transportvorrichtungen.

Insbesondere im Hochleistungssport ist die individuelle Anpassung von Prothesen, Orthesen, Rollstühlen, etc. unabdingbar. So ist es für einige große Firmen auch selbstverständlich, bei großen Sportveranstaltungen vor Ort zu sein, um die Betreuung der Athleten vor, während und nach dem Wettkampf entsprechend gewährleisten zu können.

Diese privaten Firmen bieten häufig als Sponsoren, die sich in den Dienst des Behindertensports gestellt haben, unterschiedlichen Bereichen des Leistungssports sowie aktiven Athleten eine wertvolle finanzielle Unterstützung und ein spezielles Sponsoring.

2.3.6 Betreuung durch Olympiastützpunkte (OSP)

Im Folgenden werden die spezifischen Betreuungsangebote an einem Olympiastützpunkt für nichtbehinderte und behinderte Athleten anhand eines ausgewählten Beispiels differenziert dargestellt.

Olympiastützpunkt Berlin (OSP Berlin)

Der Olympiastützpunkt (OSP) Berlin wurde im Rahmen des nationalen Gesamtkonzepts des Deutschen Sportbundes 1987 ins Leben gerufen. Anfangs stand der OSP Berlin zunächst unter der Trägerschaft des Landessportbundes Berlin, seit 1997 hat er einen eigenen Trägerverein. Seit 1991 ist der OSP Berlin der größte Stützpunkt Deutschlands.

Der Olympiastützpunkt Berlin gewährleistet allen Berliner Bundeskaderathleten eine weitreichende Betreuung auf sportmedizinischem, physiotherapeutischem und trainingswissenschaftlichem Gebiet. Ferner gehören umfangreiche Leistungen der sozialen Unterstützung im Rahmen der Laufbahnberatung zur Betreuung. Eine enge Vernetzung der Leistungen aller Verantwortungsträger für den Nachwuchs- bis zum Spitzenbereich wird angezielt. Allerdings sind spezifische Zuwendungen der privaten Wirtschaft für die Spitzen- und Nachwuchsathleten immer bedeutsamer, die vom Olympiastützpunkt mit spezifischen Maßnahmen koordiniert werden müssen. Als Fachkräfte für die adäquate Betreuung der Athleten stehen Sportmediziner, Trainingswissenschaftler, Physiotherapeuten, Psychologen, Informatiker, Rehabilitationslehrer, Laufbahnberater und Verwaltungsfachleute zur Verfügung. Ca. 120 hauptamtliche Trainer wirken in den einzelnen Schwerpunktsportarten am Olympiastützpunkt Berlin im Nachwuchs- und Spitzenbereich mit. Hierzu gehören mehr als 30 von Spitzenverbänden eingesetzte Trainer (Bundestrainer/Bundesstützpunkttrainer), 52 Landestrainer und 19 mischfinanzierte Olympiastützpunkt-Trainer. Die Aufgaben der Olympiastützpunkt-Trainer beinhalten insbesondere das Training und die Betreuung der Athleten im Übergangsbereich (D/C- zum C-Kader).

Auf der Homepage des Olympiastützpunkts Berlin (2005) werden folgende Bereiche genannt, die unmittelbar von den aktiven Athleten genutzt werden können:

- Sportmedizin/Physiotherapie,
- Trainingswissenschaft,
- Soziale Betreuung.

Der Bereich der psychologischen Beratung wird nicht eigens aufgeführt. Dies ist unterschiedlich an anderen Olympiastützpunkten. So wird z.B. der Bereich der Sportpsychologie als ein selbstständiger Bereich in der Angebotspalette am OSP Westfalen aufgeführt. Die spezifischen Angebote in den Bereichen Sportmedizin und Physiotherapie, Trainingswissenschaft und Soziale Betreuung beziehen folgende Leistungen ein:

Sportmedizin und Physiotherapie

Leistungsdiagnostik und Trainingssteuerung:

- kardiopulmonale ergometrische Funktions- und Leistungsdiagnostik, einschließlich der Beurteilung des aeroben Stoffwechsels, des aerob-anaeroben Übergangs und des anaeroben Energiestoffwechsels mit dem Ziel, die physische Leistungsfähigkeit zu diagnostizieren und die Wirksamkeit der Trainingsmittel zu objektivieren,
- Einsatz von Laufband-, Fahrrad- und Ruderspiroergometrie, von Stufen- und Dauertests und von Wettkampfsimulationen.

Sportmedizinisch-gesundheitliche Betreuung:

- Klinische Diagnostik und Therapie von Erkrankungen und sportartspezifischen Verletzungen in Kooperation mit anderen medizinischen Fachbereichen (offizielle Partner des OSP),
- Beratung zur Belastungsgestaltung im Erkrankungs- und Verletzungsfall,
- Erarbeitung individueller Prophylaxepläne und Rehabilitationsmaßnahmen,
- Beratung der Sportler zu Fragen einer sportgerechten Lebensweise und Ernährung.

Physiotherapeutische Betreuung und Rehabilitation:

- Trainings- und wettkampfbegleitende Massagen und Gymnastik zur Vorbeugung von Fehlbelastungsschäden im Stütz- und Bewegungssystem der Sportler, u.a. Krankengymnastik, Manuelle Therapie, Bäder, Packungen, Elektro- und Hydrotherapie, alle Formen der Massage und weitere Maßnahmen, die eine Wiederherstellung eines hohen Leistungsvermögens nach Erkrankungen und Verletzungen beschleunigen.

Trainingswissenschaft

Leistungsdiagnostik und Trainingssteuerung:

- Bewegungsanalysen,
- Feedback im Techniktraining,
- Muskelkrafttests,
- Trainingspläne und -empfehlungen,
- Zeitstrukturanalysen,
- Psychoregulatives Training,
- Spiel- und Wettkampfbeobachtungen,
- 40 computergestützte Messplätze,
- Messboote für Rudern und Kanurennsport,
- Messräder für Radsport und Eisschnelllauf,
- Spezieller Schwimmkanal.

Technikanalyse und -ansteuerung:

- Kinemetrie, Dynamometrie, Komplexe Messverfahren, Schnellinformationssysteme.

Diagnostik und Training konditioneller Fähigkeiten:

- Komplexe Leistungstests und Trainingsprogramme an mehr als 20 Messplätzen.

Prävention und Rehabilitation:

- Sportartbezogene Präventions- und Rehabilitationsprogramme für partielle Muskeln und Muskelgruppen,
- Strömungskanal für präventive und rehabilitative Maßnahmen.

Taktikanalysen:

- Spiel- und Kampfbeobachtung,
- Interaktive Videoanalysen.

Unterstützung für Training und Wettkampf:

- Einsatz von Videotechnik, Lichtschranken, Lasertechnik, Herzfrequenz-Testern,
- Technikausleihe,
- Softwareentwicklung und -anpassung, Trainingsdokumentation,
- Digitale Bildbearbeitung, Multimedia.

Soziale Betreuung

Laufbahnberatung im OSP:

- Sportliche Karriereplanung,
- Umfeldmanagement,
- Athletenberatung,
- Eliteschulen des Sports,
- Förderunterricht,
- Internatsförderung,
- Ausbildung, Studium,
- Finanzielle Fördermöglichkeiten,
- Bundeswehr, Zivildienst,
- Ausbildungsplätze,
- Arbeitsplätze,
- Nebenjobs,
- Mobilität, Fahrzeug-Sponsoring.

In Berlin trainierten im Jahr 2005 ca. 700 Bundeskaderathleten (A-D/C), die im Wesentlichen die umfangreichen Angebote des OSP in Anspruch nehmen konnten. Hinzu kamen 10% der ca. 2.500 Landeskader (D-Kader), die ebenfalls vom OSP mitbetreut wurden. Das Team ‚TOP 100 BERLIN' bestand aus 60 nichtbehinderten Sportlerinnen und Sportlern in 16 Sommersportarten, davon 50, die für einen Berliner Verein starteten.

Aber auch behinderte Sportler wurden vom OSP Berlin erfolgreich unterstützt. In der Vorbereitung auf die Paralympics 2000 in Sydney startete der OSP Berlin ein damals in Deutschland einzigartiges Pilotprojekt. Sämtliche Dienstleistungen des Stützpunkts wurden für die behinderten Leistungssportler geöffnet, so dass ihnen hierdurch eine optimale Vorbereitung gewährleistet wurde. Die Sportler konnten die medizinischen, physiotherapeutischen und trainingswissenschaftlichen Leistungen des OSP nutzen. Ferner standen für die beruflichen und sozialen Fragen die erfahrenen Laufbahnberater des Berliner OSP zur Verfügung.

Ca. 500 Sportler mit Handicap nutzten die unterschiedlichen Angebote, wobei vornehmlich die physiotherapeutischen Behandlungen in Anspruch genommen wurden. Aber auch die Möglichkeiten der Leistungsdiagnostik und der Laufbahnberatung wurden von den Athleten wahrgenommen. Darüber hinaus stellte der OSP Berlin für einige Sportarten wie Sitzvolleyball und Radsport zahlreiche Sportgeräte zur Verfügung. 25 Berliner Sportler mit einem Handicap fuhren zu den Paralympics nach Athen, dies waren 12% aller deutschen Teilnehmer. In der Tabelle 2.2 sind die in Athen vertretenen Sportarten mit der entsprechenden Anzahl der Athleten aufgeführt. In Bewertung dieses Projekts, welches vom Arbeitsamt und dem Land Berlin gefördert wurde, konnte festgestellt werden, dass die guten Ergebnisse der Berliner Paralympics-Athleten und die zahlreichen positiven Erfahrungen deutschlandweit angewendet werden sollten. Außerdem war die Fortführung dieses Projekts gesichert.

Tabelle 2.2. Berliner Athen-Starter (Olympiastützpunkt Berlin, 2005).

Sportart	Anzahl der Athleten
Fechten	1
Leichtathletik	9
Radsport	3
Rollstuhlrugby	1
Rollstuhltischtennis	2
Schwimmen	2
Segeln	3
Sitzvolleyball	4
Gesamt	25

Gemäß dem 10. Sportbericht der Bundesregierung 2002 wurden ab dem Jahr 2000 alle Olympiastützpunkte auch für behinderte Athleten geöffnet. Somit wurden Athleten mit Handicap neben dem Olympiastützpunkt Berlin auch an den Olympiastützpunkten der anderen Bundesländer betreut.

Die Betreuungsbilanz des Olympiastützpunkts Frankfurt/Rhein/Main für das Jahr 2003, die in der Tabelle 2.3 dargestellt ist, zeigte allerdings, dass für die Paralympics insgesamt lediglich 4 Athleten mit Behinderung (0.67%), davon 3 A-Kader-Athleten und ein B-Kader-Athlet, einbezogen wurden.

Tabelle 2.3. Betreuungsbilanz für das Jahr 2003 am Olympiastützpunkt Frankfurt/Rhein/Main (Olympiastützpunkt Frankfurt/Rhein/Main, 2005).

Sportart	A	B	C	Zwischensumme	D/C	Summe
Hockey	21	9	36	66	6	72
Leichtathletik	16	56	22	94	19	113
Ringen	13	38	11	62	15	77
Schießen	10	7	2	19	0	19
Rad	9	1	23	33	1	34
Schwimmen	8	3	4	15	5	20
Fußball Frauen	10	0	0	10	0	10
Tischtennis	5	6	2	13	1	14
Trampolin	5	5	1	11	0	11
Rhythm. Gymn.	0	13	25	38	22	60
Turnen	1	28	25	54	2	56
Volleyball	0	0	18	18	4	22
Judo	1	0	2	3	3	6
Mod. Fünfk.	0	1	1	2	0	2
Fechten	3	1	0	4	0	4
Taekwondo	2	0	0	2	0	2
Tennis	1	1	1	3	0	3
Basketball	7	1	5	13	1	14
Rudern	24	0	1	25	0	25
Paralympics	**3**	**1**	**0**	**4**	**0**	**4**
Sonstige	15	3	8	26	0	26
Total	**154**	**174**	**187**	**515**	**79**	**594**

Die sehr geringe Anzahl der betreuten Leistungssportler mit Behinderung im Vergleich zu ihren nichtbehinderten Sportkollegen verdeutlichte, dass die Betreuung von Athleten mit Behinderung an diesem spezifischen Olympiastützpunkt nur marginal durchgeführt wurde.

2.4 Spezifische Fragestellung

In den letzten Jahren hat der Leistungssport von Menschen mit Behinderung eine erhebliche Zunahme der Anerkennung im politischen, gesellschaftlichen und verbandsbezogenen Bereich erfahren, allerdings erweist er sich im Vergleich zum Leistungssport von Menschen ohne Behinderung noch als randständig.

Im Rahmen der vorliegenden Studie werden die Betreuung und Beratung bei den sich bereits in der Vorbereitung für den Zielwettkampf für die Paralympics Athen 2004 befindlichen und durch den Deutschen Behindertensportverband (DBS) nominierten ca. 250 Kadersportlern analysiert. Unter Betreuung wird in diesem Kontext jegliche Art medizinischer, physiotherapeutischer, bewegungs- und trainingswissenschaftlicher sowie sozialer Unterstützung verstanden. Bei der Durchführung der Betreuung werden die personalen Einwirkungen auf den Athleten und auch auf die Trainer analysiert. Aus diesem Grunde werden auch die Träger der speziellen Betreuung einbezogen.

Aufgrund der offensichtlich existierenden Forschungslücke und der mangelnden Informationen über die Durchführung und Beurteilung von Training und Betreuung behinderter Leistungssportler durch die Olympiastützpunkte und weitere Fördereinrichtungen in Deutschland werden in der vorliegenden Studie vor allem folgende Fragestellungen analysiert:

1. Wie hoch ist der Bekanntheitsgrad der unterschiedlichen Betreuungseinrichtungen wie Olympiastützpunkte (OSP), Institut für Angewandte Trainingswissenschaft (IAT), Institut für Forschung und Entwicklung von Sportgeräten (FES), Institute für Sportwissenschaft (ISW) und private Firmen der Geräteherstellung (Prothesen, Rollstühle) aus der Sicht der Athleten mit einer Behinderung?

2. Welche Betreuungseinrichtungen, wie sie der nichtbehinderte Leistungssport zur Verfügung hat, aufgeteilt in die Bereiche Forschung und Betreuung, Olympiastützpunkte (OSP), Institut für Angewandte Trainingswissenschaft (IAT), Institut für Forschung und Entwicklung von Sportgeräten (FES), Institute für Sportwissenschaft (ISW) und Firmen der Geräteherstellung (Prothesen, Rollstühle), kommen bei behinderten Leistungssportlern zur Nutzung?

   - Welche Betreuungseinrichtungen werden von den behinderten Leistungssportlern in welchem Umfang genutzt (u.a. Häufigkeiten, zeitlicher Umfang)?

   - Welches sind spezifische Erklärungen für und gegen die Nutzungen einzelner Systembestandteile?

3. Wie hoch ist der Grad der Zufriedenheit hinsichtlich der Nutzung der unterschiedlichen Fördereinrichtungen wie Olympiastützpunkte (OSP), Institut für Angewandte Trainingswissenschaft (IAT), Institut für Forschung und Entwicklung von Sportgeräten (FES), Institute für Sportwissenschaft (ISW) und private Firmen der Geräteherstellung (Prothesen/Rollstühle) aus Sicht der Athleten?

Auf der Grundlage dieser Erkenntnisse wird angezielt, die Betreuung und Beratung der Athleten mit Behinderung in den einzelnen Sportarten durch die Olympiastützpunkte und die weiteren Fördereinrichtungen stärker individuell und behinderungsbezogen auf die spezifischen Bedingungen des Behinderten-Leistungssports zuzuschneiden.

3. METHODIK

Die Methodik umfasst die Beschreibung des Untersuchungsverfahrens, der Untersuchungspersonen, der Untersuchungsdurchführung sowie der Untersuchungsauswertung.

3.1 Untersuchungsverfahren

Das Untersuchungsverfahren bezieht sich auf das Verfahren der quantitativen Datenerhebung mittels eines umfangreichen Fragebogens. In der vorliegenden Untersuchung zur Betreuungssituation von behinderten Leistungssportlern wurde ein spezifischer Fragebogen entwickelt. Dieser Fragebogen wurde in Anlehnung an die Fragebögen von Emrich (1996) zur Analyse spezifischer Merkmale der Olympiastützpunkte für nichtbehinderte Leistungssportler und von Emrich, Pitsch, Fröhlich und Güllich (2004) zur Bewertung der Angebote von Olympiastützpunkten konzipiert. Bei der Gestaltung des Fragebogens wurden wichtige Teile des Fragebogens zu spezifischen Karriereverläufen von nichtbehinderten und behinderten Leistungssportlern von Kemper (2003) berücksichtigt.

Der Fragebogen aus einem personbezogenen Teil und einem ausführlichen themenbezogenen Teil. Der personorientierte Fragebogenteil umfasste u.a. Fragen nach dem Alter, dem Geschlecht, dem Familienstand, der Schulbildung, der beruflichen Ausbildung, der Hauptsportart, dem Leistungssport, dem Zeitpunkt des Eintritts der Behinderung, der Art und Ursache der Behinderung, dem Beginn des Leistungssports, den erreichten Erfolgen auf nationaler und internationaler Ebene und den spezifischen Trainings- und Wettkampfbedingungen.

Der themenbezogene Teil beinhaltete den Bekanntheitsgrad und die Nutzung von ausgewählten Betreuungseinrichtungen von nichtbehinderten und behinderten Leistungssportlern. Zu diesen Betreuungseinrichtungen zählten die Olympiastützpunkte (OSP), das Institut für Angewandte Trainingswissenschaft (IAT), das Institut für Forschung und Entwicklung von Sportgeräten (FES), die Institute für Sportwissenschaft (ISW) und private Firmen, die sich mit der Geräteherstellung wie Prothesen und Rollstühlen beschäftigten. Im einzelnen wurden bei den Leistungssportlern mit Behinderung Aspekte des Bekanntheitsgrads der unterschiedlichen Betreuungseinrichtungen, der spezifischen Betreuungssituation und Serviceleistungen an Olympiastützpunkten (OSP), der Betreuungssituation und Serviceleistungen am Institut für Angewandte Trainingswissenschaft (IAT), der Betreuungssituation und Serviceleistungen am Institut für Forschung und Entwicklung von Sportgeräten (FES), der Betreuungssituation und Serviceleistungen an Instituten für Sportwissenschaft (ISW) und der Betreuungssituation und Serviceleistungen von Firmen der Geräteherstellung (Prothesen, Rollstühle) erfragt. Ferner wurde um die Beurteilung der Umsetzung des Leistungssportkonzepts des Deutschen Behindertensportverbandes (DBS) gebeten.

3.2 Untersuchungspersonen

An der vorliegenden Befragungsstudie nahmen insgesamt 113 Leistungssportler mit Behinderung teil. Es handelte sich um 47 weibliche und 66 männliche Leistungssportler mit Behinderung. Das Durchschnittsalter der 113 behinderten Athleten betrug 32.08 Jahre bei einer Streuung von 9.01 Jahren.
Der Familienstand der 113 behinderten Athleten findet sich in der Tabelle 3.1.

Tabelle 3.1. Familienstand der Athleten.

Familienstand	Gesamt (113)	Frauen (47)	Männer (66)
Ledig	80	35	45
Verheiratet	29	10	19
Geschieden	2	0	2
Verwitwet	2	2	0

Aus der Tabelle 3.1 ist in Hinsicht auf den Familienstand ersichtlich, dass von den 113 behinderten Athleten 80 ledig, 29 verheiratet, 2 geschieden und 2 verwitwet waren. Von den 47 Frauen waren 35 ledig, 10 verheiratet und 2 bereits verwitwet. Von den 66 Männern waren 45 ledig, 19 verheiratet und 2 geschieden. Insofern lagen offensichtlich ähnliche Häufigkeiten beim Familienstand der weiblichen und männlichen Athleten vor.
In der Tabelle 3.2 finden sich die Angaben zu den Kindern der Leistungssportler mit Behinderung.

Tabelle 3.2. Kinder der Athleten.

Kinder	Gesamt (113)	Frauen (47)	Männer (66)
1 Kind	9	4	5
2 Kinder	14	4	10
3 Kinder	2	1	1
Kein Kind	88	38	50

9 Leistungssportler mit Behinderung hatten ein Kind, 14 hatten 2 Kinder und weitere 2 Athleten 3 Kinder. 88 Personen gaben an, dass sie keine Kinder hatten. Von den 47 Frauen hatten 4 ein Kind, 4 Athletinnen 2 Kinder und eine Sportlerin ein Kind, wohingegen 38 Frauen keine Kinder hatten. Bei den 66 Männern fanden sich bei 5 Athleten Angaben über ein Kind, bei 10 Sportlern über 2 Kinder, bei einem Sportler über 3 Kinder, während 50 der befragten Männer keine Kinder hatten.

In der Tabelle 3.3 sind die Angaben der Leistungssportler mit Behinderung zu ihrer Schulausbildung enthalten.
In der Gesamtgruppe der 113 behinderten Athleten wiesen 6 Personen einen Volks- bzw. Hauptschulabschluss, 6 einen Qualifizierenden Hauptschulabschluss, 6 einen Abschluss einer Polytechnischen Oberschule, 26 die Mittlere Reife, 3 die Betriebsberufsschule, 28 das Abitur, 15 ein Fachhochschulstudium und 17 Athleten ein Universitätsstudium auf, wobei 6 Athleten keine Angaben machten.

Tabelle 3.3. Schulausbildung der Athleten.

Schulausbildung	Gesamt (113)	Frauen (47)	Männer (66)
Volks- bzw. Hauptschule (OS)	6	4	2
Qualifizierende Hauptschule	6	0	6
Polytechnische Oberschule (POS)	6	2	4
Erweiterte Oberschule (EOS)	0	0	0
Realschule/Regelschule (Mittlere Reife)	26	8	18
Betriebsberufsschule (BBS)	3	0	3
Abitur	28	16	12
Fachhochschulstudium	15	6	9
Universitätsstudium	17	8	9
Keine Angabe	6	3	3

Von den 28 Athleten mit Abitur waren 16 weiblichen und 12 männlichen Geschlechts. Weiterhin gaben 26 Sportler, davon 8 Frauen und 18 Männer, die Mittlere Reife als Schulabschluss an. 17 Befragte, nämlich 8 Frauen und 9 Männer, hatten ein Universitätsstudium absolviert. 15 behinderte Athleten (6 Frauen und 9 Männer) hatten ein Fachhochschulstudium erfolgreich beendet. 4 weibliche und 2 männliche Athleten hatten die Volks- bzw. Hauptschule absolviert, und 6 Männer wiesen einen Qualifizierenden Hauptschulabschluss nach. Ferner gaben 2 Frauen und 4 Männer die Polytechnische Oberschule und weitere 3 Männer die Betriebsberufsschule an. Schließlich machten jeweils 3 Frauen und Männer keine Angaben zur Schulausbildung.
In der Tabelle 3.4 findet sich eine Auflistung der Angaben zum Tätigkeitsfeld bzw. zum Beruf bei den 113 Leistungssportlern mit Behinderung.

Tabelle 3.4. Tätigkeitsfelder der Athleten.

Tätigkeitsfeld/Beruf	Gesamt (113)	Frauen (47)	Männer (66)
Freier Beruf	6	4	2
Beamter	6	4	2
Angestellter	51	19	32
Facharbeiter	4	0	4
Student	10	4	6
Auszubildender	5	3	2
Schüler	9	6	3
Arbeitslos	8	4	4
Rentner/Pensionär	13	3	10
Keine Angabe	1	0	1

Zum Zeitpunkt der Befragung waren je 6 Sportler mit Behinderung in Freien Berufen oder als Beamte tätig. 51 Sportler waren als Angestellte und 4 Athleten als Facharbeiter aktiv. Ferner befanden sich in der Stichprobe 10 Studenten, 5 Auszubildende, 9 Schüler, 8 arbeitslose Personen und 13 Rentner/Pensionäre, wohingegen eine Person keine Angabe zum Beruf machte. Von den 47 weiblichen Leistungssportlern mit Behinderung waren 19 als Angestellte, 6 als Schüler und jeweils 4 in einem Freien Beruf, als Beamter und als Student tätig bzw. arbeitslos. In der Gruppe der 66 Männer befanden sich 32 Angestellte, 10 Rentner/Pensionäre, 6 Studenten, je 4 Facharbeiter und arbeitslose Personen, 3 Schüler sowie jeweils 2 Personen in Freien Berufen, Beamte und Auszubildende. Insofern konnten bei den weiblichen und männlichen Athleten ähnliche Häufigkeiten der beruflichen Tätigkeitsfelder aufgefunden werden.

Die Angaben der 113 Athleten mit Behinderung zu ihrem Wohnort finden sich in der Tabelle 3.5.

Tabelle 3.5. Wohnort der Athleten.

Wohnort	Gesamt (113)	Frauen (47)	Männer (66)
In einem kleinen Ort (<5.000 Einwohner)	32	11	21
In einer Kleinstadt (5.001-50.000 Einwohner)	24	2	12
In einer mittelgroßen Stadt (50.001-100.000 Einwohner)	18	8	10
In einer Großstadt (>100.000 Einwohner)	39	16	23

Von den 113 befragten Leistungssportlern mit Behinderung stammten 32 aus einem kleinen Ort, 24 aus einer Kleinstadt, 18 aus einer mittelgroßen Stadt und 39 aus einer Großstadt. In der Stichprobe der 47 Frauen wohnten 11 in einem kleinen Ort, 2 in einer Kleinstadt, 8 in einer mittelgroßen Stadt und 16 in einer

Großstadt. Von den 66 Männern gaben 21 einen kleinen Ort, 12 eine Kleinstadt, 10 eine mittelgroße Stadt und 23 eine Großstadt als Wohnort an. Somit wohnten große Teile der Gesamtstichprobe der 113 behinderten Leistungssportler in einer Großstadt und in einem kleinen Ort.

Aus der Tabelle 3.6 ist die Herkunft der 113 Athleten mit Behinderung in Hinsicht auf die 16 Bundesländer (alphabetische Auflistung) zu entnehmen.

Tabelle 3.6. Bundesland der Athleten.

Bundesland	Gesamt (113)	Frauen (47)	Männer (66)
Baden-Württemberg	9	4	5
Bayern	22	7	15
Berlin	10	4	6
Brandenburg	4	2	2
Bremen	0	0	0
Hamburg	2	1	1
Hessen	10	4	6
Mecklenburg-Vorpommern	2	1	1
Niedersachsen	5	3	2
Nordrhein-Westfalen	20	8	12
Rheinland-Pfalz	5	1	4
Saarland	1	0	1
Sachsen	7	2	5
Sachsen-Anhalt	2	0	2
Schleswig-Holstein	3	3	0
Thüringen	0	0	0
Keine Angabe	11	7	4

In der vorliegenden Stichprobe der 113 behinderten Leistungssportler stammten mit 22 Athleten (7 Frauen, 15 Männer) die meisten aus Bayern. Auf dem zweiten Rang folgte Nordrhein-Westfalen mit 20 Athleten (8 Frauen, 12 Männer). Jeweils 10 Sportler kamen aus Berlin (4 Frauen, 6 Männer) und Hessen (4 Frauen, 6 Männer). 9 Leistungssportler (4 Frauen, 5 Männer) gaben Baden-Württemberg als Bundesland an. 7 Athleten (2 Frauen, 5 Männer) stammten aus Sachsen. Jeweils 5 Sportler kamen aus Niedersachsen (3 Frauen, 2 Männer) und Rheinland-Pfalz (eine Frau, 4 Männer). 4 Athleten (2 Frauen, 2 Männer) stammten aus Brandenburg und 3 Sportler (3 Frauen) aus Schleswig-Holstein. Ferner gaben jeweils 2 Leistungssportler Hamburg (eine Frau, ein Mann) und Sachsen-Anhalt (2 Männer) als Bundesland an. Ein Athlet (ein Mann) aus dem Saarland war an der Befragung beteiligt. 11 Athleten (7 Frauen, 4 Männer) mit Behinderung machten keine Angabe zu ihrem Bundesland. Insofern rekrutierte sich die Stichprobe der 113 behinderten Leistungssportler vorwiegend aus den Bundesländern Bayern, Nordrhein-Westfalen, Berlin, Hessen und Baden-Württemberg.

In der Tabelle 3.7 finden sich die Angaben der Leistungssportler zu der Art ihrer Behinderung.

Tabelle 3.7. Art der Behinderung der Athleten.

Behinderungsart	Gesamt (113)	Frauen (47)	Männer (66)
Stütz- und Bewegungsapparat	89	37	52
Zentrales und peripheres Nervensystem	4	1	3
Innere Organe, Störungen der Herz- und Gefäßfunktionen	1	0	1
Blinde	8	4	4
Sehbehinderte	10	5	5
Keine Angabe	1	0	1

In der Stichprobe der 113 behinderten Leistungssportler handelte es sich bei 89 Athleten (37 Frauen, 52 Männer) um Körperbehinderungen in Form von Einschränkungen im Stütz- und Bewegungsapparat. Auf dem zweiten Rang folgten Sehbehinderungen bei 10 Athleten (5 Frauen, 5 Männer). Den dritten Häufigkeitsrang nahm bei 8 Leistungssportlern (4 Frauen, 4 Männer) die Blindheit ein. Bei 4 Athleten (einer Frau, 3 Männern) lagen Behinderungen im zentralen und peripheren Nervensystem vor. Die Behinderung eines Sportlers lag im Bereich der inneren Organe/Störungen der Herz- und Gefäßfunktionen. Ein Athlet machte keine Angabe zu seiner Behinderung. Insofern handelte es sich bei 89 (78.7%) der 113 Leistungssportler um Körperbehinderte und bei 18 (15.9%) um Sehbehinderte/Blinde.

Die einzelnen Ursachen der Behinderungen der 113 befragten Leistungssportler finden sich in der Tabelle 3.8. In der vorliegenden Stichprobe der 113 Leistungssportler waren die Behinderungen bei 52 Athleten (20 Frauen, 32 Männer) durch eine Verletzung/einen Unfall verursacht worden. Die zweithäufigste Ursache war die genetische Disposition bei 18 Leistungssportlern (7 Frauen, 11 Männer). Auf dem dritten Rang der Ursachen folgten die Krankheiten bei 12 Athleten (7 Frauen, 5 Männer). Bei 7 Sportlern (7 Männer) lag die Ursache in Komplikationen bei der Geburt. Schließlich war bei 3 Sportlern (3 Männer) die Ursache eine Krankheit der Mutter während der Schwangerschaft gewesen. 21 befragte Athleten machten keine Angaben zu ihrer Behinderungsursache. Das Eintrittsalter der Behinderung lag nach den Angaben von 113 Athleten durchschnittlich im Alter von 10.88 Jahren.

21 Personen waren seit Geburt behindert und 92 Sportler waren nachgeburtlich durch Krankheiten bzw. Unfälle behindert geworden.

Tabelle 3.8. Ursachen der Behinderung der Athleten.

Behinderungsursache	Gesamt (113)	Frauen (47)	Männer (66)
Genetische Disposition	18	7	11
Krankheit der Mutter während der Schwangerschaft	3	0	3
Komplikationen bei der Geburt	7	0	7
Krankheit	12	7	5
Verletzung/Unfall	52	20	32
Keine Angabe	21	13	8

Von den 113 Leistungssportlern gaben 19 Athleten (9 Frauen, 10 Männer) an, dass es sich um eine progressive Behinderung handelte. Ferner hatten 32 Athleten (13 Frauen, 19 Männer) von den 113 Befragten eine behindertenspezifische Schule besucht.

Die Hauptsportarten der 113 Leistungssportler sind in der Tabelle 3.9 in alphabetischer Reihenfolge aufgeführt.

Tabelle 3.9. Hauptsportarten/Disziplinen der Athleten.

Hauptsportart/Disziplin	Gesamt (113)	Frauen (47)	Männer (66)
Bogenschießen	2	1	1
Judo	1	1	0
Leichtathletik-Allgemein	1	1	0
Leichtathletik-Läufe	4	1	3
Leichtathletik-Sprünge	2	1	1
Leichtathletik-Würfe	6	2	4
Radsport	1	0	1
Reiten	5	4	1
Rollstuhl-Basketball	23	11	12
Rollstuhl-Fechten	7	5	2
Rollstuhl-Leichtathletik-Läufe	2	1	1
Rollstuhl-Tennis	6	1	5
Rollstuhl-Tischtennis	12	3	9
Schwimmen	13	6	7
Sitzvolleyball	9	0	9
Sportschießen	8	3	5
Tischtennis	1	0	1
Torball	10	6	4

Der größte Teil der Befragten gab als Hauptsportart Rollstuhl-Basketball mit 23 Athleten (11 Frauen, 12 Männer) an. Die zweitgrößte Gruppe stellte der Schwimmsport mit 13 Athleten (6 Frauen, 7 Männer) dar. Auf dem dritten Rang folgte die Sportart Rollstuhl-Tischtennis mit 12 Athleten (3 Frauen, 9 Männer). Aus der Sportart Torball nahmen 10 Athleten (6 Frauen, 4 Männer) an der Befragung teil. 9 Athleten (9 Männer) kamen aus der Sportdisziplin Sitzvolleyball. Sportschießen betrieben 8 Sportler (3 Frauen, 5 Männer) und Rollstuhlfechten 7 Athleten (5 Frauen, 2 Männer). Der Sportart Rollstuhl-Tennis gehörten 6 Sportler (eine Frau, 5 Männer) an. Ferner waren 6 Sportler (2 Frauen, 4 Männer) in den Wurfdisziplinen der Leichtathletik aktiv. Die Hauptsportart von 5 Athleten (4 Frauen, ein Mann) war das Reiten. Die Laufdisziplinen in der Leichtathletik waren die Hauptsportart von 4 Sportlern (eine Frau, 3 Männer). Jeweils 2 Athleten betrieben Bogenschießen (eine Frau, ein Mann), Leichtathletik-Sprünge (eine Frau, ein Mann) und Rollstuhl-Leichtathletik-Läufe (eine Frau, ein Mann). Die Sportarten Judo (ein Mann), Leichathletik-Allgemein (ein Mann), Radsport (ein Mann) und Tischtennis (ein Mann) waren die Hauptsportarten je eines Aktiven. Somit setzte sich die Stichprobe der 113 befragten Leistungssportler vorrangig aus den Disziplinen Rollstuhl-Basketball, Schwimmen, Rollstuhl-Tischtennis und Sportschießen mit ähnlichen prozentualen Anteilen weiblicher und männlicher Athleten zusammen. Insgesamt 53 Leistungssportler mit Behinderung kamen aus Rollstuhl-Sportarten und 60 Athleten aus anderen Sportarten.

Die 113 befragten Sportler betrieben ihre Hauptsportarten durchschnittlich seit 12.11 Jahren. Von den 113 befragten Sportlern gaben 58 an, Mitglied im A-Kader zu sein. Weiterhin nahmen an der Befragung 28 B-Kader, 9 C-Kader sowie 11 Athleten ohne Kaderzugehörigkeit teil. 7 Sportler machten keine Angaben über ihre Kaderzugehörigkeit.

Hinsichtlich der Kaderzugehörigkeit gaben 35 Sportler (18 Frauen, 17 Männer) an, dass sie seit einem Jahr Kadermitglied waren. Die längste Kaderzugehörigkeit gab ein männlicher Athlet mit 18 Jahren an.

Ihren Trainingsort erreichten 83 Sportler (31 Frauen, 52 Männer) mit dem Auto, 20 (11 Frauen, 9 Männer) mit der Bahn oder dem Bus und je ein Mann mit dem Fahrrad und zu Fuß. 8 Athleten (5 Frauen, 3 Männer) machten keine Angabe, wie sie ihren Trainingsort erreichten.

Das Auto stellte für 86 Leistungssportler (30 Frauen, 56 Männer) das Verkehrsmittel zum Erreichen ihrer Wettkampforte dar. 18 Athleten (11 Frauen, 7 Männer) wählten Bus oder Bahn und 9 Sportler (6 Frauen, 3 Männer) machten darüber keine Angabe.

Ihren Trainingsort erreichten 95 Athleten (38 Frauen, 57 Männer) allein. 9 (3 Frauen, 6 Männer) kamen mit dem Trainer, 6 Sportler (5 Frauen, ein Mann) mit den Eltern und 3 Athleten (eine Frau, 2 Männer) machten keine Angabe.

63 Sportler (21 Frauen, 42 Männer) erreichten ihren Wettkampfort allein. 37 Athleten (23 Frauen, 14 Männer) fuhren mit ihrem Trainer zum Wettkampfort, 6 Sportler (2 Frauen, 4 Männer) mit den Eltern und ein Mann mit

Freunden. Ferner machten 6 Athleten (eine Frau, 5 Männer) keine Angabe über das Erreichen des Wettkampforts.

Von den 113 Leistungssportlern hatten 52 Athleten (22 Frauen, 30 Männer) noch nie den Verein gewechselt. 36 Athleten (15 Frauen, 21 Männer) hatten den Verein einmal und 13 Athleten (5 Frauen, 8 Männer) zweimal gewechselt. 11 Athleten (5 Frauen, 6 Männer) hatten bereits mehrfache Vereinswechsel vorgenommen. Ein männlicher Athlet machte keine Angabe zum Vereinswechsel.

In der Tabelle 3.10 findet sich eine Auflistung der größten sportlichen Erfolge der befragten 113 behinderten Leistungssportler.

Tabelle 3.10. Größte sportliche Erfolge der Athleten.

Größter sportlicher Erfolg	Gesamt (113)	Frauen (47)	Männer (66)
Paralympics-Sieg	10	7	3
Paralympics-Zweiter	6	1	5
Paralympics-Dritter	8	2	6
Paralympics-Endkampf	1	0	1
WM-Sieg	7	5	2
WM-Zweiter	12	0	12
WM-Dritter	1	1	0
WM-Endkampf	3	2	1
EM-Sieg	20	13	7
EM-Zweiter	7	2	5
EM-Dritter	4	0	4
EM-Endkampf	1	0	1
DM-Sieg/Nationaler Meister	11	2	9
DM-Zweiter	4	3	1
Qualifikation zu Paralympics	2	1	1
Qualifikation zur WM	1	0	1
Qualifikation zur EM	2	0	2
Qualifikation zur DM	1	1	0
Weltrekord	2	2	0
Länderkampf/Nationenturnier/Internationale Vergleiche	3	3	0
Bundeslandmeister	1	1	0
Junioren-EM-Sieg	2	0	2
Junioren-DM-Sieg	1	0	1
Keine Angabe	3	1	2

An der Befragung nahmen insgesamt 10 Paralympics-Sieger (7 Frauen, 3 Männer), 6 Paralympics-Zweite (eine Frau, 5 Männer), 8 Paralympics-Dritte (2 Frauen, 6 Männer) und ein Paralympics-Endkampfteilnehmer (ein Mann) teil. Ferner waren 7 Weltmeister (2 Frauen, 5 Männer), 12 Weltmeisterschafts-Zweite

(12 Männer), ein Weltmeisterschafts-Dritter (eine Frau) und 3 Weltmeisterschafts-Endkampfteilnehmer (2 Frauen, ein Mann) an der Studie beteiligt. Darüber hinaus umfasste die vorliegende Stichprobe 20 Europameister (13 Frauen, 7 Männer), 7 Europameisterschafts-Zweite (2 Frauen, 5 Männer), 4 Europameisterschafts-Dritte (4 Männer) und einen Europameisterschafts-Endkampfteilnehmer (ein Mann). Außerdem waren 11 Deutsche Meister (2 Frauen, 9 Männer) und 4 Zweite bei den Deutschen Meisterschaften (3 Frauen, ein Mann) beteiligt. An den Qualifikationen zu den Paralympics, zur Weltmeisterschaft, zur Europameisterschaft und zur deutschen Meisterschaft nahmen insgesamt 6 Sportler (2 Frauen, 4 Männer) teil. Außerdem hatten 2 weibliche Sportler Weltrekorde erzielt, und 3 weibliche Athleten waren bei Länderkämpfen aktiv gewesen. Eine Athletin konnte den Sieg in einem Bundesland erringen. Schließlich waren 2 Junioren-Europameister (2 Männer) und ein Deutscher Meister der Junioren an der Studie beteiligt. 3 Sportler machten keine Angabe zu ihren größten sportlichen Erfolgen.

Von den 113 Befragten hatten 56 Leistungssportler bereits an den Paralympics 2000 in Sydney teilgenommen. 57 Athleten hatten in Sydney 2000 nicht teilgenommen. Von den 56 Teilnehmern an den Paralympics 2000 in Sydney hatten 5 den ersten Rang, 10 den zweiten Rang und 8 den dritten Rang erreicht.

In Bezug auf das vorparalympische Jahr 2003 wurden Kennzeichen der Trainingsperioden erfragt. Von den 113 Athleten schätzten 78 Athleten ein, dass sie im Jahr 2003 in der Vorbereitungsperiode durchschnittlich 5.57 Monate bei einer Streuung von 3.50 Monaten trainiert hatten. Nach der Beurteilung von 93 Athleten belief sich die durchschnittliche Trainingsdauer auf 10.50 Stunden/Woche bei einer Streuung von 5.90 Stunden/Woche.

Die Wettkampfperiode dauerte nach der Einschätzung von 69 Athleten 4.76 Monate bei einer Streuung von 3.34 Monaten. Die durchschnittliche Trainingsdauer betrug nach der Bewertung von 83 Leistungssportlern 11.03 Stunden/Woche bei einer Streuung von 6.44 Stunden/Woche.

Die Übergangsperiode umfasste nach der Beurteilung von 55 Leistungssportlern 4.25 Monate bei einer Streuung von 3.73 Monaten. Die durchschnittliche Trainingsdauer belief sich nach der Auffassung von 72 Athleten auf 7.36 Stunden/Woche bei einer Streuung von 4.13 Stunden/Woche.

Die Wettkampfhäufigkeit betrug im Jahr 2003 nach der Beurteilung von 94 Athleten im Durchschnitt 2.84mal pro Monat bei einer Streuung von 3.04mal pro Monat. Im Jahr 2004 belief sich die Wettkampfhäufigkeit bis ca. August 2004 nach der Einschätzung von 103 Leistungssportlern durchschnittlich auf 2.75mal pro Monat bei einer Streuung von 2.49mal pro Monat.

Die Lehrgangshäufigkeit (Lehrgänge länger als 3 Tage) wurde von 97 Leistungssportlern mit 4.07mal pro Jahr bei einer Streuung von 2.01 Mal genannt.

In der Tabelle 3.11 sind die Erfolge der 113 behinderten Leistungssportler im Jahr 2003 vor den Paralympischen Spielen in Athen 2004 aufgeführt. Von den befragten 113 Leistungssportlern hatten im Jahr 2003 insgesamt 2 Sportler (2 Frauen) den Weltmeistertitel errungen, 2 Athleten (eine Frau, ein Mann) waren Weltmeisterschafts-Zweite geworden und 2 Sportler (eine Frau, ein Mann) hatten den Weltmeisterschafts-Endkampf erreicht. Ferner waren 10 Europameister (5 Frauen, 5 Männer), 7 Europameisterschafts-Zweite (eine Frau, 6 Männer), 4 Europameisterschafts-Dritte (4 Frauen) und ein Europameisterschafts-Endkampf-Teilnehmer (ein Mann) an der Studie beteiligt. Darüber hinaus nahmen 10 Athleten (4 Frauen, 6 Männer) mit dem Titel Deutscher Meister, 2 Zweite (eine Frau, ein Mann) bei den Deutschen Meisterschaften und eine Dritte bei den Deutschen Meisterschaften an der Befragung teil. Außerdem waren u.a. noch ein Weltrekordler (eine Frau), ein Qualifikant zur Euromeisterschaft und zum Kader (ein Mann), 2 Teilnehmer an Länderkämpfen (eine Frau, ein Mann), ein Bundeslandmeister (eine Frau) und ein Sieger bei den Deutschen Meisterschaften der Junioren an der Befragung beteiligt. Insgesamt machten 50 Leistungssportler differenzierte Angaben zu ihren Leistungen im Jahr 2003, wohingegen sich bei 63 Athleten (27 Frauen, 36 Männer) keine spezifischen Angaben fanden.

Tabelle 3.11. Sportliche Erfolge der Athleten im Jahr 2003.

Größter sportlicher Erfolg 2003	Gesamt (113)	Frauen (47)	Männer (66)
WM-Sieg	2	2	0
WM-Zweiter	2	1	1
WM-Endkampf	2	1	1
EM-Sieg	10	5	5
EM-Zweiter	7	1	6
EM-Dritter	4	0	4
EM-Endkampf	1	0	1
DM-Sieg	10	4	6
DM-Zweiter	2	1	1
DM-Dritter	1	1	0
Weltrekord	1	1	0
Qualifikation zur EM	1	0	1
Kaderqualifikation	1	0	1
Länderkampf/Nationenturnier/Int. Vergleiche	2	1	1
Bundeslandmeister	1	1	0
Turniersieg	2	1	1
Junioren-DM-Sieg	1	0	1
Keine Angabe	63	27	36

Von den insgesamt befragten 113 Athleten hatten sich zum Zeitpunkt der Studie 100 Sportler für die Paralympics 2004 in Athen qualifiziert. Dabei handelte es sich um 43 Frauen und 57 Männer.

112 der 113 befragten Leistungssportler schätzten die Zufriedenheit mit ihren erreichten Leistungen auf einer 5-Punkte-Skala von ‚1=völlig unzufrieden' bis ‚5=sehr zufrieden' mit durchschnittlich 3.55 bei einer Streuung von 0.96 ein. Hieraus wurde eine weitgehende Zufriedenheit mit den errungenen Erfolgen deutlich.

Von den 113 Athleten mit Behinderung wurden 88 Leistungssportler von einem Heimtrainer betreut, wohingegen 23 Sportler von keinem Heimtrainer angeleitet wurden. Hinsichtlich der Trainingsbedingungen trainierten 14 Athleten allein, 24 mit dem Heimtrainer, 14 in einer Trainingsgruppe und 55 sowohl allein als auch in einer Trainingsgruppe. In Bezug auf die Zusammensetzung der Trainingsgruppe trainierten 21 Athleten ausschließlich mit behinderten Sportlern, 32 Athleten ausschließlich mit nichtbehinderten Sportlern und 43 sowohl mit behinderten als auch mit nichtbehinderten Sportlern.

3.3 Untersuchungsdurchführung

Die schriftliche Befragung mit den behinderten Leistungssportlern wurde im Zeitraum vor den Paralympics 2004 in Athen von Juni bis Anfang September 2004 durchgeführt. Nach telefonischer Information wurden die Fragebögen an die Trainer und Repräsentanten von Verbänden in den einzelnen Sportarten mit der Bitte um Weitergabe und Beantwortung durch ihre Athleten verschickt. Alle Anschreiben waren mit entsprechenden frankierten Rückumschlägen versehen, so dass den Befragten keine zusätzlichen Kosten entstanden. Die Fragebögen wurden von den Trainern und Repräsentanten zurückgeschickt.

Insgesamt wurden 290 Fragebögen an die Athleten mit Behinderung verschickt. Die Rücklaufquote betrug ca. 120 Fragebögen (41.13%), von denen aus Gründen der vollständigen Beantwortung allerdings nur 113 Fragebögen (38.96%) in die Auswertung einbezogen werden konnten.

3.4 Untersuchungsauswertung

Die Auswertung der Fragebögen wurde mittels beschreibender und inferenter Prozeduren des Statistik-Programm-Systems für die Sozialwissenschaften (SPSS) (vgl. Kähler, 1994; Bühl & Zöfel, 2000) vorgenommen. Die Prozeduren der deskriptiven Statistik umfassten u.a. die Berechnungen der Mittelwerte und Standardabweichungen sowie die inferenten Verfahren die univariaten Varianzanalysen mit F-Werten und Signifikanzniveaus.

4. DARSTELLUNG UND DISKUSSION DER ERGEBNISSE

Die Darstellung und Diskussion der Ergebnisse bezieht sich auf den Bekanntheitsgrad der Betreuungseinrichtungen, die Betreuung an den Olympiastützpunkten (OSP), die Betreuung am Institut für Angewandte Trainingswissenschaft (IAT), die Betreuung am Institut für Forschung und Entwicklung von Sportgeräten (FES), die Betreuung durch Institute für Sportwissenschaft (ISW), die Betreuung durch Firmen für die Geräteherstellung und die Umsetzung des Leistungssportkonzepts des Deutschen Behindertensportverbandes (DBS) aus der Perspektive der Leistungssportler mit Behinderung.

4.1 Bekanntheit der Betreuungseinrichtungen

Zum Zweck der Analyse der Kenntnis und Nutzung von unterschiedlichen Betreuungseinrichtungen im Leistungssport der Nichtbehinderten und Behinderten wurde die Bekanntheit der einzelnen Institutionen erfragt. Bei diesen Betreuungseinrichtungen handelte es sich um die Olympiastützpunkte (OSP), das Institut für Angewandte Trainingswissenschaft (IAT), die Institute für Sportwissenschaft (ISW), das Institut für Forschung und Entwicklung von Sportgeräten (FES) und um Firmen für die Geräteherstellung (z.B. Prothesen, Rollstühle). Die behinderten Leistungssportler beurteilten die Bekanntheit dieser Betreuungseinrichtungen auf einer 5-Punkte-Skala von ‚1=nicht bekannt' bis ‚5=sehr bekannt'.

Die Einschätzung der Bekanntheit dieser Betreuungseinrichtungen durch die Leistungssportler mit Behinderung (N=101 bzw. 105) findet sich in der Tabelle 4.1 und in der Abbildung 4.1.

Tabelle 4.1. Bekanntheitsgrad der Betreuungseinrichtungen (‚1=nicht bekannt' bis ‚5=sehr bekannt').

Folgende Betreuungseinrichtungen sind mir bekannt ...	N	M	SD
Olympiastützpunkt (OSP)	105	3.76	1.28
Institut für Angewandte Trainingswissenschaft (IAT)	101	1.62	1.11
Institut für Forschung und Entwicklung von Sportgeräten (FES)	101	1.37	0.85
Institute für Sportwissenschaft (ISW)	101	1.95	1.20
Firmen für die Geräteherstellung (z.B. Prothesen, Rollstühle)	101	3.41	1.43

Wie aus der Tabelle 4.1 und der Abbildung 4.1 deutlich wird, fand sich bei den 105 behinderten Leistungssportlern der höchste Bekanntheitsgrad hinsichtlich der Olympiastützpunkte mit einem Mittelwert von M=3.76, woraus eine ziemlich hohe Bekanntheit abgelesen werden konnte. Auf dem zweiten Bekanntheitsrang lagen die Firmen für die Geräteherstellung (z.B. Prothesen, Rollstühle) bei 101 Athleten mit einer Durchschnittsbewertung von M=3.41. Den dritten Bekanntheitsrang nahmen die Institute für Sportwissenschaft (ISW) mit einem großen Abstand bei einem durchschnittlichen Wert von M=1.95 ein.

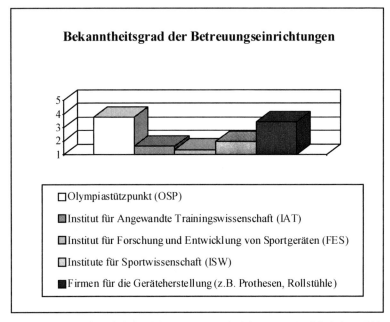

Abbildung 4.1. Bekanntheitsgrad der Betreuungseinrichtungen (,1=nicht bekannt' bis ,5=sehr bekannt').

Das Institut für Angewandte Trainingswissenschaften (IAT) rangierte mit einem Mittelwert von M=1.62 mit einem geringeren Bekanntheitsgrad auf dem vierten Rang. Vergleichsweise am wenigsten bekannt war bei den 101 behinderten Leistungssportlern das Institut für Forschung und Entwicklung von Sportgeräten (FES) mit einem Mittelwert von M=1.37.

Aus diesen Einschätzungen der Leistungssportler mit Behinderung war erkennbar, dass die Olympiastützpunkte und die Firmen für die Geräteherstellung (z.B. Prothesen, Rollstühle) erheblich bekannter waren als die Institute für Sportwissenschaft (ISW), das Institut für Angewandte Trainingswissenschaft (IAT) und vor allem das Institut für Forschung und Entwicklung von Sportgeräten (FES).

4.2 Betreuung am Olympiastützpunkt (OSP)

Die Analyse der Betreuung der Leistungssportler mit Behinderung an den Olympiastützpunkten umfasste die Aspekte der spezifischen Kontakte mit den Olympiastützpunkten und die Nutzung der einzelnen Angebote der Olympiastützpunkte.

4.2.1 Betreuung und Kenntnis der Betreuungsbereiche am Olympiastützpunkt (OSP)

Eine spezifische Frage bezog sich auf die Situation der Betreuung durch einen Olympiastützpunkt. Von den 113 befragten Athleten mit Behinderung wurden zum Befragungszeitpunkt 47 Leistungssportler an einem Olympiastützpunkt (OSP) betreut. 64 Athleten wurden von keinem Olympiastützpunkt betreut, und 2 Sportler machten zu ihrer Betreuungssituation keine Angaben.

Die 47 Athleten waren durchschnittlich seit 3.68 Jahren bei einer Streuung von 2.75 Jahren von ihrem Olympiastützpunkt betreut worden.

Eine weitere Frage beinhaltete die spezifische Betreuung durch einen der 20 unterschiedlichen Olympiastützpunkte. Die Ergebnisse dieser Beurteilung finden sich in der Tabelle 4.2, wobei die 16 angegebenen Olympiastützpunkte in alphabetischer Reihenfolge aufgeführt sind.

Tabelle 4.2. Olympiastützpunkte der Athleten.

Olympiastützpunkte der Athleten	N=53
Bayern	6
Berlin	13
Chemnitz/Dresden	2
Cottbus/Frankfurt/Oder	1
Frankfurt/Rhein/Main	7
Freiburg/Schwarzwald	2
Hamburg/Schleswig-Holstein	2
Köln/Bonn/Leverkusen	6
Leipzig	2
Magdeburg/Halle	1
Potsdam	1
Rheinland-Pfalz/Saarland	3
Rhein/Neckar	2
Rhein/Ruhr	1
Tauberbischofsheim	2
Westfalen	2

Von den 113 Leistungssportlern gaben 53 Athleten an, dass sie von einem Olympiastützpunkt im Jahr 2004 betreut wurden. Hierzu war auch die jährliche Gesundheitsüberprüfung zu zählen. Daher ergab sich bei dieser Frage mit 53 Sportlern (46.90%) eine höhere Anzahl der betreuten Athleten mit Behinderung im Vergleich zu der Frage nach der allgemeinen Betreuung an einem Olympiastützpunkt mit 47 Sportlern (41.59%).

Von diesen 53 Athleten wurden am Olympiastützpunkt Berlin mit 13 Sportlern vergleichsweise die meisten Aktiven betreut. 7 Leistungssportler befanden sich in der Betreuung des Olympiastützpunkts Frankfurt/Rhein/Main. Je 6 Athleten waren in der Obhut der Olympiastützpunkte Bayern und Köln/Bonn/Leverkusen. Weitere 3 Sportler gaben als ihren Olympiastützpunkt Rheinland-Pfalz/Saarland an. Ferner wurden jeweils 2 behinderte Athleten von den Olympiastützpunkten Chemnitz/Dresden, Freiburg/Schwarzwald, Hamburg/Schleswig-Holstein, Leipzig, Rhein-Neckar, Tauberbischofheim und Westfalen betreut. Schließlich fand die Betreuung von je einem Athleten an den Olympiastützpunkten Cottbus/Frankfurt/Oder, Magdeburg/Halle, Potsdam und Rhein/Ruhr statt.

Eine weitere Frage bezog sich auf die Kenntnis über das Vorhandensein einzelner Betreuungsbereiche an dem jeweiligen Olympiastützpunkt. Bei diesen Betreuungsbereichen handelte es sich um 10 Schwerpunkte: orthopädische Betreuung, internistische Betreuung, allgemein-medizinische Betreuung, physiotherapeutische/physikalische Betreuung, Krankengymnastik, psychologische Beratung, medizinische Leistungsdiagnostik, biomechanische Leistungsdiagnostik, Ernährungsberatung und Laufbahnberatung. Die Beurteilungen der behinderten Leistungssportler finden sich in der Tabelle 4.3.

Tabelle 4.3. Vorhandensein einzelner Betreuungsbereiche an Olympiastützpunkten.

Welcher der folgenden Betreuungsbereiche ist an Ihrem OSP vorhanden?	N	Vorhanden	Nicht vorhanden	Keine Information	Keine Angaben
Orthopädisch-medizin. Betreuung	54	29	1	24	59
Internistisch-medizin. Betreuung	50	18	1	31	63
Allgemein-medizinische Betreuung	53	31	1	21	60
Physiotherap./physikal. Betreuung	52	42	0	10	61
Krankengymnastik	55	36	0	19	58
Psychologische Beratung	54	23	0	31	59
Medizinische Leistungsdiagnostik	57	46	0	11	56
Biomechanische Leistungsdiagnostik	52	30	0	22	61
Ernährungsberatung	54	34	1	19	59
Laufbahnberatung	54	38	1	15	59

Das Vorhandensein der einzelnen Betreuungsbereiche wurde von 50 bis 57 behinderten Leistungssportlern beantwortet, wobei die Informationen des Vorhandenseins, des Fehlens, der mangelnden Kenntnis und der fehlenden Angaben unterschieden werden konnten.

Die meisten Informationen gaben die Sportler zur medizinischen Leistungsdiagnostik. Von den 57 Nennungen (56 Athleten ohne Angaben) belegten 46 ein Vorhandensein dieses Betreuungsbereichs am Olympiastützpunkt, wohingegen 11 Athleten angaben, dass sie über diesen Sachverhalt nicht informiert waren.

Am zweithäufigsten wurden Angaben zur Krankengymnastik gemacht (N=55). 36 Athleten bestätigten ein Vorhandensein dieses Betreuungsbereichs, während 19 Sportler über keine Informationen dazu verfügten. Mehr als die Hälfte der Befragten (N=58) machte hierzu keinerlei Angaben.

54 Nennungen erhielten jeweils die orthopädisch-medizinische Betreuung, die psychologische Beratung, die Ernährungsberatung und die Laufbahnberatung. 29 Athleten führten an, dass am OSP eine orthopädisch-medizinische Betreuung vorhanden war. Ein Athlet gab an, dass dieser Betreuungsbereich an seinem Olympiastützpunkt nicht existierte. 24 Sportler verfügten in Bezug auf diesen Betreuungsbereich über keine Information. Das Vorhandensein einer psychologischen Beratung am OSP wurde von 23 Athleten bestätigt. Im Gegensatz hierzu verfügten 31 Sportler über keine Informationen über die Existenz der psychologischen Beratung.

Ein Vorhandensein der Ernährungsberatung und der Laufbahnberatung am OSP wurde von 34 Athleten (Ernährungsberatung) bzw. 38 Athleten (Laufbahnberatung) bestätigt. Über keine Informationen bezüglich des Vorhandenseins der beiden Betreuungsbereiche verfügten 19 Athleten (Ernährungsberatung) bzw. 15 Sportler (Laufbahnberatung).

53 Leistungssportler gaben die allgemein-medizinische Betreuung an, während 60 Athleten keine Angaben machten. Von 30 Athleten wurde bestätigt, dass dieser Betreuungsbereich am OSP existierte. 21 Sportler machten die Angabe, dass sie diesbezüglich über keine Informationen verfügten.

Zu den Bereichen der physiotherapeutischen/physikalischen Betreuung und der biomechanischen Leistungsdiagnostik wurden jeweils 52 Nennungen abgegeben. 42 Athleten führten an, dass die physiotherapeutisch/physikalische Betreuung existierte. 30 Sportler nannten die biomechanische Leistungsdiagnostik an ihrem Olympiastützpunkt. Fehlende Kenntnisse über das Vorhandensein des Betreuungsbereichs wurden von 10 (physiotherapeutische/physikalische Betreuung) bzw. 22 Athleten (biomechanische Leistungsdiagnostik) aufgeführt. Die wenigsten Nennungen wurden in Bezug auf die internistisch-medizinische Betreuung (N=50) abgegeben. 18 Angaben bestätigten die Existenz des Bereichs am Olympiastützpunkt und 31 Athleten hatten diesbezüglich keine Kenntnisse.

Ca. 50% der befragten 113 behinderten Leistungssportler beantworteten die Fragen zur Bekanntheit der einzelnen Betreuungsbereiche am Olympiastützpunkt. Unter Bezug auf die absoluten Nennungen der Athleten waren die Betreuungsbereiche der medizinischen Leistungsdiagnostik, der physiotherapeutischen/physikalischen Betreuung, der Laufbahnberatung, der Krankengymnastik und der Ernährungsberatung weitgehend bekannt, während die allgemeinmedizinische Betreuung, die biomechanische Leistungsdiagnostik, die orthopädisch-medizinische Betreuung, die psychologische Beratung und die internistisch-medizinische Betreuung weniger bekannt waren.

4.2.2 Nutzung der Betreuungsbereiche am Olympiastützpunkt (OSP)

In Hinsicht auf die Nutzung der einzelnen Betreuungsbereiche wurden Aspekte der persönlichen Nutzung, der Häufigkeit der Kontakte und der Gründe für eine Nichtnutzung thematisiert.

4.2.2.1 Medizinische Betreuung am Olympiastützpunkt (OSP)

Die Fragen nach der Nutzung der medizinischen Betreuung am Olympiastützpunkt (OSP) beinhalteten die Nutzung in orthopädischer, internistischer oder allgemein-medizinischer Hinsicht. Die Bewertungen der Nutzung allgemein, der Häufigkeit der Nutzung und der Gründe für die Nichtnutzung finden sich in den Tabellen 4.4 bis 4.6.

Tabelle 4.4. Nutzung der medizinischen Betreuung am Olympiastützpunkt (OSP).

	Ja	Nein	Keine Angabe
Orthopädische Betreuung	11	61	41
Internistische Betreuung	4	64	45
Allgemein-medizinische Betreuung	18	57	38

Eine orthopädische Betreuung wurde von 11 Athleten in Anspruch genommen. Lediglich 4 Leistungssportler nutzten die internistische Betreuung an ihrem Olympiastützpunkt. Mit 18 Athleten nutzten vergleichsweise viele Sportler die allgemein-medizinische Betreuung ihres Olympiastützpunkts. Somit betrugen in Hinsicht auf die Stichprobe der 113 Leistungssportler mit Behinderung die Nutzungsraten der orthopädischen Betreuung 9.73%, der internistischen Betreuung 3.53% und der allgemein-medizinischen Betreuung 15.92%.

In der Tabelle 4.5 findet sich eine Aufstellung der im Jahr 2004 in Anspruch genommenen medizinischen Betreuung in den 3 Bereichen.

Tabelle 4.5. Häufigkeit der Nutzung der medizinischen Betreuung am Olympiastützpunkt im Jahr 2004 (‚1=vereinzelt' bis ‚5=mehr als 3mal pro Monat').

	N	Ver- einzelt	1mal pro Monat	2mal pro Monat	3mal pro Monat	Mehr als 3mal pro Monat
Orthopädische Betreuung	14	7	2	1	1	3
Internistische Betreuung	5	2	1	0	0	2
Allgemein-medizinische Betreuung	19	15	1	1	0	2

In der Tabelle 4.5 ist ersichtlich, dass die 3 verschiedenen Bereiche der medizinischen Betreuung im Jahr 2004 in unterschiedlicher Häufigkeit genutzt wurden. Die vergleichsweise höchste Nennung fand sich mit 19 Athleten bei der allgemein-medizinischen Betreuung, die zweithöchste Nennung mit 14 Sportlern bei der orthopädischen Betreuung und mit 5 Athleten die niedrigste Nennung bei der internistischen Betreuung. Die allgemein-medizinische Betreuung wurde von 15 der 19 Athleten vereinzelt und von 2 Sportlern mehr als 3mal im Monat genutzt. Bei der orthopädischen Betreuung zeigte sich mit 14 Sportlern die vergleichsweise häufigste Nutzungsrate. Bei der internistischen Betreuung fand sich bei den 5 Athleten eine vereinzelte bis häufigere Nutzung.

In der Tabelle 4.6 sind die Gründe für die Nichtnutzung der orthopädischen, internistischen und allgemein-medizinischen Betreuung am Olympiastützpunkt (OSP) aufgeführt. Daraus wird ersichtlich, dass bei der Möglichkeit der Mehrfachankreuzung ähnliche Häufigkeiten von Gründen für die Nichtnutzung der orthopädischen, internistischen und allgemein-medizinischen Betreuung festgestellt werden konnten.

Die orthopädische Betreuung konnte von 25 Athleten wegen der großen Entfernung, von 22 Sportlern wegen mangelnder Informationen und von 10 Sportlern wegen der fehlenden Zeit nicht genutzt werden. Erheblich weniger häufig angegebene Barrieren waren das mangelnde Vertrauen in einen Arzt, die fehlende Notwendigkeit der Betreuung, die fehlenden Fachabteilungen, die organisatorischen Probleme und die nicht behindertengerechte Ausstattung.

An der internistischen Betreuung nahmen die 25 Athleten aufgrund fehlender Informationen, 24 Sportler aufgrund der großen Entfernung und 11 Sportler aufgrund der mangelnden Zeit nicht teil. Weitere, jedoch in geringerer Häufigkeit angeführte Gründe waren die fehlende Notwendigkeit der internistischen Betreuung, die fehlende Fachabteilung, das mangelnde Vertrauen in den Arzt und das unzureichende fachliche Wissen über die entsprechende Behinderung.

Tabelle 4.6. Gründe für die Nichtnutzung der orthopädischen, internistischen und allgemeinmedizinischen Betreuung am Olympiastützpunkt (OSP).

	Orthopädische Betreuung N	Internistische Betreuung N	Allgemeinmedizinische Betreuung N
Bin darüber nicht informiert	22	25	21
Organisatorische Probleme beim OSP	2	1	1
Personelle Probleme beim OSP	0	1	0
In meiner Sportart nicht Notwendig	3	5	4
Fachabteilung noch nicht eingerichtet	3	4	2
Habe keine Zeit	10	11	10
Zu große Entfernung	25	24	25
Arzt am OSP genießt nicht mein Vertrauen	5	3	4
Nicht behindertengerecht ausgestattet	2	1	1
Unzureichendes fachliches Wissen über meine Behinderung	1	3	2

Die allgemein-medizinische Betreuung konnte von 25 behinderten Leistungssportlern wegen der zu großen Entfernung, von 21 Athleten wegen der mangelnden Kenntnis und von 10 Sportlern wegen der fehlenden Zeit nicht wahrgenommen werden. Zu den weiteren Hinderungsgründen mit niedriger Häufigkeit zählten der fehlenden Bedarf in der spezifischen Sportart, das mangelnde Vertrauen in den Arzt, die fehlende Fachabteilung und das unzureichende fachliche Wissen über die eigene Behinderung.

Sowohl bei der orthopädischen, der internistischen als auch bei der allgemeinmedizinischen Betreuung wurden die gleichen Gründe in großer Häufigkeit für die Nichtnutzung angegeben. Es handelte sich um die große Entfernung, die unzureichende Information über die Betreuungsmöglichkeiten und den Zeitmangel bei den Athleten.

4.2.2.2 *Physiotherapeutische/physikalische Betreuung am Olympiastützpunkt (OSP)*

Die Fragen nach der Nutzung der physiotherapeutischen/physikalischen Betreuung am Olympiastützpunkt (OSP) beinhalteten ebenfalls die Nutzung allgemein, die Häufigkeit der Nutzung und die Gründe für die Nichtnutzung.

Insgesamt 25 behinderte Leistungssportler (22.12%) nutzten die Möglichkeit der physiotherapeutischen/physikalischen Betreuung an ihrem OSP, wohingegen 62 Athleten sie nicht in Anspruch nahmen und 26 Athleten dazu keine Angaben machten. Die Tabelle 4.7 enthält eine Aufstellung der im Jahr 2004 in Anspruch genommenen physiotherapeutischen/physikalischen Betreuungen.

Tabelle 4.7. Häufigkeit der Nutzung der physiotherapeutischen/physikalischen Betreuung am Olympiastützpunkt im Jahr 2004 (‚1=vereinzelt' bis ‚5=mehr als 3mal pro Monat').

	N	Vereinzelt	1mal pro Monat	2mal pro Monat	3mal pro Monat	Mehr als 3mal pro Monat
Physiotherapeutische/ physikalische Betreuung	24	9	0	0	1	14

Im Jahr 2004 nutzten von den 113 behinderten Leistungssportlern 24 Sportler (21.23%) die Möglichkeit zur physiotherapeutischen/physikalischen Betreuung. Diese Inanspruchnahme erfolgte bei 9 Athleten vereinzelt, bei einem Sportler 3mal pro Monat und bei 14 Sportlern mehr als 3mal im Monat. Insofern konnte bei der physiotherapeutischen/physikalischen Betreuung eine vergleichsweise hohe Nutzungsrate festgestellt werden.

In der Tabelle 4.8 sind die Häufigkeiten der Gründe für die Nichtnutzung der physiotherapeutischen/physikalischen Betreuung aufgeführt.

Tabelle 4.8. Gründe für die Nichtnutzung der physiotherapeutischen/physikalischen Betreuung am Olympiastützpunkt (OSP).

	N
Bin darüber nicht informiert	21
Organisatorische Probleme in der Abteilung der physiotherapeutischen/ physikalischen Betreuung	0
Personelle Probleme in der Abteilung der physiotherapeutischen/ physikalischen Betreuung	3
In meiner Sportart nicht notwendig	2
Abteilung der physiotherapeutischen/physikalischen Betreuung noch nicht eingerichtet	0
Habe keine Zeit	11
Zu große Entfernung	35
Physiotherapeut am OSP genießt nicht mein Vertrauen	1
Nicht behindertengerecht ausgestattet	4
Unzureichendes fachliches Wissen über meine Behinderung	0

In Hinsicht auf die Gründe für die Nichtnutzung der physiotherapeutischen/physikalischen Therapie fanden sich ähnliche Befunde wie bei der medizinischen Betreuung. Der häufigste Grund für die Nichtnutzung war für 35 behinderte Athleten die zu große Entfernung. Auf dem zweiten Rang folgte bei 21 Sportlern die mangelnde Information und auf dem dritten Rang bei 11 Sportlern die fehlende Zeit.

Weniger häufig angegebene Gründe für die Nichtnutzung waren die nicht behindertengerechte Ausstattung, personelle Probleme in der Abteilung und die Einschätzung des fehlenden Bedarfs in der spezifischen Sportart.

4.2.2.3 Krankengymnastische Betreuung am Olympiastützpunkt (OSP)

Die Analyse der Nutzung der krankengymnastischen Betreuung am Olympiastützpunkt (OSP) beinhaltete die Nutzung allgemein, die Häufigkeit der Nutzung und die Gründe für die Nichtnutzung.

Die krankengymnastische Betreuung am Olympiastützpunkt wurde von 11 der 113 Leistungssportler mit Behinderung (9.73%) genutzt. 75 Athleten verneinten die Frage nach der krankengymnastischen Betreuung, und 27 Sportler machten keine Angaben.

In der Tabelle 4.9 ist eine Aufstellung der im Jahr 2004 in Anspruch genommenen krankengymnastischen Betreuungen zu finden.

Tabelle 4.9. Häufigkeit der Nutzung der krankengymnastischen Betreuung am Olympiastützpunkt im Jahr 2004 (‚1=vereinzelt' bis ‚5=mehr als 3mal pro Monat').

	N	Vereinzelt	1mal pro Monat	2mal pro Monat	3mal pro Monat	Mehr als 3mal pro Monat
Krankengymnastische Betreuung	13	4	0	2	2	5

Die krankengymnastische Betreuung nahmen im Jahr 2004 nur 13 Athleten (11.50%) als trainingsbegleitende Maßnahme routinemäßig in Anspruch. 4 Sportler begaben sich vereinzelt, 2 Athleten 2mal pro Monat, 2 Sportler 3mal pro Monat und 5 Aktive mehr als 3mal im Monat in krankengymnastische Betreuung.

In der Tabelle 4.10 sind die Häufigkeiten der Gründe für die Nichtnutzung der krankengymnastischen Betreuung aufgeführt.

Bei dem am häufigsten angegebenen Grund für die Nichtnutzung der krankengymnastischen Betreuung handelte es sich um eine zu große Entfernung (29 Nennungen). Auf dem zweiten Rang folgte bei 27 Athleten die mangelnde

Information. Auf dem dritten Rang lagen bei 13 Leistungssportlern die zeitlichen Engpässe. Ferner wurden der fehlende Bedarf in der spezifischen Sportart (4 Sportler), das mangelnde Vertrauen in die Krankengymnastik (2 Nennungen) und die nicht behindertengerechte Ausstattung (2 Athleten) hervorgehoben.

Tabelle 4.10. Gründe für die Nichtnutzung der krankengymnastischen Betreuung am Olympiastützpunkt.

	N
Bin darüber nicht informiert	27
Organisatorische Probleme in der Abteilung Krankengymnastik	0
Personelle Probleme in der Abteilung Krankengymnastik	1
In meiner Sportart nicht notwendig	4
Abteilung Krankengymnastik noch nicht eingerichtet	0
Habe keine Zeit	13
Zu große Entfernung	29
Krankengymnastik am OSP genießt nicht mein Vertrauen	2
Nicht behindertengerecht ausgestattet	2
Unzureichendes fachliches Wissen über meine Behinderung	0

Insofern konnten ähnliche häufig genannte Gründe für die Nichtnutzung der krankengymnastischen Betreuung wie bei der medizinischen und physiotherapeutisch/physikalischen Betreuung nachgewiesen werden, nämlich zu große Entfernung, fehlende Information und Zeitmangel.

4.2.2.4 Betreuung nach Krankheiten und Verletzungen am Olympiastützpunkt (OSP)

Die Untersuchung der Betreuung nach Krankheiten und Verletzungen umfaßte die Einschätzung der Häufigkeit von Krankheiten und Verletzungen und ihrer Behandlung in den letzten 12 Monaten.

Von den 113 befragten behinderten Leistungssportlern waren in den vorangegangenen 12 Monaten insgesamt 49 Sportler (43.36%) krank gewesen, 27 Athleten einmal, 16 Athleten 2mal, 5 Athleten 3mal und ein Athlet 4mal. Die durchschnittliche Krankheitshäufigkeit betrug 1.59mal bei einer Streuung von 0.76mal.

In Hinsicht auf die Verletzungen in den vorangegangenen 12 Monaten gaben 34 der 113 Athleten (30.08%) ziemlich unterschiedliche Häufigkeiten an. 20 Leistungssportler waren einmal, 10 Athleten 2mal, 2 Athleten 3mal und 2 Athleten 4mal verletzt gewesen. Insofern konnte eine durchschnittliche Verletzungshäufigkeit von 1.58mal bei einer Streuung von 0.85mal in den letzten 12 Monaten errechnet werden.

Nach der Bewertung der behinderten Athleten waren von den angegebenen Erkrankungen 10 auf die Behinderung und bei den Verletzungen 12 auf die Behinderung zurückzuführen.

In der Tabelle 4.11 findet sich die Beurteilung der Anpassung der einzelnen Betreuungsbereiche an die Krankheit und Verletzung der behinderten Athleten an den einzelnen Olympiastützpunkten auf der Grundlage einer 5-Punkte-Skala von ‚1=sehr schlecht' bis ‚5=sehr gut'.

Tabelle 4.11. Anpassung der Betreuungseinrichtungen an Verletzung/Krankheit der Athleten (‚1=sehr schlecht' bis ‚5=sehr gut').

Wie wurde nach der Krankheit bzw. Verletzung (Verschleisserscheinungen, Sekundärschäden, Erkrankungen) die besondere gesundheitliche Situation am OSP angepasst?	N	M	SD
Ärztliche Betreuung	22	3.45	1.10
Physiotherapie/Krankengymnastik	24	3.83	1.09
Ernährungsberatung	17	3.11	1.05
Biomechanische Leistungsdiagnostik	17	2.94	1.02
Trainingswissenschaftliche Leistungsdiagnostik	19	3.42	1.07
Psychologische Beratung	19	3.26	1.09
Trainingsunterstützende Betreuung	21	3.76	1.33

Nach der Verletzung bzw. Krankheit wurde eine recht unterschiedliche Anpassung an die krankheits- und verletzungsbezogene Situation der Athleten an den Olympiastützpunkten wahrgenommen. Nach der Einschätzung von 24 Athleten war die beste Anpassung im Bereich der Physiotherapie/Krankengymnastik mit einem Durchschnittswert von M=3.83 gegeben. Auf dem zweiten Rang fand sich bei 21 Sportlern die trainingsunterstützende Betreuung mit einem durchschnittlichen Wert von M=3.76.

Ziemlich gute Werte fanden sich bei 22 Sportlern in Hinsicht auf die ärztliche Betreuung mit M=3.45 und bei 19 Athleten in Bezug auf die trainingswissenschaftliche Diagnostik mit M=3.42. Vergleichsweise niedrigere Anpassungswerte wurden bei 17 Athleten in der Ernährungsberatung mit M=3.11 und bei 17 Sportlern in der biomechanischen Leistungsdiagnostik nach Krankheiten und Verletzungen mit M=2.94 vorgefunden.

4.2.2.5 Ernährungsberatung am Olympiastützpunkt (OSP)

Die Analyse der Ernährungsberatung beinhaltete die Nutzung, die Häufigkeit und die Gründe für die Nichtnutzung.

Lediglich 5 (4.42%) von 113 Leistungssportlern mit Behinderung nutzten die Möglichkeit der Ernährungsberatung. 86 Sportler nutzten sie nicht, während 22 Athleten hierzu keine Angaben machten.

In Bezug auf die Nutzungshäufigkeit im Jahr 2004 hatten 4 Athleten die Ernährungsberatung einmal kontaktiert. Lediglich ein Sportler gab an, die Ernährungsberatung am Olympiastützpunkt 4mal in Anspruch genommen zu haben. In der Tabelle 4.12 sind die Häufigkeiten der Gründe für die Nichtnutzung der Ernährungsberatung dargestellt.

Tabelle 4.12. Gründe für die Nichtnutzung der Ernährungsberatung am Olympiastützpunkt.

	N
Bin darüber nicht informiert	30
Organisatorische Probleme in der Abteilung Ernährungsberatung	1
Personelle Probleme in der Abteilung Ernährungsberatung	0
In meiner Sportart nicht notwendig	9
Abteilung Ernährungsberatung noch nicht eingerichtet	0
Habe keine Zeit	18
Zu große Entfernung	30
Ernährungsberater am OSP genießt nicht mein Vertrauen	0
Nicht behindertengerecht ausgestattet	0
Unzureichendes fachliches Wissen über meine Behinderung	0

Die vorrangigen Gründe für die Nichtnutzung der Ernährungsberatung waren für 30 behinderte Leistungssportler die mangelnde Information, bei 30 Athleten die zu große Entfernung und bei 18 Sportlern der Zeitmangel. Ferner waren 9 Leistungssportler der Auffassung, dass die Ernährungsberatung in ihrer Sportart nicht notwendig war. Ein Sportler gab organisatorische Probleme in der Abteilung Ernährungsberatung an.

4.2.2.6 Psychologische Beratung am Olympiastützpunkt (OSP)

In Bezug auf die Beurteilung der psychologischen Beratung wurden die Nutzung, die Häufigkeit und die Gründe für die Nichtnutzung erfragt.

Nur 3 von 113 Athleten (2.65%) gaben an, die psychologische Beratung regelmäßig in Anspruch genommen zu haben. 87 Sportler nutzten die psychologische Beratung nicht und 23 Athleten machten hierzu keine Angaben.

Im Jahr 2004 hatten 4 behinderte Leistungssportler (3.53%) die psychologische Beratung genutzt. Ein Athlet hatte sie einmal pro Monat, ein anderer Sportler 3mal im Monat und 2 weitere Athleten 3mal pro Monat in Anspruch genommen.

In der Tabelle 4.13 sind die Gründe für die Nichtnutzung der psychologischen Beratung dargestellt.

Tabelle. 4.13. Gründe für die Nichtnutzung der psychologischen Beratung am Olympiastützpunkt (OSP).

	N
Bin darüber nicht informiert	35
Organisatorische Probleme in der Abteilung Psychologie	0
Personelle Probleme in der Abteilung Psychologie	0
In meiner Sportart nicht notwendig	7
Abteilung Psychologie noch nicht eingerichtet	1
Habe keine Zeit	14
Zu große Entfernung	26
Psychologe am OSP genießt nicht mein Vertrauen	1
Nicht behindertengerecht ausgestattet	3
Unzureichendes fachliches Wissen über meine Behinderung	1

35 behinderte Leistungssportler verdeutlichten, dass sie aus mangelnder Information die psychologische Beratung nicht genutzt hatten. Für 26 Athleten war die Entfernung zur Durchführung der psychologischen Beratung zu groß. 14 Sportler stellten heraus, dass sie zu wenig Zeit hatten. Ferner erachteten 7 Athleten die psychologische Beratung in ihrer Sportart für nicht notwendig. Für 3 Sportler war der Olympiastützpunkt für die psychologische Beratung nicht behindertengerecht ausgestattet. Die Hinderungsgründe der noch nicht angemessen eingerichteten Abteilung Psychologie, des fehlenden Vertrauens zum Psychologen und des unzureichenden fachlichen Wissens über die eigene Behinderung wurden selten angemerkt.

4.2.2.7 Laufbahnberatung am Olympiastützpunkt (OSP)

Im Zusammenhang mit der Laufbahnberatung am Olympiastützpunkt wurden die Nutzung, die Bedeutung der verschiedenen Sparten, die Zufriedenheit mit der Beratung und die Gründe für die Nichtnutzung erfragt. Ferner wurden Aspekte der Gleichberechtigung der behinderten Leistungssportler mit den nichtbehinderten Athleten und der wahrgenommenen Benachteiligungen thematisiert. Insgesamt 18 (15.92%) der 113 behinderten Leistungssportler nutzten die Möglichkeit der Laufbahnberatung. 68 Sportler nahmen die Laufbahnberatung nicht in Anspruch und 27 Sportler äußerten sich nicht.

In der Tabelle 4.14 sind die Häufigkeiten der Inanspruchnahme der verschiedenen Bereiche der Laufbahnberatung aufgelistet.

Tabelle 4.14. Inanspruchnahme der Leistungen der Laufbahnberatung.

	N	Bereits in Anspruch genommen	Zur Zeit in Anspruch genommen
Schullaufbahnberatung	3	3	0
Ausbildungsberatung	4	2	2
Hilfe bei Freistellungen	3	2	1
Ausbildungsvermittlung	4	3	1
Arbeitsplatzvermittlung	9	5	4
Studienberatung	4	3	1
Studienplatzvermittlung	2	2	0
Wohnungsvermittlung	4	3	1
Hilfe bei behindertenspezifischen Problemen	1	0	1

Die Angebote der Laufbahnberatung wurden nur von wenigen Leistungssportlern mit Behinderung genutzt. Lediglich 9 Athleten nahmen die Arbeitsplatzvermittlung in Anspruch. Jeweils 4 Leistungssportler berichteten von der Nutzung der Ausbildungsberatung, der Ausbildungsvermittlung, der Studienberatung und der Wohnungsvermittlung. 3 Athleten hatten Erfahrung mit der Schullaufbahnberatung und bei der Hilfe bei Freistellungen. 2 Sportler hatten die Studienplatzvermittlung und ein Athlet die Hilfe bei behindertenspezifischen Problemen in Anspruch genommen.

Die Tabelle 4.15 enthält die Einschätzungen der Zufriedenheit mit den Angeboten der Laufbahnberatung. Die Leistungssportler beurteilten die Zufriedenheit auf einer 5-Punkte-Skala von ‚1=nicht zufrieden' bis ‚5=sehr zufrieden'.

Nur wenige behinderte Leistungssportler hatten die unterschiedlichen Angebote der Laufbahnberatung genutzt und konnten ihre Zufriedenheit mit diesen Bestandteilen beurteilen, wie aus der Tabelle 4.15 hervorgeht.

Die wenigen Athleten waren mit den einzelnen Teilbereichen der Laufbahnberatung im Durchschnitt zwischen einigermaßen und ziemlich zufrieden. Die größte Zufriedenheit konnte bei Freistellungshilfen (N=6, M=4.16) festgestellt werden. Auf dem zweiten Rang folgten die Ausbildungsvermittlung (N=5) und die Studienberatung (N=4), mit denen die Sportler ziemlich zufrieden waren (je M=4.00). 4 Leistungssportler waren mit der Hilfe bei behindertenspezifischen Problemen nahezu ziemlich zufrieden (M=3.75). Im Gegensatz hierzu waren 6 Athleten mit der Schullaufbahnberatung, 4 Sportler mit der Studienplatzvermittlung und 7 Sportler mit der Wohnungsvermittlung nur einigermaßen zufrieden (je M=3.00).

Tabelle 4.15. Zufriedenheit mit der Laufbahnberatung (‚1=nicht zufrieden' bis ‚5=sehr zufrieden').

	N	M	SD
Schullaufbahnberatung	6	3.00	1.89
Ausbildungsberatung	7	3.28	1.70
Hilfe bei Freistellungen	6	4.16	1.60
Ausbildungsvermittlung	5	4.00	1.73
Arbeitsplatzvermittlung	12	3.58	1.56
Studienberatung	4	4.00	2.00
Studienplatzvermittlung	4	3.00	2.30
Wohnungsvermittlung	7	3.00	1.91
Hilfe bei behindertenspezifischen Problemen	4	3.75	1.89

In der Tabelle 4.16 sind die Gründe für die Nichtnutzung der Laufbahnberatung am Olympiastützpunkt aufgeführt.

Tabelle 4.16. Gründe für die Nichtnutzung der Laufbahnberatung am Olympiastützpunkt (OSP).

	N
Bin darüber nicht informiert	25
Organisatorische Probleme in der Abteilung Laufbahnberatung	1
Personelle Probleme in der Abteilung Laufbahnberatung	2
In meiner Sportart nicht notwendig	6
Laufbahnberatung noch nicht eingerichtet	1
Habe keine Zeit	4
Zu große Entfernung	15
Laufbahnberater am OSP genießt nicht mein Vertrauen	1
Nicht behindertengerecht ausgestattet	2
Unzureichendes fachliches Wissen über meine Behinderung	2

Der vergleichsweise häufigste Grund für die Nichtnutzung der Laufbahnberatung war der Informationsmangel (N=25). Am zweithäufigsten (N=15) wurde die zu große Entfernung vom Olympiastützpunkt angegeben. 6 Athleten hielten die Nutzung der Laufbahnberatung für nicht notwendig. 4 Leistungssportler gaben an, dass sie keine Zeit hatten. Als Gründe für die Nichtnutzung wurden mit geringer Häufigkeit die personellen Probleme in der Abteilung Laufbahnberatung, die nicht behindertengerechte Ausstattung sowie das unzureichende fachliche Wissen über die eigene Behinderung von je 2 Sportlern aufgeführt.

Auf die Frage nach der gleichberechtigten Betreuung als Leistungssportler mit Behinderung wie ein Leistungssportler ohne Behinderung gaben 18 behinderte Athleten an, dass sie gleichberechtigt betreut wurden, wohingegen 10 Athleten sich nicht als gleichberechtigt betreut sahen, 60 Athleten diesen Sachverhalt nicht beurteilen konnten und 25 Sportler keine Angaben machten. In der Tabelle 4.17 sind die Häufigkeiten der Gründe für die Benachteiligung im Umgang an den Olympiastützpunkten enthalten.

Tabelle 4.17. Gründe für die Benachteilungen im Umgang an den Olympiastützpunkten.

	N
Behinderte Athleten werden noch nicht ausreichend am OSP akzeptiert.	9
Nichtbehinderte Athleten werden den behinderten Athleten vorgezogen.	4
Der OSP ist in seiner Ausstattung nicht behindertengerecht.	5
Eine rollstuhlgerechte Adaptation der Geräte ist am OSP nicht möglich.	2
Behinderte Athleten bekommen erst dann einen Termin, wenn die nichtbehinderten Athleten versorgt sind.	2
Die behinderten Athleten setzen sich noch nicht genug durch.	5
Die behinderten Athleten sind immer noch zu bescheiden.	6
Viele der behinderten Athleten wissen nicht um die Angebote am Olympiastützpunkt und nutzen sie daher auch nicht.	14

Als häufigster Grund für die Benachteiligung wurde bei 14 behinderten Athleten deutlich, dass den behinderten Athleten die Angebote am Olympiastützpunkt nicht bekannt waren und daher auch nicht von ihnen genutzt wurden. Nach der Auffassung von 9 Leistungssportlern wurden behinderte Athleten noch nicht ausreichend am Olympiastützpunkt akzeptiert. 6 Sportler stimmten der Meinung zu, dass die behinderten Athleten immer noch zu bescheiden waren. Jeweils 5 Sportler hatten die Erfahrung gemacht, dass sich die behinderten Athleten noch nicht genug durchsetzten und dass die Olympiastützpunkte in der Ausstattung noch nicht behindertengerecht waren.

Weitere Gründe für die Benachteilung an den Olympiastützpunkten sahen 4 Athleten in der Bevorzugung der nichtbehinderten Sportkollegen. Dies äußerte sich auch in den Aussagen von 2 Sportlern, dass behinderte Athleten erst dann einen Termin bekamen, wenn vorher die nichtbehinderten Athleten versorgt worden waren. Ferner waren 2 Athleten der Auffassung, dass eine rollstuhlgerechte Adaptation der Geräte am Olympiastützpunkt nicht möglich war.

Somit wurden als wesentliche Gründe für die wahrgenommene Benachteiligung der Leistungssportler mit Behinderung das fehlende Wissen um die Angebote am Olympiastützpunkt, die noch unzureichende Akzeptanz, die Bescheidenheit und geringe Durchsetzungsfähigkeit der behinderten Athleten sowie die noch nicht behindertengerechte Ausstattung erachtet.

4.2.3 Zufriedenheit mit der Betreuung am Olympiastützpunkt (OSP)

Im Folgenden werden Einschätzungen der allgemeinen Zufriedenheit mit der Betreuung, der wahrgenommenen persönlichen Veränderung der Betreuungssituation seit der Zugehörigkeit zum Olympiastützpunkt und der wahrgenommenen Veränderung von spätbehinderten Athleten erörtert.

Der Aspekt der Zufriedenheit hinsichtlich der Betreuung am Olympiastützpunkt umfasste die Bereiche der medizinischen Betreuung (orthopädische, internistische und allgemein-medizinische Betreuung), der physiotherapeutischen/physikalischen Betreuung und der Krankengymnastik. Ferner wurde die Zufriedenheit in Bezug auf die medizinische und biomechanische Leistungsdiagnostik sowie auf die weiteren Angebotsbereiche der psychologischen Beratung, der Ernährungsberatung und der Laufbahnberatung erhoben. Diese Beurteilungen wurden auf der Basis einer 5-Punkte-Skala von ‚1=nicht zufrieden' bis ‚5=sehr zufrieden' vorgenommen. Die Einschätzungen der Zufriedenheit mit diesen Betreuungsbereichen sind in der Tabelle 4.18 und in den Abbildungen 4.2 bis. 4.4 dargestellt.

Tabelle 4.18. Zufriedenheit mit der Betreuung am Olympiastützpunkt (OSP) (‚1=nicht zufrieden' bis ‚5=sehr zufrieden').

	N	M	SD
Medizinische Betreuung (MB)			
- orthopädisch	25	3.56	1.47
- internistisch	19	3.42	1.53
- allgemein-medizinisch	26	3.65	1.41
Physiotherapeutische/physikalische Betreuung	25	4.32	0.90
Krankengymnastik	20	3.70	1.34
Leistungsdiagnostik (LD)			
- medizinische	25	3.76	1.26
- biomechanische	21	3.09	1.44
Beratungsbereiche			
- Psychologische Beratung	13	3.61	1.50
- Ernährungsberatung	16	3.00	1.46
- Laufbahnberatung	27	3.33	1.51

Wie aus der Tabelle 4.18 entnommen werden kann, nahmen zwischen 13 und 27 behinderte Leistungssportler Zufriedenheitseinschätzungen bei den einzelnen Betreuungsbereichen vor.

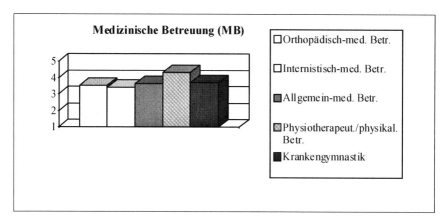

Abbildung 4.2. Zufriedenheit mit der Medizinischen Betreuung am Olympiastützpunkt (OSP) („1=nicht zufrieden' bis ‚5=sehr zufrieden').

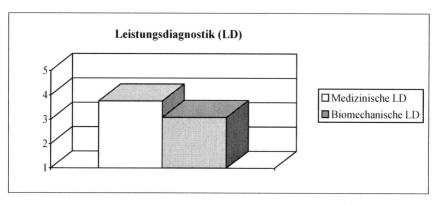

Abbildung 4.3. Zufriedenheit mit der Betreuung im Bereich der Leistungsdiagnostik am Olympiastützpunkt (OSP) („1=nicht zufrieden' bis ‚5=sehr zufrieden').

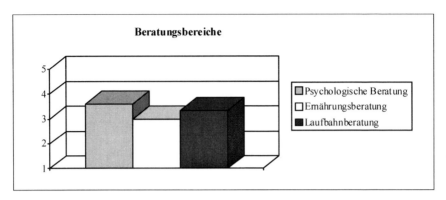

Abbildung 4.4. Zufriedenheit mit den Beratungsbereichen am Olympiastützpunkt (OSP) („1=nicht zufrieden' bis ‚5=sehr zufrieden').

Vergleichsweise viele Athleten beurteilten ihre Zufriedenheit mit der Laufbahnberatung (N=27), der allgemein-medizinischen Betreuung (N=26), der orthopädischen Betreuung (N=25), der physiotherapeutischen/physikalischen Bertreuung (N=25) und der medizinischen Leistungsdiagnostik (N=25), wohingegen weniger Sportler Einschätzungen zur Ernährungsberatung (N=16) und zur psychologischen Beratung (N=13) vornahmen.

Bei Berücksichtigung der unterschiedlichen Häufigkeiten der behinderten Athleten ließen sich markante Zufriedenheitseinschätzungen in Hinsicht auf die einzelnen Betreuungsbereiche erkennen. Die vergleichsweise höchste Zufriedenheit fand sich bei der physiotherapeutischen/physikalischen Betreuung mit einem Durchschnittswert von M=4.32. Auf dem zweiten Zufriedenheitsrang folgte die medizinische Leistungsdiagnostik und auf dem dritten Rang die Krankengymnastik. Auf den folgenden Rängen waren die Einschätzungen der Zufriedenheit mit der allgemein-medizinischen Betreuung, mit der psychologischen Beratung, mit der orthopädisch-medizinischen und internistisch-medizinischen Betreuung vorzufinden. Hingegen waren die behinderten Leistungssportler mit der Laufbahnberatung, der biomechanischen Leistungsdiagnostik und der Ernährungsberatung zwar in mittlerem Ausmaß, jedoch vergleichsweise niedrig zufrieden.

Zusammenfassend kann hervorgehoben werden, dass hohe Zufriedenheitswerte in Bezug auf die physiotherapeutische/physikalische Betreuung, die medizinische Leistungsdiagnostik, die Krankengymnastik, die allgemein-medizinische Betreuung und die psychologische Beratung festgestellt werden konnten.

Eine weitere Frage bezog sich auf die wahrgenommene Veränderung der persönlichen Betreuungssituation der Leistungssportler mit Behinderung am Olympiastützpunkt, bei der eine Einschätzung auf einer 5-Punkte-Skala von ‚1=stark verschlechtert' bis ‚5=stark verbessert' vorgenommen wurde. Die Bewertungen der Athleten in den einzelnen Betreuungsbereichen finden sich in der Tabelle 4.19 und den Abbildungen 4.5 bis 4.7.

Tabelle 4.19. Veränderung der persönlichen Betreuungssituation im medizinischen Bereich am Olympiastützpunkt (OSP) (‚1=stark verschlechtert' bis ‚5=stark verbessert').

	N	M	SD
Medizinische Betreuung (MB)			
- orthopädisch	29	3.48	0.91
- internistisch	27	3.33	0.96
- allgemein-medizinisch	30	3.43	0.85
Physiotherapeutische/physikalische Betreuung	31	3.96	0.94
Krankengymnastik	26	3.42	1.02
Leistungsdiagnostik (LD)			
- medizinische	29	3.58	0.78
- biomechanische	24	3.41	0.71
Beratungsbereiche			
- Psychologische Beratung	21	3.38	0.97
- Ernährungsberatung	24	3.04	0.90
- Laufbahnberatung	31	3.48	1.12

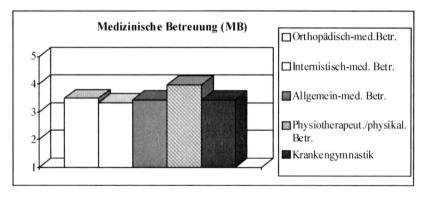

Abbildung 4.5. Veränderung der persönlichen Betreuungssituation im medizinischen Bereich am Olympiastützpunkt (OSP) (‚1=stark verschlechtert' bis ‚5=stark verbessert').

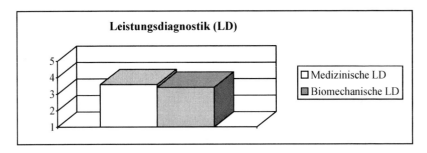

Abbildung 4.6. Veränderung der persönlichen Betreuungssituation im Bereich der Leistungsdiagnostik am Olympiastützpunkt (OSP) (‚1=stark verschlechtert' bis ‚5=stark verbessert').

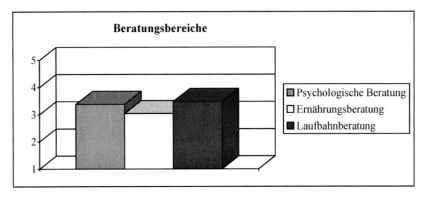

Abbildung 4.7. Veränderung der persönlichen Betreuungssituation in den Beratungsbereichen am Olympiastützpunkt (OSP) (‚1=stark verschlechtert' bis ‚5=stark verbessert').

Aus der Tabelle 4.19 geht hervor, dass je nach Betreuungsbereich 21 bis 31 Leistungssportler mit Behinderung Bewertungen der Veränderung der persönlichen Betreuungssituation seit ihrer Zugehörigkeit zum Olympiastützpunkt vorgenommen haben. Die höchste Anzahl an Einschätzungen fand sich bei der physiotherapeutischen/physikalischen Betreuung und der Laufbahnberatung mit jeweils 31 Angaben, die geringste Anzahl an Einschätzungen hingegen bei der psychologischen Beratung mit 21 Angaben.

Bei allen Bereichen der Betreuung konnten leichte bis gravierende Verbesserungen der persönlichen Betreuungssituation seit der Zugehörigkeit zum Olympiastützpunkt festgestellt werden. In Hinsicht auf die wahrgenommenen Veränderungen wurde die stärkste Verbesserung der persönlichen Betreuungssituation bei der physiotherapeutischen/physikalischen Betreuung deutlich. Die zweitstärkste Verbesserung fand sich bei der medizinischen Leistungsdiagnostik.

Weitere hochgradige Verbesserungen ergaben sich bei der orthopädisch-medizinischen Betreuung und bei der Laufbahnberatung. Vergleichsweise mittelstarke Verbesserungen wurden von den Leistungssportlern mit Behinderung in Bezug auf die allgemein-medizinische Betreuung, die biomechanische Leistungsdiagnostik, die psychologische Beratung und die internistisch-medizinische Betreuung wahrgenommen. Die im Vergleich niedrigste Veränderung fand sich bei der Ernährungsberatung.

Somit hatten sich nach der Einschätzung der antwortenden Gruppen von behinderten Athleten erhebliche Verbesserungen der Betreuungssituation seit ihrer Zugehörigkeit zum Olympiastützpunkt in den Bereichen der physiotherapeutischen/physikalischen Betreuung, der medizinischen Leistungsdiagnostik, der orthopädisch-medizinischen Betreuung und der Laufbahnberatung ergeben.

Eine weitere Frage bezog sich auf die spätbehinderten Athleten, die vor dem Eintritt ihrer Behinderung als nichtbehinderte Athleten bereits die Betreuungsangebote eines Olympiastützpunkts in Anspruch genommen hatten. Diese spätbehinderten Leistungssportler wurden gebeten, die wahrgenommene Veränderung der persönlichen Betreuungssituation am Olympiastützpunkt nach Eintritt der Behinderung zu beurteilen. Diese Bewertung wurde auf einer 5-Punkte-Skala von ‚1=stark verschlechtert' bis ‚5=stark verbessert' vorgenommen. Die Bewertungen der Athleten in den einzelnen Betreuungsbereichen finden sich in der Tabelle 4.20 und den Abbildungen 4.8 bis 4.10.

Aus der Tabelle 4.20 kann ersehen werden, dass 8 bis 10 spätbehinderte Leistungssportler die einzelnen Betreuungsbereiche der Olympiastützpunkte bewerteten.

Tabelle 4.20. Veränderung der persönlichen Betreuungssituation im medizinischen Bereich am Olympiastützpunkt (OSP) nach Eintritt der Behinderung (‚1=stark verschlechtert' bis ‚5=stark verbessert').

	N	M	SD
Medizinische Betreuung (MB)			
- orthopädisch	10	3.10	0.99
- internistisch	8	3.25	0.70
- allgemein-medizinisch	8	3.25	0.70
Physiotherapeutische/physikalische Betreuung	8	3.25	0.70
Krankengymnastik	8	3.37	0.74
Leistungsdiagnostik (LD)			
- medizinische	9	3.11	0.33
- biomechanische	8	3.00	0.00
Beratungsbereiche			
- Psychologische Beratung	8	3.12	0.83
- Ernährungsberatung	8	2.75	0.70
- Laufbahnberatung	9	2.66	0.70

Die häufigsten Angaben fanden sich bei der orthopädisch-medizinischen Betreuung mit 10 Nennungen, 9 Nennungen entfielen auf die Bereiche der medizinischen Leistungsdiagnostik und der Laufbahnberatung. Nur wenige Angaben wurden bei den meisten Bereichen (u.a. physiotherapeutische/physikalische Betreuung, Krankengymnastik, Ernährungsberatung) gemacht.

Die stärkste Verbesserung der persönlichen Betreuungssituation nach dem Eintritt der Behinderung wurde von 8 Athleten in Bezug auf die Krankengymnastik wahrgenommen. Auf den nächsten Rängen der wahrgenommenen Verbesserungen folgten von jeweils 8 Sportlern die internistisch-medizinische sowie die allgemein-medizinische Betreuung und die physiotherapeutische/physikalische Betreuung.

Ferner wurden die Angebote der psychologischen Beratung, der medizinischen Leistungsdiagnostik und der orthopädisch-medizinischen Betreuung von den spätbehinderten Leistungssportlern als leicht verbessert empfunden. Hingegen wurde die biomechanische Leistungsdiagnostik von den spätbehinderten Athleten als unverändert bewertet. Schließlich wurde die persönliche Betreuungssituation in Hinsicht auf die Ernährungsberatung und die Laufbahnberatung als leicht verschlechtert eingeschätzt.

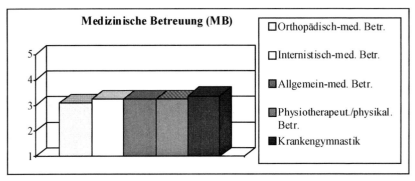

Abbildung 4.8. Veränderung der persönlichen Betreuungssituation im medizinischen Bereich am Olympiastützpunkt (OSP) nach Eintritt der Behinderung („1=stark verschlechtert' bis ‚5=stark verbessert').

Studie 1: Darstellung und Diskussion der Ergebnisse 87

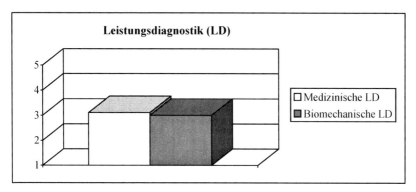

Abbildung 4.9. Veränderung der persönlichen Betreuungssituation im Bereich der Leistungsdiagnostik am Olympiastützpunkt (OSP) nach Eintritt der Behinderung (‚1=stark verschlechtert' bis ‚5=stark verbessert').

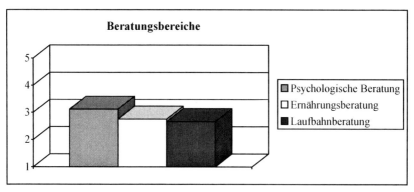

Abbildung 4.10. Veränderung der persönlichen Betreuungssituation in den Beratungsbereichen am Olympiastützpunkt (OSP) nach Eintritt der Behinderung (‚1=stark verschlechtert' bis ‚5=stark verbessert').

Somit beurteilten die spätbehinderten Leistungssportler nach dem Eintritt ihrer Behinderung geringfügige Verbesserungen bei der Krankengymnastik, bei der internistisch-medizinischen sowie bei der allgemein-medizinischen Betreuung und bei der physiotherapeutischen/physikalischen Betreuung. Im Gegensatz hierzu empfanden sie die persönliche Betreuungssituation in der Ernährungsberatung und der Laufbahnberatung als leicht verschlechtert.

4.3 Betreuung am Institut für Angewandte Trainingswissenschaft (IAT)

Die Analyse der Betreuung am und durch das Institut für Angewandte Trainingswissenschaft (IAT) beinhaltete schwerpunktmäßig die Aspekte der Bekanntheit der Betreuungseinrichtungen, der Gründe für die Nutzung, die Zufriedenheit mit der Qualität der Arbeit und die Beurteilung der Veränderung der persönlichen Betreuungssituation nach Eintritt der Behinderung.

In Bezug auf die Bekanntheit des Instituts für Angewandte Trainingswissenschaft (IAT) wurde erfragt, welche Kenntnisse die Leistungssportler mit Behinderung von den Betreuungs- und Servicebereichen hatten. Der Bekanntheitsgrad folgender Einrichtungen wurde untersucht: Ergonomiezentrum, Spezialdiagnostik, Messplatztraining, sportartspezifische Test- und Überprüfungsprogramme, Präventivprogramme zur Sicherung der Belastbarkeit, sportmedizinische Grunduntersuchung, Laufband- und Rad-Dynamometrie und 3D-Bewegungsanalyse. Die Beurteilungen der Bekanntheit der Servicebereiche durch die behinderten Athleten, die auf einer 5-Punkte-Skala von ‚1=nicht bekannt' bis ‚5=sehr bekannt' vorgenommen wurden, ist in der Tabelle 4.21 dargestellt.

Tabelle 4.21. Bekanntheit der Servicebereiche am Institut für Angewandte Trainingswissenschaft (IAT).

Folgende Servicebereiche am IAT sind mir bekannt ...	N	M	SD
Ergonomiezentrum	55	1.29	0.76
Spezialdiagnostik	54	1.16	0.50
Messplatztraining	54	1.22	0.69
Sportartspezifische Test- und Überprüfungsprogramme	54	1.44	0.96
Präventivprogramme zur Sicherung der Belastbarkeit	55	1.29	0.73
Sportmedizinische Grunduntersuchung	56	2.03	1.51
Laufband- und Rad-Dynamometrie	54	1.70	1.38
3D-Bewegungsanalyse	55	1.29	0.83

Aus der Tabelle 4.21 geht hervor, dass zwischen 54 und 56 der 113 Leistungssportler mit Behinderung die Servicebereiche am Institut für Angewandte Trainingswissenschaft (IAT) in Bezug auf ihre Bekanntheit beurteilten. Insgesamt waren die 8 unterschiedlichen Servicebereiche den beurteilenden behinderten Athleten nicht bis kaum bekannt. Vergleichsweise bekannt wurde die sportmedizinische Grunduntersuchung mit einem Durchschnittswert von M=2.03 eingeschätzt. Auf dem zweiten Bekanntheitsrang folgte die Laufband- und Rad-Dynamometrie und auf dem dritten Rang die sportartspezifischen Test- und Überprüfungsprogramme.

Die Serviceangebote des Ergonomiezentrums, der 3D-Bewegungsanalyse, des Messplatztrainings und der Spezialdiagnostik waren weitgehend unbekannt. Insofern war erkennbar, dass die Betreuungs- und Serviceeinrichtungen des Instituts für Angewandte Trainingswissenschaft (IAT) den befragten behinderten Athleten nur in geringem Grade bekannt waren.

Die Gründe für die Nutzung der Betreuungsmaßnahmen und Service-Leistungen am Institut für Angewandte Trainingswissenschaft (IAT) sind in der Tabelle 4.22 aufgeführt, wobei die Antworten allgemein und die Zustimmungen und Verneinungen differenziert werden konnten.

Tabelle 4.22. Gründe für die Nutzung der Betreuungsmaßnahmen am Institut für Angewandte Trainingswissenschaft (IAT).

Die Betreuung am IAT nutze ich ...	N	Ja	Nein
zur kontinuierlichen Beratung und Betreuung.	25	2	23
aus eigenem Antrieb.	23	2	21
auf Anraten anderer Sportler.	22	0	22
auf Anraten des Trainers.	23	1	22
aufgrund behinderungsspezifischer Spezialdiagnose.	24	4	20
aufgrund von Präventivprogrammen.	23	2	21
aufgrund anderweitiger behinderungsspezifischer Aspekte.	23	3	20
auf Anraten von Mitgliedern der Betreuungseinrichtungen.	22	1	21
auf Initiative eines Mediziners.	22	1	21
auf Anraten anderer Personen hin.	23	0	23
aufgrund von Verletzungen.	22	0	22
aufgrund von Sekundärschäden.	23	1	22

Zu den Gründen für die Nutzung der Betreuungsmaßnahmen am Institut für Angewandte Trainingswissenschaft (IAT) äußerten sich zwischen 22 und 25 Athleten, von denen nur wenige den angegebenen Gründen zustimmten. 4 behinderte Athleten (3.53%) stimmten der Begründung zu, dass sie die Betreuung aufgrund einer behinderungsspezifischen Spezialdiagnose nutzten. 3 Leistungssportler nahmen die Betreuung aufgrund anderweitiger behinderungsspezifischer Aspekte in Anspruch. Jeweils 2 Sportler gaben an, dass sie die Service-Leistungen zur kontinuierlichen Beratung und Betreuung, aus eigenem Antrieb und aufgrund von Präventivprogrammen nutzten. Jeweils nur ein Athlet führte die Nutzung an aufgrund des Anratens des Trainers, auf Anraten von Mitgliedern der Betreuungseinrichtung, auf Initiative eines Mediziners und aufgrund von Sekundärschäden.

Insofern nahmen nur sehr wenige Leistungssportler mit Behinderung die Service-Leistungen in Anspruch, vorrangig aus Gründen einer behinderungsspezifischen Spezialdiagnose und anderweitiger behinderungsspezifischer Aspekte.

4.4 Betreuung am Institut für Forschung und Entwicklung von Sportgeräten (FES)

In einem weiteren Fragebogenteil wurden Aspekte der Bekanntheit und Nutzung des Instituts für Forschung und Entwicklung von Sportgeräten (FES) thematisiert. Im Kontext der Analyse der Bekanntheit wurden die behinderten Leistungssportler um ihre Einschätzung der Kenntnis der Serviceeinrichtungen dieses Instituts gebeten. Das Ergebnis dieser Einschätzung der Stichprobe der Athleten mit Behinderung findet sich in der Tabelle 4.23 und in der Abbildung 4.11.

Tabelle 4.23. Bekanntheitsgrad der Serviceeinrichtungen am Institut für Forschung und Entwicklung von Sportgeräten (FES) (‚1=nicht bekannt' bis ‚5=sehr bekannt').

Folgende Serviceeinrichtungen sind mir am FES bekannt ...	N	M	SD
Allgemeine Sportgeräteentwicklung	45	1.48	1.07
Ingenieurwissenschaftliche Methoden zur Neu- und Weiterentwicklung von Sportgeräten	44	1.31	0.93

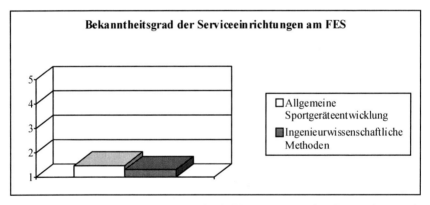

Abbildung 4.11. Bekanntheitsgrad der Serviceeinrichtungen am Institut für Forschung und Entwicklung von Sportgeräten (FES) (‚1=nicht bekannt' bis ‚5=sehr bekannt').

44 (38.93%) bzw. 45 (39.82%) Athleten gaben an, dass sie von den ingenieurwissenschaftlichen Methoden und von der allgemeinen Sportgeräteentwicklung gehört hatten. 45 Leistungssportler schätzten ihre Kenntnis von der allgemeinen Sportgeräteentwicklung mit M=1.48 allerdings niedrig ein. Ferner beurteilten 44 Athleten die Kenntnis der ingenieurwissenschaftlichen Methoden mit M=1.31 als noch geringer.

Studie 1: Darstellung und Diskussion der Ergebnisse 91

Bezüglich der Nutzung der Serviceeinrichtungen wurde deutlich, dass 5 (4.42%) Athleten die allgemeine Sportgeräteentwicklung und 6 (5.30%) Athleten die ingenieurwissenschaftlichen Methoden in Anspruch genommen hatten. Somit ließ sich in Hinsicht auf das Institut für Forschung und Entwicklung von Sportgeräten (FES) eine geringe Kenntnis und Nutzung durch die Athleten erkennen.

4.5 Betreuung an Instituten für Sportwissenschaft (ISW)

In Bezug auf die Betreuung an Instituten für Sportwissenschaft (ISW) wurden die Bekanntheit und die Zufriedenheit mit der Qualität der Serviceeinrichtungen thematisiert. Die Bekanntheit dieser Institute für Sportwissenschaft (ISW) wurde von den Leistungssportlern mit Behinderung anhand einer 5-Punkte-Skala von ‚1=nicht bekannt' bis ‚5=sehr bekannt' beurteilt. Die Einschätzungen der Bekanntheit dieser Institute für Sportwissenschaft (ISW) durch die behinderten Athleten in Hinsicht auf die 3 ausgewählten Serviceeinrichtungen, nämlich die wissenschaftlichen praxisorientierten Analysen für das Training und den Wettkampf, den wissenschaftlichen Transfer von theoretischen Erkenntnissen in die Praxis und die Einbeziehung in praxisorientierte Forschungsprojekte, kann aus der Tabelle 4.24 und der Abbildung 4.12 entnommen werden.

Tabelle 4.24. Bekanntheitsgrad von Serviceeinrichtungen an Instituten für Sportwissenschaft (ISW) (‚1=nicht bekannt' bis ‚5=sehr bekannt').

Folgende Serviceeinrichtungen sind mir am ISW bekannt ...	N	M	SD
Wissenschaftliche praxisorientierte Analysen für das Training und den Wettkampf	46	1.45	0.88
Wissenschaftlicher Transfer von theoretischen Erkenntnissen in die Praxis	45	1.44	1.01
Einbeziehung in praxisorientierte Forschungsprojekte	45	1.48	1.03

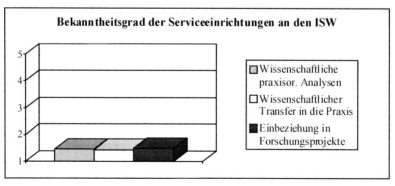

Abbildung 4.12. Bekanntheitsgrad von Serviceeinrichtungen an Instituten für Sportwissenschaft (ISW) (‚1=nicht bekannt' bis ‚5=sehr bekannt').

45 (39.82%) bzw. 46 (40.70%) Athleten machten Angaben zu den 3 ausgewählten Serviceeinrichtungen der Institute für Sportwissenschaft (ISW). Es konnten nur geringe Bekanntheitsgrade der 3 Betreuungseinrichtungen an Instituten für Sportwissenschaft festgestellt werden. Der vergleichsweise bekannteste Servicebereich war für 45 Athleten die Einbeziehung in praxisorientierte Forschungsprojekte (M=1.48). Die wissenschaftlichen praxisorientierten Analysen für das Training und den Wettkampf belegten bei 46 Athleten mit einem Bekanntheitsgrad von M=1.45 den zweiten Rang vor dem wissenschaftlichen Transfer von theoretischen Erkenntnissen in die Praxis mit M=1.44 (N=45). Somit waren den befragten Athleten die Betreuungsbereiche an den Instituten für Sportwissenschaft (ISW) nicht bzw. kaum bekannt. Außerdem wurden die behinderten Athleten um die Einschätzung ihrer Zufriedenheit mit der Qualität der Serviceeinrichtungen der Institute für Sportwissenschaft (ISW) gebeten. Diese Beurteilungen der 3 Serviceaspekte erfolgten auf der Basis einer 5-Punkte-Skala von ‚1=nicht zufrieden' bis ‚5=sehr zufrieden'. Die Ergebnisse dieser Bewertung finden sich in der Tabelle 4.25 und in der Abbildung 4.13.

Tabelle 4.25. Zufriedenheit mit der Qualität der an den Instituten für Sportwissenschaft (ISW) angebotenen Serviceeinrichtungen (‚1=nicht zufrieden' bis ‚5=sehr zufrieden').

Mit der Qualität am ISW bin ich hinsichtlich der bzw. des ... zufrieden	N	M	SD
Wissenschaftlichen praxisorientierten Analysen für das Training und den Wettkampf	9	2.66	1.41
Wissenschaftlichen Transfers von theoretischen Erkenntnissen in die Praxis	8	3.00	1.06
Einbeziehung in praxisorientierte Forschungsprojekte	6	2.83	1.16

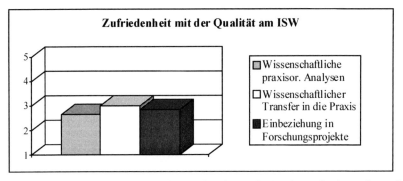

Abbildung 4.13. Zufriedenheit mit der Qualität der an den Instituten für Sportwissenschaft (ISW) angebotenen Serviceeinrichtungen (‚1=nicht zufrieden' bis ‚5=sehr zufrieden').

Nur 6 bis 9 Leistungssportler mit Behinderung nahmen diese Einschätzungen vor. 8 Athleten waren mit dem wissenschaftlichen Transfer von theoretischen Erkenntnissen in die Praxis mit einem Durchschnittswert von M=3.00 in mittlerem Maße zufrieden. Auf dem zweiten Rang folgte die Zufriedenheit mit der Einbeziehung in praxisorientierte Forschungsprojekte mit M=2.83 von 6 Leistungssportlern. Die geringste Zufriedenheit fand sich bei den wissenschaftlichen praxisorientierten Analysen für das Training und den Wettkampf mit einem Wert von M=2.66 von 9 Athleten.

Insgesamt waren die wenigen behinderten Leistungssportler, die Erfahrung mit den 3 Serviceeinrichtungen der Institute für Sportwissenschaft (ISW) (6 bis 9 Athleten) hatten, mit diesen Angeboten in mittlerem Grade zufrieden.

4.6 Betreuung durch Firmen der Geräteherstellung (Prothesen, Rollstühle)

In einem weiteren Fragebogenteil wurde die Betreuung durch Firmen der Geräteherstellung (Prothesen, Rollstühle) akzentuiert. In diesem Zusammenhang wurden die Bekanntheit dieser Firmen, die Zufriedenheit mit der Qualität der Service-Einrichtungen dieser Firmen und die Gründe für die Nutzung dieser Serviceeinrichtungen erfragt.

Die Analyse der Bekanntheit dieser Firmen wurde auf einer 5-Punkte-Skala von ‚1=nicht bekannt' bis ‚5=sehr bekannt' vorgenommen. Die Befunde dieser Beurteilung durch die behinderten Leistungssportler sind in der Tabelle 4.26 und der Abbildung 4.14 dargestellt.

Tabelle 4.26. Bekanntheitsgrad von Serviceeinrichtungen der Firmen der Geräteherstellung (,1=nicht bekannt' bis ,5=sehr bekannt').

Folgende Serviceeinrichtungen der Firmen der Geräteherstellung sind mir bekannt ...	N	M	SD
Privater Service hinsichtlich der Prothesen- und Orthesenversorgung und Rollstühle	82	3.00	1.48
Technischer Service hinsichtlich der Prothetik und Rollstühle für das Training und den Wettkampf	81	3.09	1.43

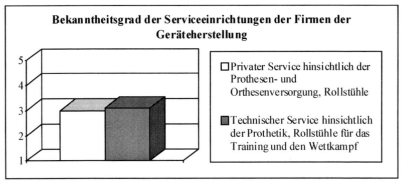

Abbildung 4.14. Bekanntheitsgrad von Serviceeinrichtungen der Firmen der Geräteherstellung (,1=nicht bekannt' bis ,5=sehr bekannt').

Aus der Tabelle 4.26 kann ersehen werden, dass der technische Service hinsichtlich der Prothetik, Rollstühle für das Training und den Wettkampf 81 behinderten Sportlern mit M=3.09 in mittlerem Ausmaß bekannt war. Ferner gaben 82 behinderte Athleten (72.5%) an, dass sie den privaten Service hinsichtlich der Prothesen- und Orthesenversorgung sowie der Rollstühle in mittlerem Grade kannten.

Somit waren den befragten Leistungssportlern mit Behinderung die Serviceeinrichtungen der Firmen der Geräteherstellung (Prothesen/Rollstühle) erheblich bekannter als die Serviceleistungen des Instituts für Angewandte Trainingswissenschaft (IAT), des Instituts für Forschung und Entwicklung von Sportgeräten (FES) und der Institute für Sportwissenschaft (ISW).

Ein weiterer Erhebungsaspekt bezog sich auf die Einschätzung der Zufriedenheit mit der Qualität der Serviceeinrichtungen der Firmen der Geräteherstellung (Prothesen/Rollstühle). Die Zufriedenheit mit ausgewählten Aspekten der Serviceeinrichtung wurde auf einer 5-Punkte-Skala von ‚1=nicht zufrieden' bis ‚5=sehr zufrieden' beurteilt. Die Einschätzungen der Stichprobe der behinderten Athleten können aus der Tabelle 4.27 und der Abbildung 4.15 entnommen werden.

Tabelle 4.27. Zufriedenheit mit der Qualität der Serviceeinrichtungen der Firmen der Geräteherstellung (Prothesen/Rollstühle) (‚1=nicht zufrieden' bis ‚5=sehr zufrieden').

Mit der Qualität der Firmen der Geräteherstellung bin ich in Bezug auf den ... zufrieden.	N	M	SD
Privaten Service hinsichtlich der Prothesen- und Orthesenversorgung und Rollstühle	53	3.64	1.07
Technischen Service hinsichtlich der Prothetik und Rollstühle für das Training und den Wettkampf	54	3.72	1.01

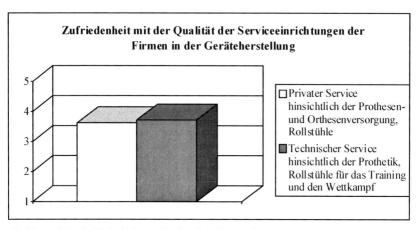

Abbildung 4.15. Zufriedenheit mit der Qualität der Serviceeinrichtungen der Firmen der Geräteherstellung (Prothesen/Rollstühle) (‚1=nicht zufrieden' bis ‚5=sehr zufrieden').

Von den 113 Leistungssportlern mit Behinderung bewerteten 53 (46.90%) bzw. 54 (47.78%) Athleten ihre Zufriedenheit mit den Firmen der Geräteherstellung (Prothesen/Rollstühle). 54 behinderte Sportler waren mit dem technischen Service hinsichtlich der Prothetik und Rollstühle für das Training und den Wettkampf mit einem Mittelwert von M=3.72 nahezu ziemlich zufrieden. 53 Athleten ließen mit dem privaten Service hinsichtlich der Prothesen- und Orthesenversorgung und Rollstühle mit M=3.64 eine geringfügig niedrigere Zufriedenheit erkennen. Somit waren bei den beiden Merkmalen der Qualität der Firmen der Geräteherstellung (Prothesen/Rollstühle) vergleichsweise hohe Zufriedenheitswerte in großen Teilstichproben zu verzeichnen.

Die Analyse der Gründe für die Nutzung der Serviceeinrichtungen der Firmen der Geräteherstellung (Prothesen/Rollstühle) beinhaltete insgesamt 12 unterschiedliche Aspekte. Hierbei handelte es sich u.a. um die Nutzung aus eigenem Antrieb, aufgrund des Anratens des Trainers, aufgrund von Präventivprogrammen, aufgrund einer behinderungsspezifischen Spezialdiagnose, aufgrund von Verletzungen und aufgrund von Sekundärschäden. Die Befunde dieser Analyse der Gründe für die Nutzung der Serviceeinrichtungen der Firmen der Geräteherstellung (Prothesen/Rollstühle) finden sich in der Tabelle 4.28.

Tabelle 4.28. Gründe für die Nutzung der Serviceeinrichtungen der Firmen der Geräteherstellung (Prothesen/Rollstühle).

Die Serviceeinrichtungen der Firmen nutze ich ...	N	Ja	Nein
zur kontinuierlichen Beratung und Betreuung.	34	20	14
aus eigenem Antrieb.	39	30	9
auf Anraten anderer Sportler.	27	11	16
auf Anraten des Trainers.	27	10	17
aufgrund behinderungsspezifischer Spezialdiagnose.	38	33	5
aufgrund von Präventivprogrammen.	49	47	2
aufgrund anderweitiger behinderungsspezifischer Aspekte.	38	31	7
auf Anraten von Mitgliedern der Betreuungseinrichtungen.	23	2	21
auf Initiative eines Mediziners.	24	3	21
auf Anraten anderer Personen hin.	26	5	21
aufgrund von Verletzungen.	25	8	17
aufgrund von Sekundärschäden.	25	7	18

Die ausgewählten Gründe für die Nutzung der Serviceeinrichtungen der Firmen der Geräteherstellung wurden von 23 bis 49 Leistungssportlern mit Behinderung angegeben. 47 von 49 Athleten stimmten der Aussage zu, dass sie die Serviceeinrichtungen der Firmen aufgrund von Präventivprogrammen nutzten. 33 von 38 Sportlern nahmen diese Serviceeinrichtungen aufgrund einer behinderungsspezifischen Spezialdiagnose in Anspruch. 31 von 38 Athleten nutzten die Serviceeinrichtungen der Firmen aufgrund anderweitiger behinderungsspezifischer Aspekte. Ferner waren 30 von 39 Leistungssportlern an den Serviceeinrichtungen aus eigenem Antrieb interessiert. 20 von 34 behinderten Athleten versuchten, die Serviceeinrichtungen zur kontinuierlichen Beratung und Betreuung heranzuziehen. 11 bzw. 10 Sportler nutzten die Angebote der Firmen der Geräteherstellung auf Anraten anderer Sportler bzw. auf Anraten des Trainers. Ferner nahmen 8 von 25 Athleten die Serviceangebote aufgrund vom Verletzungen in Anspruch.

Somit wurden die speziellen Serviceeinrichtungen der Firmen der Geräteherstellung (Prothesen/Rollstühle) vorrangig aufgrund von Präventivprogrammen, aufgrund einer behinderungsspezifischen Spezialdiagnose, aufgrund anderweitiger behinderungsspezifischer Aspekte, aus eigenem Antrieb und zur kontinuierlichen Beratung und Betreuung genutzt.

4.7 Umsetzung des Leistungssportkonzepts des Deutschen Behindertensportverbandes (DBS)

In einem abschließenden Fragebogenteil wurden die Leistungssportler mit Behinderung gebeten, eine Beurteilung der eingetretenen Veränderungen durch das Leistungssportkonzept des Deutschen Behindertensportverbandes (DBS) vorzunehmen. Diese Bewertung ausgewählter Kennzeichen des Konzepts, die u.a. die allgemeinem Rahmenbedingungen, die Nutzung trainingswissenschaftlicher Erkenntnisse, die offene und effiziente Kommunikation, die Öffentlichkeitsarbeit sowie die finanzielle Unterstützung umfasste, erfolgte auf einer 5-Punkte-Skala von ‚1=stark verschlechtert' über ‚3=nicht verändert' bis ‚5=stark verbessert'. Die Ergebnisse dieser Einschätzung sind in der Tabelle 4.29 und der Abbildung 4.16 vorzufinden.

Tabelle 4.29. Bewertung der Veränderung der Situation der behinderten Athleten durch das Leistungssportkonzept des Deutschen Behindertensportverbandes (DBS) (‚1=stark verschlechtert' bis ‚5=stark verbessert').

	N	M	SD
Allgemeine Rahmenbedingungen	75	3.01	0.74
Nutzung trainingswissenschaftlicher Erkenntnisse des Nichtbehindertensports, um einen Synergieeffekt zu erzielen	76	3.11	0.65
Veränderung von Strukturen hinsichtlich der Struktur des Leistungssports Nichtbehinderter, um einen Synergieeffekt zu erzielen	77	3.02	0.66
Schaffen eines ‚Wir-Gefühls'	81	2.96	0.73
Offene und effiziente Kommunikation, die keinen Bereich ausschließt	78	2.91	0.77
Öffentlichkeitsarbeit seitens des Verbandes	78	3.34	0.83
Finanzielle Unterstützung	83	3.01	1.07
Materielle Ausstattung	80	2.88	0.81

Von der Gesamtstichprobe der 113 Athleten mit Behinderung bezogen sich 75 (66.37%) bis 83 (73.45%) Leistungssportler auf die einzelnen der insgesamt 8 unterschiedlichen Kennzeichen des neuen Leistungssportkonzepts. Nach der Auffassung von 78 Leistungssportlern mit Behinderung zeigte sich in dem neuen Leistungssportkonzept eine leichte Verbesserung in der Öffentlichkeitsarbeit des Verbandes (M=3.34). Auch die Nutzung trainingswissenschaftlicher Erkenntnisse des Nichtbehindertensports, um einen Synergieeffekt zu erzielen, hatte sich nach Ansicht von 76 Athleten verbessert (M=3.11). Ferner beurteilten 77 Athleten, dass sich die Strukturen in Hinsicht auf den Leistungssport Nichtbehinderter geringfügig verbessert hatten, um einen Synergieeffekt zu erzielen (M=3.02). Ferner waren nach Auffassung von 83 Athleten eine leichte Verbesserung der finanziellen Unterstützung (M=3.01) und nach der Bewertung von 75 Sportlern eine Verbesserung der allgemeinen Rahmenbedingungen (M=3.01) zu verzeichnen. Im Gegensatz hierzu waren 81 behinderte Athleten der Meinung, dass das neue Leistungssportkonzept eine leichte Verschlechterung des ‚Wir-Gefühls' zur Folge hatte. Schließlich äußerten sich 78 Sportler dahingehend, dass sich die offene und effiziente Kommunikation, die keinen Bereich ausschloss, leicht verschlechtert hatte.

Studie 1: Darstellung und Diskussion der Ergebnisse 99

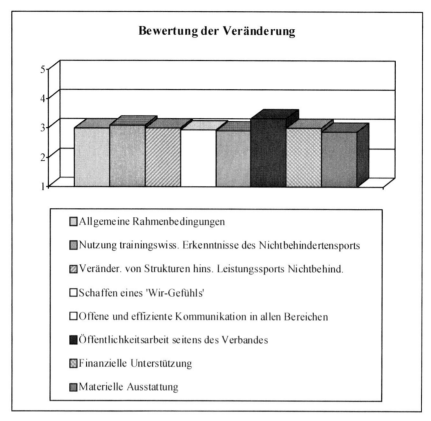

Abbildung 4.16. Bewertung der Veränderung der Situation der behinderten Athleten durch das Leistungssportkonzept des Deutschen Behindertensportverbandes (DBS) (‚1=stark verschlechtert' bis ‚5=stark verbessert').

Somit hatte sich das neue Leistungssportkonzept nach der Beurteilung der befragten Athleten mit Behinderung vorwiegend in der Verbesserung in der Öffentlichkeitsarbeit des Verbandes und der Nutzung trainingswissenschaftlicher Erkenntnisse des Nichtbehindertensports ausgewirkt, jedoch hatte es auch eine leichte Verschlechterung des ‚Wir-Gefühls' und der offenen und effizienten bereichsübergreifenden Kommunikation zur Folge gehabt.

5. ZUSAMMENFASSUNG UND EMPFEHLUNGEN

5.1 Zusammenfassung

In der vorliegenden Studie wird die Beratung und Betreuung behinderter Leistungssportler an den verschiedenen Betreuungseinrichtungen im Leistungssport untersucht.

Der *Leistungssport von Menschen mit Behinderung* gewann in den letzten Jahrzehnten eine zunehmende Bedeutung im Bereich des Sports allgemein, der Medien und der Gesellschaft. Die Bundesregierung hat im Jahr 2002 auf die Öffnung aller Olympiastützpunkte für behinderte Spitzensportler bereits seit dem Jahr 2000 hingewiesen. Der Deutsche Behindertensportverband (DBS) hat mit dem ‚Leistungssportkonzept 2001' für behinderte Sportler u.a. die Notwendigkeit der Optimierung des Trainingsumfeldes und insbesondere der Betreuung der Athleten mit Behinderung in den verschiedenen Fördereinrichtungen herausgestellt.

Zur Analyse der Förderung und Betreuung von *Leistungssportlern ohne Behinderung* liegen differenzierte Studien in Bezug auf soziologische Aspekte der Olympiastützpunkte und in Bezug auf die Angebote sowie die Möglichkeiten und die Nutzung der Olympiastützpunkte aus Athletensicht vor. Im Vergleich von umfangreichen Befragungsstudien zwischen Erhebungen von 1990/1992 und 1999 wurde deutlich, dass die physiotherapeutische und krankengymnastische Betreuung den höchsten Bekanntheits- und Nutzungsgrad mit 78.9% bzw. 64% aufwies. Hierauf folgte der Bekanntheits- und Nutzungsgrad des medizinischen Bereichs mit 76.7% bzw. 71.7%. Die Laufbahnberatung hatte einen Bekanntheitsgrad von 74%. Im Gegensatz hierzu waren die Ernährungsberatung und die psychologische Beratung erheblich weniger bekannt (47.1% und 29.7%) und wurden von den befragten Athleten weniger in Anspruch genommen (27.5% und 21.4%). Die nichtbehinderten Athleten zeigten sich in Hinsicht auf die Bewertung der Qualität der Betreuungsangebote mehrheitlich zufrieden bis sehr zufrieden. Die Nichtnutzer gaben als Begründung für die Nichtnutzung an, dass sie keinen persönlichen Bedarf für die Betreuung sahen bzw. dass sie von anderen Einrichtungen hinreichend betreut wurden.

Spezifische Studien zur Betreuung von Leistungssportlern mit Behinderung akzentuierten u.a. den Aufbau, die Ausstattung und die Möglichkeiten der Betreuung und Beratung an ausgewählten Olympiastützpunkten aus sportmedizinischer und trainingswissenschaftlicher Perspektive. Hinsichtlich ausgewählter person- und umweltbezogener Merkmale der Karriere nichtbehinderter Leistungssportler und behinderter Leistungssportler fanden sich nur wenige Befragungsstudien, die auch die Einschätzung der Fördereinrichtungen beinhalteten.

Ferner wurden Aspekte der Betreuung von Leistungssportlern mit Behinderung bislang nur in wenigen Studien und vorrangig marginal in Bezug auf den Verband und die Vereine thematisiert.

Die Bilanz eines spezifischen Olympiastützpunkts für das Jahr 2003 wies aus, dass von 594 Leistungssportlern nur 4 Athleten mit Behinderung (3 A-Kader-Athleten und ein B-Kader-Athlet) betreut worden waren.

Im Rahmen der vorliegenden Befragungsstudie wurde die Betreuung und Beratung durch verschiedene Fördereinrichtungen bei den sich in der Vorbereitung für die Paralympics 2004 in Athen befindlichen und durch den Deutschen Behindertensportverband (DBS) nominierten Kadersportlern analysiert.

Die **Methodik** beinhaltete die Beschreibung des Untersuchungsverfahrens, der Untersuchungspersonen, der Untersuchungsdurchführung sowie der Untersuchungsauswertung.

Das *Untersuchungsverfahren* bezog sich auf das Verfahren der quantitativen Datenerhebung mittels eines umfangreichen spezifischen Fragebogens. Dieser Fragebogen wurde in Anlehnung an Fragebögen zur Analyse soziologischer Merkmale der Olympiastützpunkte für nichtbehinderte Leistungssportler und eines anderen Fragebogens zu speziellen Karriereaspekten von nichtbehinderten und behinderten Leistungssportlern konzipiert. Er bestand aus einem personbezogenen Teil und einem ausführlichen themenbezogenen Teil. Der themenbezogene Teil beinhaltete den Bekanntheitsgrad und die Nutzung von ausgewählten Betreuungseinrichtungen von nichtbehinderten und behinderten Leistungssportlern. Zu diesen Betreuungseinrichtungen zählten die Olympiastützpunkte (OSP), das Institut für Angewandte Trainingswissenschaft (IAT), das Forschungsinstitut für die Entwicklung von Sportgeräten (FES), die Institute für Sportwissenschaft (ISW) und private Firmen, die sich mit der Geräteherstellung wie Prothesen und Rollstühlen beschäftigten. Ferner umfasste der Fragebogen die Beurteilung der Umsetzung des Leistungssportkonzepts des Deutschen Behindertensportverbandes (DBS).

An der Befragungsstudie nahmen als *Untersuchungspersonen* insgesamt 113 Leistungssportler mit Behinderung teil. Es handelte sich um 47 weibliche und 66 männliche Leistungssportler mit Behinderung. Das Durchschnittsalter der 113 behinderten Athleten betrug 32.08 Jahre bei einer Streuung von 9.01 Jahren. Bei den 113 behinderten Leistungssportlern handelte es sich um 89 Athleten mit Körperbehinderungen in Form von Einschränkungen im Stütz- und Bewegungsapparat, um 10 Athleten mit Sehbehinderungen, um 6 Leistungssportlern mit Blindheit und um 4 Athleten mit Behinderungen im zentralen und peripheren Nervensystem.

Die befragten Athleten mit Behinderung kamen u.a. aus den Sportarten Rollstuhl-Basketball (23), Schwimmen (13), Rollstuhl-Tischtennis (12), Torball (10), Sitzvolleyball (9), Sportschießen (8), Rollstuhlfechten (7), Rollstuhl-

Tennis (6), Leichtathletik-Wurfdisziplinen (6), Reiten (5), Leichtathletik-Laufdisziplinen (4), Bogenschießen (2) und Leichtathletik-Sprungdisziplinen (2). An der Befragung waren u.a. 10 Paralympics-Sieger, 6 Paralympics-Zweite, 8 Paralympics-Dritte, ein Paralympics-Endkampfteilnehmer, 7 Weltmeister, 12 Weltmeisterschafts-Zweite, ein Weltmeisterschafts-Dritter, 3 Weltmeisterschafts-Endkampfteilnehmer, 20 Europameister, 7 Europameisterschafts-Zweite, 4 Europameisterschafts-Dritte, ein Europameisterschafts-Endkampfteilnehmer sowie 11 Deutsche Meister und 4 Zweite bei den Deutschen Meisterschaften beteiligt.

Die *Untersuchungsdurchführung* in Form der Fragebogenerhebung umfasste den Zeitraum von Juni bis Anfang September 2004 vor den Paralympics 2004 in Athen. Insgesamt wurden 290 Fragebögen verschickt. Die Rücklaufquote betrug ca. 120 Fragebögen (41.13%), von denen 113 Fragebögen (38.96%) in die Auswertung einbezogen wurden.

Die *Untersuchungsauswertung* erfolgte mittels deskriptiver und inferenter Prozeduren des Statistik-Programm-Systems für die Sozialwissenschaften (SPSS).

Die *Darstellung und Diskussion der Ergebnisse* bezieht sich auf den Bekanntheitsgrad der Betreuungseinrichtungen, die Betreuung an den Olympiastützpunkten (OSP), die Betreuung am Institut für Angewandte Trainingswissenschaft (IAT), die Betreuung am Institut für Forschung und Entwicklung von Sportgeräten (FES), die Betreuung durch Institute für Sportwissenschaft (ISW), die Betreuung durch Firmen für Geräteherstellung und die Beurteilung des Leistungssportkonzepts des Deutschen Behindertensportverbandes (DBS).

Aus den Einschätzungen der Leistungssportler mit Behinderung ging hervor, dass in Hinsicht auf die Betreuungseinrichtungen die Olympiastützpunkte (OSP) und die Firmen für die Geräteherstellung (z.B. Prothesen, Rollstühle) erheblich bekannter waren als die Institute für Sportwissenschaft (ISW), das Institut für Angewandte Trainingswissenschaft (IAT) und vor allem als das Institut für Forschung und Entwicklung von Sportgeräten (FES).

Von den 113 befragten Athleten mit Behinderung wurden zum Befragungszeitpunkt 47 Leistungssportler (41.59%) an einem Olympiastützpunkt (OSP) betreut. 64 Athleten wurden von keinem Olympiastützpunkt betreut und 2 Sportler machten zu ihrer Betreuungssituation keine Angaben. Die 47 Athleten wurden durchschnittlich seit 3.68 Jahren bei einer Streuung von 2.75 Jahren von ihrem Olympiastützpunkt betreut. Von den 113 Leistungssportlern gaben 53 Athleten (46.90%) an, dass sie im Jahr 2004 von einem Olympiastützpunkt betreut wurden.

Ca. 50% der befragten 113 behinderten Leistungssportler beantworteten die Fragen zur Bekanntheit der einzelnen *Betreuungsbereiche am Olympiastützpunkt (OSP)*. Die Betreuungsbereiche der medizinischen Leistungsdiagnostik, der physiotherapeutischen/physikalischen Betreuung, der Laufbahnberatung, der Krankengymnastik und der Ernährungsberatung waren weitgehend bekannt, wohingegen die allgemein-medizinische Betreuung, die biomechanische Leistungsdiagnostik, die orthopädisch-medizinische Betreuung, die psychologische Beratung und die internistisch-medizinische Betreuung weniger bekannt waren. In Hinsicht auf die Stichprobe der 113 Leistungssportler mit Behinderung betrugen die Nutzungsraten der allgemein-medizinischen Betreuung ca. 15%, der orthopädischen Betreuung ca. 10% und der internistischen Betreuung ca. 4% der Athleten. Im Jahr 2004 zeigte sich die vergleichsweise höchste Nutzungsrate mit 19 Athleten bei der allgemein-medizinischen Betreuung, die zweithöchste Nutzung mit 14 Sportlern bei der orthopädisch-medizinischen Betreuung und die niedrigste Rate mit 5 Athleten bei der internistisch-medizinischen Betreuung. Als häufige Gründe für die Nichtnutzung wurden von den Athleten sowohl bei der orthopädischen, der internistischen und der allgemein-medizinischen Betreuung die Aspekte der großen Entfernung, der unzureichenden Information über die Betreuungsmöglichkeiten und der fehlenden Zeit angegeben.

Im Jahr 2004 nutzten von den 113 behinderten Leistungssportlern 24 Sportler (21.23%) die Möglichkeit zur physiotherapeutischen/physikalischen Betreuung. Diese Inanspruchnahme erfolgte bei 9 Athleten vereinzelt, bei einem Sportler 3mal pro Monat und bei 14 Sportlern mehr als 3mal im Monat. Die krankengymnastische Betreuung nahmen nur 13 Athleten (11.50%) im Jahr 2004 als trainingsbegleitende Maßnahme vereinzelt bis zu mehrmals im Monat in Anspruch.

Von den 113 behinderten Leistungssportlern hatten in den vorangegangenen 12 Monaten insgesamt 49 Sportler (43.36%) zwischen einmal und 4mal unter Krankheiten gelitten, woraus sich eine durchschnittliche Krankheitshäufigkeit von 1.59mal pro Monat bei einer Streuung von 0.76mal pro Monat ergab.

In Hinsicht auf die Verletzungen in den vorangegangenen 12 Monaten gaben 34 der 113 Athleten (30.08%) Häufigkeiten zwischen einmal und 4mal an, woraus sich eine durchschnittliche Verletzungshäufigkeit von 1.58mal bei einer Streuung von 0.85mal errechnen ließ. Nach einer Krankheit bzw. Verletzung wurde von den Athleten eine recht unterschiedliche Einstellung auf die krankheits- und verletzungsbezogene Situation der Athleten an den Olympiastützpunkten wahrgenommen. Nach der Einschätzung von zumeist mehr als 20 Athleten lagen gute Anpassungen in den Bereichen der Physiotherapie/Krankengymnastik, der trainingsunterstützenden Betreuung, der medizinischen Betreuung und der trainingswissenschaftlichen Diagnostik vor.

Im Jahr 2004 hatten 4 Athleten (3.53%) die Ernährungsberatung einmal kontaktiert. Lediglich ein Sportler gab an, die Ernährungsberatung am Olympiastützpunkt 4mal in Anspruch genommen zu haben. Im Jahr 2004 hatten 4 behinderte Leistungssportler (3.53%) die psychologische Beratung genutzt. Ein Athlet hatte sie einmal pro Monat, ein anderer Sportler 3mal im Monat und 2 weitere Athleten mehr als 3mal pro Monat in Anspruch genommen. Insgesamt 18 der 113 behinderten Leistungssportler (15.92%) nutzten die Möglichkeit der Laufbahnberatung. 9 Athleten nahmen die Arbeitsplatzvermittlung, weitere Sportler die Ausbildungsberatung, die Ausbildungsvermittlung, die Studienberatung und die Wohnungsvermittlung in Anspruch.

In Bezug auf die Beurteilung der Zufriedenheit mit den einzelnen Bereichen der Olympiastützpunkte konnten hohe Zufriedenheitswerte bei der physiotherapeutischen/physikalischen Betreuung, der medizinischen Leistungsdiagnostik, der Krankengymnastik, der allgemein-medizinischen Betreuung und der psychologischen Beratung festgestellt werden.

Nach der Einschätzung leicht unterschiedlich großer Gruppen von behinderten Athleten hatten sich seit ihrer Zugehörigkeit zum Olympiastützpunkt erhebliche Verbesserungen in der Betreuungssituation in den Bereichen der physiotherapeutischen/physikalischen Betreuung, der medizinischen Leistungsdiagnostik, der orthopädisch-medizinischen Betreuung und der Laufbahnberatung ergeben.

Nach dem Eintritt der Behinderung nahmen von 8 bis 10 spätbehinderte Leistungssportler – in Abhängigkeit von ihrer Erfahrung – geringfügige Verbesserungen bei der Krankengymnastik, bei der internistisch-medizinischen Betreuung, bei der allgemein-medizinischen Betreuung und bei der physiotherapeutischen/physikalischen Betreuung wahr, wohingegen sie die persönliche Betreuungssituation in der Ernährungsberatung und der Laufbahnberatung als leicht verschlechtert einschätzten.

18 behinderte Athleten erachteten sich als mit den nichtbehinderten Leistungssportlern gleichberechtigt betreut, wohingegen 10 Athleten sich nicht als gleichberechtigt betreut sahen, 60 Athleten diesen Sachverhalt nicht beurteilen konnten und 25 Sportler hierzu keine Angaben machten.

Von den 113 Leistungssportlern mit Behinderung beurteilten zwischen 54 (47.78%) und 56 (49.55%) Athleten die Servicebereiche am *Institut für Angewandte Trainingswissenschaft (IAT)* in Bezug auf ihre Bekanntheit. Insgesamt waren die 8 unterschiedlichen Servicebereiche dieses Instituts den behinderten Athleten nicht bis kaum bekannt. Als vergleichsweise bekannt wurden die sportmedizinische Grunduntersuchung, die Laufband- und Rad-Dynamometrie und die sportartspezifischen Test- und Überprüfungsprogramme eingeschätzt. Nur sehr wenige Leistungssportler mit Behinderung (0 bis 4) hatten die Service-Leistungen vorrangig aus Gründen einer behinderungsspezifischen Spezialdiagnose und anderweitiger behinderungsspezifischer Aspekte in Anspruch genommen.

In Hinsicht auf das *Institut für Forschung und Entwicklung von Sportgeräten (FES)* gaben 44 (38.93%) bzw. 45 Athleten (39.82%) an, dass sie von den ingenieurwissenschaftlichen Methoden und von der allgemeinen Sportgeräteentwicklung gehört hatten. 45 Leistungssportler schätzten ihre Kenntnis von der allgemeinen Sportgeräteentwicklung allerdings niedrig ein. Ferner beurteilten 44 Athleten die Kenntnis der ingenieurwissenschaftlichen Methoden als noch geringer. Bezüglich der Nutzung der Serviceeinrichtungen wurde deutlich, dass

5 Athleten die allgemeine Sportgeräteentwicklung und 6 Athleten die ingenieurwissenschaftlichen Methoden in Anspruch genommen hatten.
Von den 113 Leistungssportlern mit Behinderung machten 45 (39.82%) bzw. 46 Athleten (40.70%) Angaben zu den 3 ausgewählten Serviceeinrichtungen der *Institute für Sportwissenschaft (ISW)*. Es konnten nur geringe Bekanntheitsgrade der 3 Betreuungseinrichtungen an Instituten für Sportwissenschaft (ISW) festgestellt werden. Der vergleichsweise bekannteste Servicebereich war die Durchführung eines praxisorientierten Forschungsprojekts. Die wissenschaftlichen praxisorientierten Analysen für das Training und den Wettkampf belegten den zweiten Rang der Bekanntheit vor dem wissenschaftlichen Transfer von theoretischen Erkenntnissen in die Praxis. Insgesamt waren die wenigen behinderten Leistungssportler (6 bis 9), die mit den 3 Serviceeinrichtungen der Institute für Sportwissenschaft (ISW) Erfahrung hatten, mit diesen Angeboten in mittlerem Grade zufrieden.

In Hinsicht auf die *Firmen der Geräteherstellung* (Prothesen, Rollstühle) konnte festgestellt werden, dass der technische Service hinsichtlich der Prothetik, Rollstühle für das Training und den Wettkampf 81 behinderten Sportlern in mittel hohem Ausmaß bekannt war. Ferner gaben 82 behinderte Athleten an, dass sie den privaten Service hinsichtlich der Prothesen- und Orthesenversorgung sowie der Rollstühle in mittlerem Grade kannten.

Bei den beiden Servicebereichen der Firmen der Geräteherstellung (Prothesen/Rollstühle) konnten bei 53 (46.90%) bzw. 54 (47.78%) Athleten vergleichsweise hohe Zufriedenheitswerte verzeichnet werden. Die speziellen Serviceeinrichtungen der Firmen der Geräteherstellung (Prothesen/Rollstühle) wurden vorrangig aufgrund von Präventivprogrammen, aufgrund einer behinderungsspezifischen Spezialdiagnose, aufgrund anderweitiger behinderungsspezifischer Aspekte, aus eigenem Antrieb und zur kontinuierlichen Beratung und Betreuung genutzt.

Nach der Auffassung von 78 Leistungssportlern mit Behinderung (69.02%) zeigte sich in dem *neuen Leistungssportkonzept des Deutschen Behindertensportverbandes (DBS)* eine leichte Verbesserung in der Öffentlichkeitsarbeit des Verbandes. Auch die Nutzung trainingswissenschaftlicher Erkenntnisse des Nichtbehindertensports hatte sich nach Ansicht von 76 Athleten (67.25%) verbessert. Ferner waren 77 Athleten (68.14%) der Auffassung, dass sich die Strukturen in Richtung auf den Leistungssport Nichtbehinderter geringfügig verbessert hatten, um einen Synergieeffekt zu erzielen. Darüber hinaus war nach Auffassung von 83 Athleten (73.45%) eine leichte Verbesserung der finanziellen Unterstützung und nach der Bewertung von 75 Sportlern (66.37%) eine Verbesserung der allgemeinen Rahmenbedingungen zu verzeichnen. Allerdings hatte sich offensichtlich auch eine leichte Verschlechterung des ‚Wir-Gefühls' und der offenen und effizienten bereichsübergreifenden Kommunikation ergeben.

5.2 Empfehlungen

Diese Befunde der vorliegenden Befragungsstudie sollten zu einer stärkeren Information der Leistungssportler mit Behinderung über die Möglichkeiten der einzelnen Betreuungseinrichtungen und deren Nutzung führen. Dies gilt insbesondere für die weitere Öffnung der Betreuungsbereiche an den Olympiastützpunkten (OSP) für die unterschiedlichen Leistungssportler mit Behinderung. Ferner trifft dies auf die Ermöglichung behindertenspezifischer Diagnosen und speziellen Trainings am Institut für Angewandte Trainingswissenschaft (IAT) zu. In geringerem Maß gilt dies auch für das Institut für Forschung und Entwicklung von Sportgeräten (FES).

Ferner sollten die Institute für Sportwissenschaft (ISW) ihre Angebote und Möglichkeiten der Betreuung und Beratung in stärkerem Maße als bisher für die behinderten Athleten transparent und zugänglich machen. Die schon weitgehend bekannten Firmen der Geräteherstellung (Prothesen/Rollstühle) sollten verstärkt als Sponsoren für den Leistungssport und auch den Nachwuchsleistungssport gewonnen werden. Außerdem sollte das neue Leistungssportkonzept des Deutschen Behindertensportverbandes (DBS) kontinuierlich fortgesetzt und die Zahl der besonders geförderten Athleten im ‚Top Team' erweitert werden.

Die Erhöhung der Bekanntheit der Angebote und der Nutzungsmöglichkeiten der Betreuung und Beratung an den Olympiastützpunkten und den einzelnen weiteren Fördereinrichtungen sollte u.a. durch folgende Maßnahmen erfolgen:

- Regelmäßige Information des Deutschen Behindertensportverbandes (DBS) an die betreffenden Vereine bzw. Vereinsabteilungen im Behindertensport,
- Optimierung der Information der einzelnen Olympiastützpunkte und weiterer Fördereinrichtungen sowie eine barrierefreie und behindertengerechte Ausstattung der einzelnen Olympiastützpunkte und weiterer Fördereinrichtungen,
- Benennung persönlicher Ansprechpartner für die Athleten mit Behinderung und ihre spezifischen Bedürfnisse (z.B. Rollstuhlfahrer, Sehbehinderte),
- Gewährleistung der Grundförderung und auch zunehmend der Spezialförderung für viele und möglichst alle Leistungssportler mit Behinderung,
- Verbesserte Ausbildung und Weiterbildung der Trainer und Übungsleiter im Behindertensport,
- Erhöhung der Teilnehmer am ‚Top Team' des Deutschen Behindertensportverbandes (DBS) auf längerfristig ca. 30 Leistungssportler mit Behinderung.

Schließlich sollten auch verstärkte Anstrengungen in der Rekrutierung, Gewinnung und Förderung von jugendlichen und erwachsenen Leistungssportlern sowie in der Beratung und Betreuung von A- und B-Kader-Athleten mit Behinderung an den Olympiastützpunkten und weiteren Fördereinrichtungen unternommen werden.

3. STUDIE 2:

Reinhild Kemper & Dieter Teipel

Betreuung von behinderten Leistungssportlern an Olympiastützpunkten und spezifischen Fördereinrichtungen aus der Perspektive von Trainern und Funktionären

	Seite
Inhaltsverzeichnis	111

1. ZIELSTELLUNG 123

2. FORM DER BETREUUNG VON LEISTUNGS-SPORTLERN OHNE UND MIT BEHINDERUNG 125

2.1 Form der Betreuung von Leistungssportlern ohne Behinderung 125

2.2 Form der Betreuung von Leistungssportlern mit Behinderung 127

2.2.1 Konzept des Leistungssports des Deutschen Behindertensportverbandes (DBS) 127

2.2.1.1 Grundlagen des Konzepts 127

2.2.1.2 Nachwuchsförderung 133

2.2.2 Betreuung von Leistungssportlern mit Behinderung aus der Perspektive von Athleten 139

2.2.3 Betreuung von Leistungssportlern mit Behinderung aus der Perspektive von Trainern und Funktionären 141

2.3 Spezifische Fragestellung 145

3. METHODIK 149

3.1 Untersuchungsverfahren 149

3.1.1 Quantitative Befragung mittels eines Fragebogens 149

3.1.2 Qualitative Befragung mittels eines Leitfadeninterviews 150

3.2 Untersuchungspersonen 150

3.2.1 Quantitative Befragung mittels eines Fragebogens 150

3.2.2 Qualitative Befragung mittels eines Leitfadeninterviews 157

3.3	**Untersuchungsdurchführung**	158
3.3.1	Quantitative Befragung mittels eines Fragebogens	158
3.3.2	Qualitative Befragung mittels eines Leitfadeninterviews	158
3.4	**Untersuchungsauswertung**	158
3.4.1	Quantitative Befragung mittels eines Fragebogens	158
3.4.2	Qualitative Befragung mittels eines Leitfadeninterviews	159

4. DARSTELLUNG UND DISKUSSION DER ERGEBNISSE 161

4.1 Quantitative Befragung von Trainern mittels eines Fragebogens 161

4.1.1 Betreuung von Leistungssportlern mit Behinderung an Olympiastützpunkten und spezifischen Fördereinrichtungen in der Gesamtgruppe der Trainer 161

4.1.1.1 Bekanntheit der Betreuungseinrichtungen 161

4.1.1.2 Betreuung am Olympiastützpunkt (OSP) 163

4.1.1.3 Betreuung am Institut für Angewandte Trainingswissenschaft (IAT) 170

4.1.1.4 Betreuung am Institut für Forschung und Entwicklung von Sportgeräten (FES) 171

4.1.1.5 Betreuung an Instituten für Sportwissenschaft (ISW) 172

4.1.1.6 Betreuung durch Firmen der Geräteherstellung 174

4.1.1.7 Situation der behinderten Athleten durch das Leistungssportkonzept des Deutschen Behindertensportverbandes (DBS) 176

4.1.2 Vergleich der Betreuung von Leistungssportlern mit Behinderung an Olympiastützpunkten (OSP) und spezifischen Fördereinrichtungen zwischen Heimtrainern und Cheftrainern — 178

4.1.2.1 Bekanntheit der Betreuungseinrichtungen — 178

4.1.2.2 Betreuung am Olympiastützpunkt (OSP) — 180

4.1.2.3 Betreuung am Institut für Angewandte Trainingswissenschaft (IAT) — 189

4.1.2.4 Betreuung am Institut für Forschung und Entwicklung von Sportgeräten (FES) — 191

4.1.2.5 Betreuung an Instituten für Sportwissenschaft (ISW) — 192

4.1.2.6 Betreuung durch Firmen der Geräteherstellung — 194

4.1.2.7 Situation der behinderten Athleten durch das Leistungssportkonzept des Deutschen Behindertensportverbandes (DBS) — 197

4.2 Qualitative Befragung von Trainern und Funktionären mittels eines Leitfadeninterviews — 200

4.2.1 Betreuung von Leistungssportlern mit Behinderung an Olympiastützpunkten(OSP) und spezifischen Fördereinrichtungen aus der Perspektive der Trainer — 200

4.2.2 Betreuung von Leistungssportlern mit Behinderung an Olympiastützpunkten (OSP) und spezifischen Fördereinrichtungen aus der Perspektive der Funktionäre — 204

4.2.2.1 Betreuung von Leistungssportlern mit Behinderung an Olympiastützpunkten (OSP) und spezifischen Fördereinrichtungen aus der Perspektive der Vertreter der Olympiastützpunkte (OSP) — 205

4.2.2.2 Betreuung von Leistungssportlern mit Behinderung an Olympiastützpunkten (OSP) und spezifischen Fördereinrichtungen aus der Perspektive der Vertreter des Instituts für Angewandte Trainingswissenschaft (IAT) — 214

*4.2.2.3 Betreuung von Leistungssportlern mit Behinderung an
Olympiastützpunkten und spezifischen Fördereinrichtungen aus der Perspektive des Vertreters des Instituts für
Forschung und Entwicklung von Sportgeräten (FES)* 220

*4.2.2.4 Betreuung von Leistungssportlern mit Behinderung an
Olympiastützpunkten und spezifischen Fördereinrichtungen aus der Perspektive der Vertreter des Deutschen
Behindertensportverbandes (DBS)* 222

5. ZUSAMMENFASSUNG UND EMPFEHLUNGEN 225

5.1 Zusammenfassung 225

5.2 Empfehlungen 233

Tabellenverzeichnis

		Seite
Tabelle 3.1.	Durchschnittsalter der Heimtrainer und Cheftrainer.	151
Tabelle 3.2.	Wohnort der Trainer.	151
Tabelle 3.3.	Bundesland der Trainer.	152
Tabelle 3.4.	Familienstand der Trainer.	152
Tabelle 3.5.	Anzahl der Kinder.	152
Tabelle 3.6.	Schulabschluss der Trainer.	153
Tabelle 3.7.	Ausgeübter Beruf der Trainer.	153
Tabelle 3.8.	Größte Erfolge der betreuten Leistungssportler mit Behinderung	154
Tabelle 3.9.	Training von behinderten und/oder nichtbehinderten Leistungssportlern.	155
Tabelle 3.10.	Teilnahme an den Paralympischen Spielen in Sydney 2000, in Salt Lake City 2002 und in Athen 2004.	155
Tabelle 3.11.	Top-Team-Teilnahme an den Paralympischen Spielen in Athen 2004 aus der Sicht der Trainer.	156
Tabelle 3.12.	Zufriedenheit mit der Leistung der Athleten (,1=völlig unzufrieden' bis ,5=sehr zufrieden').	157
Tabelle 4.1.	Bekanntheitsgrad der Betreuungseinrichtungen in der Gesamtgruppe der Trainer (,1=nicht bekannt' bis ,5=sehr bekannt').	162
Tabelle 4.2.	Vorhandensein der einzelnen Betreuungsbereiche am Olympiastützpunkt (OSP).	163
Tabelle 4.3.	Notwendigkeit der einzelnen Betreuungseinrichtungen am Olympiastützpunkt (OSP) (,1=überflüssig' bis ,5=zwingend notwendig').	165
Tabelle 4.4.	Zufriedenheit mit der Betreuung am Olympiastützpunkt (,1=nicht zufrieden' bis ,5=sehr zufrieden').	167
Tabelle 4.5.	Veränderung der Betreuungssituation seit der Zugehörigkeit ihres/er Athleten zu dem Olympiastützpunkt (OSP) (,1=stark verschlechtert' bis ,5=stark verbessert').	169
Tabelle 4.6.	Bekanntheit der Betreuungseinrichtungen am Institut für Angewandte Trainingswissenschaft (IAT) (,1=nicht bekannt' bis ,5=sehr bekannt').	170

Tabelle 4.7.	Bekanntheit der Serviceleistungen am Institut für Forschung und Entwicklung von Sportgeräten (FES) (‚1=nicht bekannt' bis ‚5=sehr bekannt').	172
Tabelle 4.8.	Bekanntheit der an den Instituten für Sportwissenschaft (ISW) angebotenen Serviceeinrichtungen (‚1=nicht bekannt' bis ‚5=sehr bekannt').	173
Tabelle 4.9.	Bekanntheit der Firmen der Geräteherstellung (Prothesen/Orthesen etc.) (‚1=nicht bekannt' bis ‚5=sehr bekannt').	174
Tabelle 4.10.	Zufriedenheit der Qualität der Serviceeinrichtungen der Firmen der Geräteherstellung (Prothesen/Orthesen etc.) (‚1=nicht zufrieden' bis ‚5=sehr zufrieden').	175
Tabelle 4.11.	Bewertung der Veränderung der Situation der behinderten Athleten durch das Leistungssportkonzept des Deutschen Behindertensportverbandes (DBS) (‚1=stark verschlechtert' bis ‚5=stark verbessert').	176
Tabelle 4.12.	Vergleich des Bekanntheitsgrads der Betreuungseinrichtungen zwischen Heimtrainern und Cheftrainern (‚1=nicht bekannt' bis ‚5=sehr bekannt').	179
Tabelle 4.13.	Vergleich des Vorhandenseins der einzelnen Betreuungsbereiche am Olympiastützpunkt (OSP) zwischen Heimtrainern und Cheftrainern.	181
Tabelle 4.14.	Vergleich der Notwendigkeit der einzelnen Betreuungsbereiche am Olympiastützpunkt (OSP) zwischen Heimtrainern und Cheftrainern (‚1=überflüssig' bis ‚5=zwingend notwendig').	183
Tabelle 4.15.	Vergleich der Zufriedenheit mit der Betreuung am Olympiastützpunkt (OSP) zwischen Heimtrainern und Cheftrainern (‚1=nicht zufrieden' bis ‚5=sehr zufrieden').	185
Tabelle 4.16.	Vergleich der Veränderungen der Betreuungssituationen der Athleten am Olympiastützpunkt (OSP) zwischen Heimtrainern und Cheftrainern (‚1=stark verschlechtert' bis ‚5=stark verbessert').	187
Tabelle 4.17.	Vergleich der Bekanntheit der Betreuungseinrichtungen am Institut für Angewandte Trainingswissenschaft (IAT) zwischen Heimtrainern und Cheftrainern (‚1=nicht bekannt' bis ‚5=sehr bekannt').	190

Studie 2: Tabellenverzeichnis 117

Tabelle 4.18. Vergleich der Bekanntheit der Betreuungseinrichtungen am Institut für Forschung und Entwicklung von Sportgeräten (FES) zwischen Heimtrainern und Cheftrainern (‚1=nicht bekannt' bis ‚5=sehr bekannt'). ... 191

Tabelle 4.19. Vergleich der Bekanntheit der Betreuungseinrichtungen an Instituten für Sportwissenschaft (ISW) zwischen Heimtrainern und Cheftrainern (‚1=nicht bekannt' bis ‚5=sehr bekannt'). ... 193

Tabelle 4.20. Vergleich der Bekanntheit der Firmen der Geräteherstellung zwischen Heimtrainern und Cheftrainern (‚1=nicht bekannt' bis ‚5=sehr bekannt'). ... 194

Tabelle 4.21. Vergleich der Zufriedenheit der Qualität der Serviceeinrichtungen der Firmen der Geräteherstellung zwischen Heimtrainern und Cheftrainern (‚1=nicht zufrieden' bis ‚5=sehr zufrieden'). ... 195

Tabelle 4.22. Vergleich der Bewertung der Veränderung der Situation der behinderten Athleten durch das Leistungssportkonzept des Deutschen Behindertensportverbandes (DBS) zwischen Heimtrainern und Cheftrainern (‚1=stark verschlechtert' bis ‚5=stark verbessert'). ... 197

Abbildungsverzeichnis

Seite

Abbildung 4.1. Bekanntheitsgrad der Betreuungseinrichtungen in der Gesamtgruppe der Trainer (,1=nicht bekannt' bis ,5=sehr bekannt'). 162

Abbildung 4.2. Vorhandensein der einzelnen Betreuungsbereiche am Olympiastützpunkt (OSP). 164

Abbildung 4.3. Notwendigkeit der einzelnen Betreuungseinrichtungen am Olympiastützpunkt (OSP) (,1=überflüssig' bis ,5=zwingend notwendig'). 165

Abbildung 4.4. Zufriedenheit mit der Betreuung am Olympiastützpunkt (,1=nicht zufrieden' bis ,5=sehr zufrieden'). 167

Abbildung 4.5. Veränderung der Betreuungssituation seit der Zugehörigkeit ihres/er Athleten zu dem Olympiastützpunkt (OSP) (,1=stark verschlechtert' bis ,5=stark verbessert'). 169

Abbildung 4.6. Bekanntheit der Betreuungseinrichtungen am Institut für Angewandte Trainingswissenschaft (IAT) (,1=nicht bekannt' bis ,5=sehr bekannt'). 171

Abbildung 4.7. Bekanntheit der Serviceleistungen am Institut für Forschung und Entwicklung von Sportgeräten (FES) (,1=nicht bekannt' bis ,5=sehr bekannt'). 172

Abbildung 4.8. Bekanntheit der an den Instituten für Sportwissenschaft (ISW) angebotenen Serviceeinrichtungen (,1=nicht bekannt' bis ,5=sehr bekannt'). 173

Abbildung 4.9. Bekanntheit der Firmen der Geräteherstellung (Prothesen/Orthesen etc.) (,1=nicht bekannt' bis ,5=sehr bekannt'). 174

Abbildung 4.10. Zufriedenheit der Qualität der Serviceeinrichtungen der Firmen der Geräteherstellung (Prothesen/Orthesen etc.) (,1=nicht zufrieden' bis ,5=sehr zufrieden'). 175

Abbildung 4.11. Bewertung der Veränderung der Situation der behinderten Athleten durch das Leistungssportkonzept des Deutschen Behindertensportverbandes (DBS) (,1=stark verschlechtert' bis ,5=stark verbessert'). 177

Abbildung 4.12.	Vergleich des Bekanntheitsgrads der Betreuungseinrichtungen zwischen Heimtrainern und Cheftrainern (‚1=nicht bekannt' bis ‚5=sehr bekannt').	179
Abbildung 4.13.	Vergleich des Vorhandenseins der einzelnen Betreuungsbereiche am Olympiastützpunkt (OSP) zwischen Heimtrainern und Cheftrainern.	181
Abbildung 4.14.	Vergleich der Notwendigkeit von verschiedenen Betreuungsbereichen am Olympiastützpunkt (OSP) zwischen Heimtrainern und Cheftrainern (‚1=überflüssig' bis ‚5=zwingend notwendig').	184
Abbildung 4.15.	Vergleich der Zufriedenheit mit der Betreuung am Olympiastützpunkt (OSP) zwischen Heimtrainern und Cheftrainern (‚1=nicht zufrieden' bis ‚5=sehr zufrieden').	186
Abbildung 4.16.	Vergleich der Veränderungen der Betreuungssituationen der Athleten am Olympiastützpunkt (OSP) zwischen Heimtrainern und Cheftrainern (‚1=stark verschlechtert' bis ‚5=stark verbessert').	188
Abbildung 4.17.	Vergleich der Bekanntheit der Betreuungseinrichtungen am Institut für Angewandte Trainingswissenschaft (IAT) zwischen Heimtrainern und Cheftrainern (‚1=nicht bekannt' bis ‚5=sehr bekannt').	190
Abbildung 4.18.	Vergleich der Bekanntheit der Betreuungseinrichtungen am Institut für Forschung und Entwicklung von Sportgeräten (FES) zwischen Heimtrainern und Cheftrainern (‚1=nicht bekannt' bis ‚5=sehr bekannt').	192
Abbildung 4.19.	Vergleich der Bekanntheit der Betreuungseinrichtungen an Instituten für Sportwissenschaft (ISW) zwischen Heimtrainern und Cheftrainern (‚1=nicht bekannt' bis ‚5=sehr bekannt').	193
Abbildung 4.20.	Vergleich der Bekanntheit der Firmen der Geräteherstellung zwischen Heimtrainern und Cheftrainern (‚1=nicht bekannt' bis ‚5=sehr bekannt').	194
Abbildung 4.21.	Vergleich der Zufriedenheit der Qualität der Serviceeinrichtungen der Firmen der Geräteherstellung zwischen Heimtrainern und Cheftrainern (‚1=nicht zufrieden' bis ‚5=sehr zufrieden').	196

Abbildung 4.22. Vergleich der Bewertung der Veränderung der Situation der behinderten Athleten durch das Leistungssportkonzept des Deutschen Behindertensportverbandes (DBS) zwischen Heimtrainern und Cheftrainern (‚1=stark verschlechtert' bis ‚5=stark verbessert').   198

1. ZIELSTELLUNG

Die Beachtung des Leistungssports von Menschen mit Behinderung hat zwar nach den letzten Paralympischen Spielen in Athen 2004 erheblich zugenommen, jedoch wird ihm im Vergleich zu dem Leistungssport der Athleten ohne Behinderung offensichtlich noch erheblich weniger Akzeptanz und Interesse in der sportorientierten und in der allgemeinen Öffentlichkeit sowie in den Printmedien, im Rundfunk und im Fernsehen zuteil.

Die Betreuung von Leistungssportlern ohne Behinderung wurde u.a. von Emrich (1996) in Bezug auf das Angebot und die Relevanz der Olympiastützpunkte, von Kemper (2003) in Hinsicht auf spezifische Karriereaspekte zu Beginn und auf dem Höhepunkt der Leistungsentwicklung und von Emrich, Pitsch, Fröhlich und Güllich (2004) auf der Basis der Kenntnis und Nutzung der Olympiastützpunkte aus Sicht der nichtbehinderten Athleten analysiert.

Der Deutsche Behindertensportverband (2001) stellte in seinem Leistungssport-Konzept heraus, dass die trainingsbegleitenden Maßnahmen eine wesentliche Funktion für die Optimierung der Leistungsfähigkeit und für die Kontrolle des Trainingsprozesses der behinderten Athleten hatten. Allerdings war das Untersuchungsangebot der Olympiastützpunkte im Wesentlichen auf nichtbehinderte Leistungssportler abgestellt und berücksichtigte die Notwendigkeiten und Belange behinderter Sportlerinnen und Sportler nicht bzw. nur unzulänglich. Daher sollte für die Athleten mit Behinderung die Möglichkeit der komplexen Leistungsdiagnostik in den Ausdauersportarten (Langlauf, Skilanglauf, Radsport) mehrmals pro Jahr gewährleistet werden. Ferner sollte der wissenschaftlichen Trainingsbegleitung eine zentrale Bedeutung beigemessen werden. Die Kooperation mit den Olympiastützpunkten sollte insgesamt erheblich intensiviert werden. Insofern sollten die Trainer und Athleten durch den Deutschen Behindertensportverband (DBS) verstärkt informiert und für die Zusammenarbeit sensibilisiert werden.

Spezifische Aspekte der Betreuung von Leistungssportlern mit Behinderung an Olympiastützpunkten wurden in den Beiträgen von u.a. Wiedmann (2003), Kemper (2003) und Scheid, Rank und Kuckuck (2003) thematisiert.

Wiedmann (2000) hob die Betreuung von behinderten Leistungssportlern an einem spezifischen Olympiastützpunkt hervor. Außer den Bereichen der sportmedizinischen und trainingswissenschaftlichen Betreuung wurden auch die Felder des Umfeldmanagements, der Trainingssicherung, der Öffentlichkeitsarbeit und der Vermarktung berücksichtigt. Darüber hinaus wurden die verschiedenen sportbezogenen Disziplingruppen auch bei der Durchführung von Kaderlehrgängen unterstützt. Außerdem war mit dem Bau eines behindertengerecht ausgestatteten Funktionsgebäudes die Voraussetzung für Krafttraining und Regenerationsmaßnahmen auch für behinderte Leistungssportler geschaffen worden.

Kemper (2003) stellte in ihrer Befragung fest, dass wenige Leistungssportler mit Behinderung die Beratung, Betreuung und insgesamt die Zusammenarbeit mit Repräsentanten an einigen Olympiastützpunkten als zufriedenstellend bewerteten, wohingegen die meisten Athleten eine differenziertere Information und Möglichkeit der Nutzung der verschiedenen Angebote von Olympiastützpunkten wünschten.

Entsprechend der Befragung von Scheid, Rank und Kuckuck (2003) zeigte sich bei den Erwartungen der Athleten mit Behinderung eine Verlagerung und Differenzierung der Beratung und Betreuung in Richtung auf die institutionelle Unterstützung. Insofern sollte eine stärkere Betreuungs- und Beratungsleistung von dem Deutschen Behindertensportverband (DBS), den Abteilungen und Landesverbänden sowie den Olympiastützpunkten ausgehen. Mit der Professionalisierung im Leistungssport der Menschen mit Behinderung sollte neben der Nutzung sozialer Ressourcen eine verstärkte Mobilisierung institutioneller Ressourcen (u.a. der Finanzen, der Öffentlichkeitsarbeit und der Serviceleistungen an den Olympiastützpunkten) verbunden sein.

Im Rahmen der vorliegenden Studie wird – in Weiterführung und Spezifizierung der vorangegangenen Untersuchung zum Wissen über und Inanspruchnahme der Möglichkeiten der Olympiastützpunkte und weiteren Fördereinrichtungen aus der Perspektive der Athleten mit Behinderung – die Kenntnis und die Nutzung der Angebote von Olympiastützpunkten und weiteren Institutionen zur Förderung von Leistungssportlern mit Behinderung anhand einer umfangreichen Befragung der Trainer und Funktionäre analysiert. Insofern werden folgende Aspekte aus der Perspektive von Cheftrainern und Heimtrainern sowie von Vertretern weiterer Fördereinrichtungen erfragt: Bekanntheit, Organisation sowie Art und Häufigkeit der Nutzung von Systembestandteilen der Betreuungseinrichtungen von behinderten Leistungssportlern.

Die sowohl quantitative als auch qualitative Analyse der Kenntnis und Nutzung der Angebote von Olympiastützpunkten und weiteren Fördereinrichtungen durch Leistungssportler mit Behinderungen vorwiegend aus der Perspektive von Trainern und Funktionären wird vorgenommen anhand einer:

   1. quantitativen Befragung mittels eines spezifischen Fragebogens,

   2. qualitativen Befragung mittels eines fokussierten Leitfadeninterviews.

2. FORM DER BETREUUNG VON LEISTUNGSSPORTLERN OHNE UND MIT BEHINDERUNG

Zur Kennzeichnung der Betreuung von Leistungssportlern werden im Rahmen der vorliegenden Studie zunächst die Form und die Möglichkeit der Betreuung von Leistungssportlern ohne und mit Behinderung thematisiert.

2.1 Form der Betreuung von Leistungssportlern ohne Behinderung

Die Form der Betreuung von Leistungssportlern ohne Behinderung basiert im Wesentlichen auf dem Konzept der Olympiastützpunkte (OSP) und marginal weiterer Fördereinrichtungen. Diese Förderinstitutionen sollen eine Steuerung der Leistungssportentwicklung in den Schwerpunktsportarten in Hinsicht auf die Koordination des standortspezifischen Stützpunktsystems auf Bundes- und Landesebene in den Bereichen Personal, Beschaffung sowie ergänzenden Baumaßnahmen, in Bezug auf die Mitwirkung bei der Überführung von Nachwuchskadern in die Bundesförderung, insbesondere mittels Anstellung von Trainern, sowie die konzeptionelle Einbindung von Sportinternaten und sportbetonten Schulen sowie anderen leistungssportrelevanten Einrichtungen vor Ort gewährleisten.

Die Hauptaufgaben der Olympiastützpunkte liegen nach Wiedmann (2000, S. 139f.) in der sportmedizinischen, physiotherapeutischen, trainingswissenschaftlichen sowie sozialen Betreuung von Kaderathleten und Kaderathletinnen im täglichen Training und bei zentralen Maßnahmen. Diese sportartübergreifenden Serviceleistungen stellen das wesentliche Angebot der Olympiastützpunkte dar. Im Rahmen der Grund- und Schwerpunktbetreuung werden die Betreuungsleistungen durch hauptamtliche Kräfte realisiert, was den einzelnen Verbänden in diesem Umfang personell und finanziell in diesem Umfang nicht möglich wäre.

Zur Analyse der Betreuung von Leistungssportlern ohne Behinderung finden sich differenzierte Studien von u.a. Emrich (1996) in Hinsicht auf die soziologischen Bedingungen und Auswirkungen der Olympiastützpunkte, von Kemper (2003) bezüglich ausgewählter spezifischer Karriereaspekte nichtbehinderter Leistungssportler und von Emrich, Pitsch, Fröhlich und Güllich (2004) in Bezug auf die Nutzung der Olympiastützpunkte aus Athletensicht.

Im Rahmen einer umfangreichen Befragung befasste sich Kemper (2003) mit spezifischen Karriereaspekten in Hinsicht auf die Zufriedenheit mit der Betreuung zu Beginn und in der Hochphase der Karriere bei 292 nichtbehinderten Leistungssportlern. Die Gesamtgruppe der Athleten bestand aus 112 Sportlerinnen und 180 Sportlern. Die Athleten schätzten ihre Zufriedenheit mit dem Trainer, den Trainingsbedingungen, der Trainingsgruppe, dem Verein, dem Verband, der Laufbahnberatung, den Fördermaßnahmen, den finanziellen Auswirkungen des Sports, der Darstellung in den Medien und der beruflichen Ausbildung ein. Die Gesamtgruppe der nichtbehinderten Leistungssportler ließ hohe Einschätzungen der Zufriedenheit mit den Trainingsbedingungen, mit der Trainingsgruppe und mit dem Trainer zu Beginn und in der Hochphase der Karriere erkennen. Im Gegensatz hierzu fanden sich in Hinsicht auf die Laufbahnberatung, die finanziellen Auswirkungen des Leistungssports und die Darstellung in den Medien erheblich niedrigere Zufriedenheitsbewertungen zu Beginn und in der Hochphase der Karriere.

Eine längsschnittlich angelegte Befragung wurde von Emrich, Pitsch, Fröhlich und Güllich (2004) bei nichtbehinderten Bundeskaderathleten zur spezifischen Betreuung an Olympiastützpunkten hinsichtlich der Aspekte des Vorhandenseins von Betreuungsbereichen, der Nutzungshäufigkeit und der Gründe für eine Nichtnutzung zwischen 1990 und 1992 sowie 1999 durchgeführt. Im Vergleich zwischen den Erhebungen von 1990/1992 und 1999 wurde deutlich, dass die physiotherapeutische und krankengymnastische Betreuung, die medizinische Betreuung und die Laufbahnberatung hohe Bekanntheits- und Nutzungsgrade aufwiesen. Im Vergleich der ersten und zweiten Befragung hatte das Ausmaß der Informiertheit der Athleten über die Angebote der Olympiastützpunkte offensichtlich erheblich zugenommen, wohingegen die Anteile der Nutzung annähernd gleich geblieben waren. Die individuelle Betreuungssituation hatte sich allerdings bei vielen Athleten seit ihrer Zugehörigkeit zum Olympiastützpunkt erheblich verbessert.

Aus den angeführten Studien von Wiedmann (2000), Kemper (2003) und Emrich, Pitsch, Fröhlich und Güllich (2004) konnte ersehen werden, dass die einzelnen Olympiastützpunkte als wesentliche Fördereinrichtungen für die Leistungssportler ohne Behinderung eingerichtet wurden und ihre essentielle Funktion in der sportmedizinischen und sportwissenschaftlichen Betreuung und Beratung von Athleten ohne Behinderung bestand. Die sportmedizinischen und weiteren sportwissenschaftlichen Angebote der Grundförderung und insbesondere der Spezialförderung wurden im Laufe der Zeit augenscheinlich differenziert und ausgeweitet. Der physiotherapeutischen und krankengymnastischen Betreuung, der medizinischen Betreuung und der Laufbahnberatung kamen hohe Bekanntheits- und Nutzungsgrade zu, wohingegen die Ernährungsberatung und die Sportpsychologie den Athleten erheblich weniger bekannt waren und von ihnen auch weniger in Anspruch genommen wurden.

2.2 Form der Betreuung von Leistungssportlern mit Behinderung

Im Sinne der Beschreibung der Form der Betreuung von Leistungssportlern mit Behinderung werden zunächst die wesentlichen Aspekte des Konzepts des Leistungssports von Menschen mit Behinderung thematisiert. Hiernach wird auf die Betreuung von Leistungssportlern mit Behinderung an Olympiastützpunkten und spezifischen Fördereinrichtungen aus der Perspektive von Athleten sowie aus der Perspektive von Trainern und Funktionären eingegangen.

2.2.1 Konzept des Leistungssports des Deutschen Behindertensportverbandes (DBS)

Bei der Beschreibung des Konzepts des Leistungssports des Deutschen Behindertensportverbandes (DBS) werden die Grundlagen des Konzepts allgemein und die Nachwuchsförderung speziell herausgestellt.

2.2.1.1 Grundlagen des Konzepts

Der Leistungssport von Menschen mit Behinderung wurde im Positionspapier des Deutschen Behindertensportverbandes (DBS) von 1997 beschrieben. Als Leistungssport im weiteren Sinne wurde jedes Sporttreiben bezeichnet, das einen Leistungsvollzug beinhaltete. Das entscheidende Kriterium für den Leistungssport im weitesten Sinne war das an persönlichen und relativen Grenzen orientierte Anspruchsniveau der Leistungssport treibenden Menschen. Im engeren Sinne wurde Leistungssport Behinderter dann zum Spitzen- bzw. Hochleistungssport, wenn ein Höchstmaß an persönlichem Einsatz notwendig war, um den vorgegebenen absoluten Normen des Rekords möglichst nahe zu kommen bzw. neue derartige Normen zu setzen. Der Deutsche Behindertensportverband (DBS) orientierte sich mit diesen Definitionen sehr eng an den Definitionen des Leistungssports des Deutschen Sportbundes (DSB) und der Sportwissenschaft. Der Leistungssport im weiteren Sinne beinhaltete somit auch jede Art von Wettkampfsport. Entsprechend dem Positionspapier des Deutschen Behindertensportverbandes (DBS) vom Mai 1997 wurden folgende Ziele des Behindertensports herausgestellt:

- die Erhaltung und Steigerung der verbliebenen körperlichen und geistigen Leistungsfähigkeit,
- die Aktivierung der Eigeninitiative,
- die Überwindung von Hemmungen und Hemmnissen,
- der Aufbau und die Festigung der inneren Stabilität, der Identität und des Selbstvertrauens,
- die Einnahme eines festen und anerkannten Platzes in der Gesellschaft,
- die Behauptung im Wettstreit mit Nichtbehinderten.

Der Behindertensport sollte nicht nur auf die Steigerung der körperlichen Leistungsfähigkeit, sondern auch auf die gesellschaftliche Integration mit den positiven Effekten im psychosozialen Bereich abzielen.

Quade (2000) erörterte spezifische Aspekte des Konzepts des Leistungssports und der Nachwuchsförderung von Menschen mit Behinderung. Er legte hierbei den Schwerpunkt auf die Art und Weise, wie Behinderte in den unterschiedlichsten Sportarten zum Leistungssport gekommen waren. Die Spitzensportler im Behindertenbereich sollten sich bezüglich ihrer Trainingsumfänge und Trainingsintensitäten deutlich mehr am Leistungssport Nichtbehinderter orientieren.

Die Kooperation mit den Leistungszentren des Nichtbehinderten-Bereichs, die Trainingsbegleitung der behinderten Spitzensportler durch die Olympiastützpunkte (OSP) und das wesentlich differenziertere Training sollten dazu beitragen, dass auch die Spitzensportler des Deutschen Behindertensportverbandes (DBS) weiterhin international erfolgreich sein könnten.

Der Nachwuchs für den Leistungssport sollte sich aus dem Kinder- und Jugendsport rekrutieren oder aus den sogenannten ‚Quereinsteigern'. Hierbei handelte es sich zum einen verunfallte Personen, die über den Rehabilitationssport zum Leistungssport kamen, oder zum anderen um Menschen mit leichteren Behinderungen, die schon eine Karriere im Nichtbehindertensport hinter sich hatten und auf den Behindertensport aufmerksam geworden waren. Bei den Kindern und Jugendlichen war in Bezug auf die Integration eine sehr erfreuliche Tendenz festzustellen. Im Jahr 1988 waren etwas mehr als 15.000 Mitglieder im Deutschen Behindertensportverband (DBS) unter 22 Jahre alt, hingegen waren es zum Ende des Jahres 1998 schon 28.900 Mitglieder.

Die Schwerpunkte des Deutschen Behindertensportverbandes (DBS) und der Deutschen Behinderten-Sportjugend (DBSJ) bei der Nachwuchsarbeit sollten sich nach Quade (2000) auf die Rekrutierung und die Förderung konzentrieren. Ein Auswahlproblem für den Leistungssport stellte sich speziell bei der Klassifizierbarkeit. Die Rekrutierung von Kindern und Jugendlichen sollte behinderungsspezifische Besonderheiten angemessen berücksichtigen. Die Nachwuchssuche sollte bei den verschiedenen Behinderungsarten und auch in den einzelnen Sportarten spezifisch durchgeführt werden. Während schwer behinderte Spastiker, hochgradig Sehgeschädigte und geistig Behinderte über spezielle Schulen und andere Einrichtungen gefunden werden sollten, konnten Amputierte, Les Autres (die Anderen, Sonstige) und leicht spastisch Behinderte meistens nicht in speziellen Einrichtungen und Schulen vorgefunden werden. Rollstuhlfahrer durchliefen in der Rehabilitation bestimmte Kliniken bzw. Berufsförderungswerke, in denen Gelegenheiten bezüglich der Werbung für den Behindertensport genutzt werden sollten. Eine weitere Möglichkeit, speziell leichter behinderte Sportler für den Leistungssport zu gewinnen, wurde in der Suche innerhalb der Fachverbände des Nichtbehindertenbereichs gesehen, in denen viele behinderte Sportler auf unterer und mittlerer Ebene aktiv waren.

Eine Veranstaltung hatte sich als besonders wirksam für die Nachwuchssuche herausgestellt. Der Jugend-Länder-Cup, organisiert von der Deutschen Behinderten-Sportjugend (DBSJ), hatte durch die verstärkte Berücksichtigung des Wettkampfcharakters und durch das große Interesse vor allem der Landesverbände aus den neuen Bundesländern einen erheblichen Aufschwung erlebt. So hatten Trainer aus den Bereichen Schwimmen, Tischtennis und Leichtathletik im Rahmen des Jugend-Länder-Cups junge Talente ansprechen und für die Aufnahme einer leistungssportlichen Karriere motivieren können. Zur Verbesserung der Nachwuchsarbeit sollte eine Zusammenarbeit und ständige Abstimmung zwischen den Abteilungen, den Landesverbänden, dem Deutschen Rollstuhl-Sportverband, der Deutschen Behinderten-Sportjugend (DBSJ) und anderen Institutionen angestrebt werden. Als besondere Maßnahmen stellte Quade (2000) heraus:

- Kooperation von Schule und Verein,
- Schulmeisterschaften spezieller Schulformen und Schulfernwettkämpfe,
- Clinics in Schulen und Einrichtungen,
- Lokale und regionale Talentspäher („Finder'),
- Werbung und Information in den Regionen durch Leistungssportler,
- Werbung mittels einer Messe wie der jährlich stattfindenden REHA-Messe,
- Sichtungslehrgänge des Deutschen Behindertensportverbandes (DBS),
- Kooperation mit dem Orthopädie-Handwerk,
- Lokale und regionale „Schnupperkurse',
- Kooperation mit Rehabilitationsträgern,
- Jugend-Länder-Cup,
- Kooperation mit anderen Fachverbänden.

Als die wichtigste Zelle zur Förderung des Nachwuchses im Leistungssport von Menschen mit Behinderung wurde der Verein hervorgehoben. Auch im Verein sollte mit sportartspezifischen und behinderungsspezifischen Unterschieden gearbeitet werden. In den olympischen Sportarten sollte eine Förderung mit einer Einbettung in den Nichtbehindertenbereich angestrebt werden. Im Gegensatz hierzu waren diese Möglichkeiten für die nur im Behindertenbereich betriebenen Sportarten (z.B. Goalball) kaum vorhanden. Als eine gute Möglichkeit zur langfristigen Unterstützung und zur Förderung von leistungssportwilligen Kindern und Jugendlichen wurde auf die Form der Kooperation innerhalb eines Großvereins zwischen der Behindertenabteilung und der Fachabteilung aus dem Nichtbehindertensport hingewiesen. Eine derartige Kooperation funktionierte bereits in mehreren Großvereinen in Deutschland.

In den Leistungszentren der Landesverbände des Deutschen Behindertensportverbandes (DBS) konnten die Nachwuchssportler unter fachlicher Anleitung von geschultem Trainerpersonal trainieren. Diese Leistungszentren sollten in personell starken Landesverbänden, wie z.B. in dem Behinderten-Sportverband

Nordrhein-Westfalen, sportartspezifisch organisiert sein, in anderen kleineren Landesverbänden sollten diese Leistungszentren sportartübergreifend aufgebaut werden.

Einige Fördervereine hatten die spezifische Unterstützung einzelner Sportler übernommen, so dass sie den Anschluss an die nationale und internationale Leistungsspitze erreichen konnten. Über spezielle ‚Schnupperkurse' konnten interessierte Personen einen ersten Einstieg wagen und somit Kontakt mit einer bestimmten Sportart bekommen. Derartige Einstiegsmöglichkeiten wurden teilweise mit Sponsorenunterstützung und mit der organisatorischen Begleitung durch einzelne Fördervereine verwirklicht. Als besonderer Erfolg war zu bewerten, dass speziell bei den Amputierten ein Netzwerk über das Orthopädietechniker-Handwerk entstanden war.

Quade (2000) verwies ferner auf die Tätigkeit von Sponsoren des Behindertensports auch im Bereich der Unterstützung des Nachwuchses. Laut dem Nachwuchskonzept sollten Sportler im Anschlussbereich individuell gefördert werden. Diese Förderung sollte in Anlehnung an die Förderung durch die Stiftung Deutsche Sporthilfe im Bereich der Nichtbehinderten erfolgen. Dank der Unterstützung des Bundesministeriums des Innern und der Stiftung Deutsche Sporthilfe konnte an eine Anzahl von Nachwuchsathletinnen und -athleten eine hinreichend hohe monatliche Fördersumme ausgezahlt werden. Diese Sportlerinnen und Sportler wurden von den Abteilungen des Deutschen Behindertensportverbandes (DBS) und den Fachbereichen des Deutschen Rollstuhlsport-Verbandes (DRS) zur Förderung vorgeschlagen.

Aus einer Studie zur Integration von behinderten Kindern und Jugendlichen in Sportgruppen für Nichtbehinderte wurde deutlich, dass eine hohe Akzeptanz körperbehinderter Schüler und Schülerinnen durchaus gegeben war, jedoch die Akzeptanz für geistig behinderte Schülerinnen und Schüler kaum vorlag.

Die Vereine konnten für das Engagement in der Nachwuchsarbeit das ‚Grüne Band' der Dresdner Bank erhalten. So wurden auch regelmäßig Vereine des Deutschen Behindertensportverbandes (DBS) für ihre vorbildliche Nachwuchsarbeit ausgezeichnet. Ferner wurden spezifische Sportler mit dem Junior-Preis der Deutschen Sporthilfe ausgezeichnet.

Quade (2000) stellte in einem Ausblick heraus, dass die Zahl der Kinder und Jugendlichen im DBS deutlich angestiegen war. Aus der Grundgesamtheit der Kinder und Jugendlichen sollten verstärkt Talente für den Leistungssport rekrutiert werden. Die sportartspezifischen Nachwuchskonzepte der verschiedenen Abteilungen sollten ständig fortgeschrieben werden. Ein wesentliches Ziel sollte die Reduzierung des Durchschnittsalters der Paralympics-Mannschaften sein. Es wurden einige wichtige Maßnahmen genannt, die als Voraussetzungen für eine erfolgreiche Nachwuchsarbeit angesehen wurden:

- Neue Formen der Unterstützung und des Sponsorings,
- Aufbau von Landesleistungszentren,
- Kooperation mit Fördervereinen,
- Erweiterung des Nachwuchskonzepts des DBS,
- Durchführung von wissenschaftlichen Untersuchungen zum Thema Nachwuchsförderung,
- Spezielle Wettkampfangebote für den Nachwuchs in den Landesverbänden,
- Kooperation mit Spitzenverbänden,
- Unterstützung der Nachwuchskonzepte der einzelnen Sportabteilungen,
- Patenschaften durch erfahrene Athleten.

Darüber hinaus wurde darauf verwiesen, dass die verbandsinternen und -externen Fördersysteme gepflegt werden sollten. Die finanziellen Engpässe bei den öffentlichen Mitteln sollten keinesfalls zu Lasten der Nachwuchsarbeit gehen, da sonst der DBS langfristig einige seiner wichtigsten Mitglieder außer acht lassen würde. Die dargestellten Maßnahmen zur Förderung sollten weiter ausgebaut werden, um den interessierten Kindern und Jugendlichen ein personspezifisches Angebot machen zu können. Die Förderung der Sportlerinnen und Sportler sollte in mehr als 6 verschiedenen Sportarten vorgenommen werden. Aufgrund der Besonderheiten im Behindertensport erschien es kaum möglich, ein allgemeines Handlungskonzept zur Suche und Förderung von behinderten Kindern und Jugendlichen für alle Beteiligten zu erstellen. Insgesamt sollten die Einzelmaßnahmen zweckmäßig koordiniert und zentral unterstützt werden.

Im Leistungssportkonzept des Deutschen Behindertensport-Verbandes (DBS) (2001, S. 15f.) wurde die veränderte Förderung allgemein und speziell die Nachwuchsförderung differenziert beschrieben.

Nach den Kaderkriterien des DBS war die Kaderzugehörigkeit des Athleten/der Mannschaft abhängig von der Platzierung bei einer internationalen Veranstaltung in Verbindung zur Größe des Teilnehmerfeldes. Diese Prozedur beinhaltete, dass die Qualität des Wettkampfs mit der Anzahl der Teilnehmer korrelierte. Allerdings war dieses Vorgehen in vielen Sportarten nicht der Fall. Vor allem in den messbaren Sportarten konnte die Leistung des Einzelnen nicht über das Starterfeld definiert werden. Zur Gewährleistung einer gewissen Vergleichbarkeit untereinander sollten die Sportarten in Gruppen nach folgenden Kriterien eingeteilt werden:

- Individuelle Kriterien in Sportarten mit messbaren Leistungen (z.B. Leichtathletik, Schwimmen, Radsport Bahn, Gewichtheben),
- Kriterien unter Berücksichtigung der Weltrangliste (z.B. Bogensport, Tennis, Tischtennis, Sportschießen),
- Kriterien unter Berücksichtigung des Teilnehmerfeldes in
  - Individualsportarten (z.B. Judo, Fechten, Radsport Straße, Reiten),
  - Mannschaftssportarten (z.B. Basketball, Goalball, Sitzvolleyball, Segeln).

Gemäß diesem Konzept sollte sich die Talentförderung im Behindertensport nicht nur auf junge Sportler beschränken, sondern auch auf solche, die sich im Laufe ihres Lebens durch Krankheit oder Unfall eine Behinderung zugezogen hatten. Daher sollte dieser Form der Talentförderung innerhalb des Verbandes eine verstärkte Aufmerksamkeit geschenkt werden. Aus diesem Grund wurden seit vielen Jahren zentrale Lehrgangsmaßnahmen im Nachwuchsbereich durchgeführt. Darüber hinaus hatte der Verband ein Nachwuchsförderprogramm konzipiert, das talentierten Jugendlichen einen geringen finanziellen monatlichen Betrag zur Ausübung ihres Sports zukommen ließ.

Insofern wurde die Talentsuche und -förderung zu einem zentralen Bestandteil des Leistungssports im Behindertenbereich. Allerdings sollte es nicht Aufgabe der Verantwortlichen der Nationalmannschaften sein, neben dem Training der Spitzensportler gleichzeitig die Talentsuche durchzuführen. Diese Aufgabe sollte durch die Landesverbände in Kooperation mit den Abteilungen und der Deutschen Behinderten-Sportjugend (DBSJ) realisiert werden. Die systematische Talentsuche und Talentförderung sollte dabei einen Schwerpunkt bilden.

Die Maßnahmen der Landesverbände sollten in spezifischer Weise festgelegt werden. Die Landesverbände sollten Koordinatoren (Scouts) beschäftigen, die für die Aufgabe der Talentsuche Verantwortung trugen. Für diese Aufgabe kamen aktive und ehemalige Leistungssportler besonders infrage. Die Koordinatoren sollten in ihrem Einzugsbereich Kontakt zu allen Personen und Institutionen aufnehmen, die Behinderte betreuten (z.B. Schulen, Vereine, Ärzte, Rehabilitationskliniken). Das grundlegende Ziel war es, Kinder und Jugendliche für den Sport zu begeistern. Die Landesverbände hatten die eigene Entscheidung darüber, sich in einzelnen Sportarten schwerpunktmäßig zu engagieren. Die Förderung der Sportler sollte möglichst in Schwerpunktvereinen, in Behindertensportabteilungen von Mehrspartenvereinen oder in Kooperation eines Behindertensportvereins mit einem Verein des Nichtbehindertensports erfolgen. Ferner sollten mit den Spitzensportlern aus dem Behindertensport gezielt Abteilungen in Sportvereinen aus dem Nichtbehindertenbereich eingerichtet werden.

Die Nachwuchssportler und -sportlerinnen sollten auf Antrag des Landesverbandes oder der Abteilung in das Nachwuchsförderprogramm des DBS aufgenommen werden. Hiermit war die Übernahme in den C/N-Kader verbunden. Die Leistungsentwicklung der Athleten sollte dokumentiert und in regelmäßigen Abständen durch die DBS-Abteilungen/Fachbereiche evaluiert werden. Von dieser Leistungsentwicklung war der Verbleib im Förderprogramm abhängig.

Jugendliche mit einer sportlichen Perspektive wurden zu Sichtungsmaßnahmen auf Bundesebene eingeladen. Ihnen sollte die Teilnahme an einer internationalen Nachwuchsveranstaltung ermöglicht werden. Für die Rekrutierung von Nachwuchsathleten sollte die Basisarbeit der Deutschen Behinderten-Sportjugend (DBSJ) (z.B. durch Schnupperkurse, Jugend-Länder-Cup) in der Hinführung zum Leistungssport verstärkt werden.

2.2.1.2 Nachwuchsförderung

Das Nachwuchsförderprogramm für den Leistungssport der Menschen mit Behinderung des Deutschen Behindertensportverbandes (DBS) (1998) beinhaltete in der Fortschreibung im Jahr 2000 wesentliche Erweiterungen.

Die Nachwuchsförderung im Deutschen Behindertensportverband (DBS) konnte aufgrund der Vielzahl der im DBS durchgeführten Sportarten nicht mit der Nachwuchsförderung anderer Spitzensportverbände im Deutschen Sportbund (DSB) verglichen werden. Das Förderprogramm im DBS sollte immer auch die spezifische Situation von Behinderten berücksichtigen. Aufgrund dieser Tatsache waren die Nachwuchsförderprogramme anderer Spitzenverbände keinesfalls direkt auf den DBS übertragbar.

Neue Sportler für den Leistungssport der Behinderten rekrutierten sich aus ‚Seiteneinsteigern' und ‚Nachwuchssportlern'. Als ‚Seiteneinsteiger' wurden diejenigen Sportler bezeichnet, die sich eine Behinderung zugezogen hatten und schon vorher aktiv Wettkampfsport betrieben hatten. Als ‚Nachwuchssportler' wurden die Sportler beschrieben, die zu der Gruppe der behinderten Kinder, Jugendlichen und/oder jungen Erwachsenen gehörten. Gemäß dem Statistischen Bundesamt gab es bundesweit ca. 150.000 schwerbehinderte Kinder und Jugendliche (bis 18 Jahre), von denen ca. 14% im DBS organisiert waren.

Aufgrund der Besonderheiten der Athleten im Behindertensport war es kaum möglich, ein allgemeines Handlungskonzept zur Nachwuchsförderung zu erstellen, das mögliche Beteiligte (z.B. Vereine, Schulen, Reha-Einrichtungen), Projekte und Maßnahmen wie Kooperationen zwischen Schule und Verein einbeziehen konnte. Alle der Nachwuchsförderung dienenden Maßnahmen, auch die Werbung und die Information durch den DBS und durch Leistungssportler sowie Kooperationen mit Sportfachverbänden, Schnupperangebote, ‚Public Relation' im Leistungssport, bedurften der zentralen Koordination und der zentralen Unterstützung.

Der Deutsche Behindertensportverband (DBS) war aufgrund seiner Satzung verpflichtet, den Behindertensport als Mittel der Rehabilitation und der gesellschaftlichen Integration einzusetzen und zu fördern. Er sollte jedem Behinderten die Teilnahme am Sport – auch am Leistungssport – ermöglichen. Daher bestand für den DBS auch der Auftrag und die Verpflichtung, den Leistungssport zu unterstützen und spezifische Angebote und Möglichkeiten zu schaffen, die für alle Sport- und Behinderungsbereiche eine angemessene und kontinuierliche Aufbauarbeit auf breitester Ebene im Leistungssport Behinderter ermöglichten.

Das Eintrittsalter in den C/N-Kader konnte sportartspezifisch oder behinderungsspezifisch sehr unterschiedlich sein. Das Höchstalter sollte jedoch 23-25 Jahre nicht überschreiten. Allerdings sollten Möglichkeiten für die ‚Seiteneinsteiger' ständig gegeben sein. Für die Mitglieder des C/N-Kaders wurden sportbezogene Aufwendungen über eine individuelle Regelförderung im Einzelfall bis zu € 60.00/Monat im ersten Jahr und bis zu € 80.00/Monat im zweiten Jahr erstattet, wobei ein besonderer Akzent auf eine finanzielle Hilfe für schulische oder berufliche Aus- und Fortbildungsmaßnahmen gelegt wurde.

Die Überprüfung von Leistungsvorgaben (Leistungskontrollen) sollte regelmäßig durchgeführt werden. Diese Evaluation sollte eine langfristige und kontinuierliche Entwicklung unter Berücksichtigung des persönlichen Leistungsniveaus des Athleten bei der Aufnahme in die Förderung zulassen. Das Ziel war es hierbei, durch die Förderung einen Übergang in den A/B-Kader-Bereich zu ermöglichen. Die Festlegung von Leistungsvorgaben und Leistungskontrollen erfolgte durch eine spezifische Kommission. Die Leistungskontrollen sollten bei Sichtungsveranstaltungen (Sportjahresplanung DBS) oder bei festgelegten Wettkämpfen durch die Trainer der DBS-Abteilungen realisiert werden.

Bei der vorliegenden Nachwuchskonzeption handelte es sich um keine Innovation im deutschen Sport. Andere Sportfachverbände versuchten, mit ähnlichen Maßnahmen den Nachwuchs zu fördern. Allerdings stellte die Durchführung derartiger Fördermaßnahmen für den Bereich des Behindertensports einen bedeutenden Schritt dar, um den Leistungssport Behinderter und seine Relevanz für den Einzelnen sowie für die soziale Integration insgesamt zu intensivieren und zu stützen. Die Stiftung Deutsche Sporthilfe wies Erfahrungen und Strukturen für eine solche Förderung auf. Daher wurde angestrebt, die Fördermaßnahmen in enger Kooperation mit der Deutschen Sporthochschule Köln (DSHS) durchzuführen.

Die Kaderkriterien des Deutschen Behindertensportverbandes (DBS, 2002) wiesen eine besondere Spezifität auf. Entsprechend der besonderen Situation des Leistungssports der Behinderten (Behinderungsarten bzw. Startklassen) konnten die spezifischen Kaderkriterien nicht mit den Kriterien des Deutschen Sportbundes (DSB) verglichen werden.

Für die Einordnung und Zugehörigkeit zu den *A-, B- und C/N-Kadern* wurden wesentliche Festlegungen getroffen. Hiernach erfolgte keine automatische Eingliederung in den Kader nach einer internationalen Veranstaltung. Die Aufnahme eines Athleten in den Kader des DBS musste durch den jeweiligen Cheftrainer beantragt werden. Hierbei konnten nur die Athleten Berücksichtigung finden, die durch den Vorstand der Abteilung Leistungssport des DBS vorgeschlagen wurden. Interessanterweise konnte grundsätzlich nur die Leistung in einer internationalen Meisterschaft für die Kaderzugehörigkeit verwendet werden. Hierbei handelte es sich zumeist um hochwertige Veranstaltungen wie Europa- oder Weltmeisterschaften sowie die Paralympischen Spiele. Wenn in einem Jahr keine der vorgenannten Veranstaltungen stattfand, wurde z.B. im Skisport der Gesamt-Weltcup, im Tennis der World-Team-Cup für die Einschätzung berücksichtigt. Wenn in einem Jahr mehrere Meisterschaften stattfanden, galt die Reihenfolge der Veranstaltungen des ‚International Paralympic Committee' (IPC) vor denen des ‚European Paralympic Commitee' (EPC), weiter vor denen der

‚International Organisation of Sport for Disabled (IOSD)' sowie vor denen der ‚National Paralympic Commitees'. Für die Aufnahme in den entsprechenden Kader musste eine entsprechende Platzierung erzielt werden. Zu dem *A-Kader* gehörten darüber hinaus Athleten, deren Leistungen bei der DM, bei einer von dem IPC oder von der IOSD sanktionierten Wettkampveranstaltung dem 1. Platz bei der letzten internationalen Veranstaltung (EM, WM, Paralympics) entsprochen hatten. Hierzu bedurfte es eines gesonderten Antrags an den Vorstand Leistungssport. Zu dem *B-Kader* zählten Athleten, deren Leistungen bei der DM, bei einer von dem IPC oder von der IOSD sanktionierten Veranstaltung einem 2. oder 3. Platz bei der letzten internationalen Veranstaltung (EM, WM, Paralympics) entsprochen hatten. Auch hierzu war ein gesonderter Antrag an den Sportausschuss notwendig. Die Zugehörigkeit zu dem jeweiligen Kader begann mit der Beendigung der internationalen Veranstaltung. Die A-Kadermitgliedschaft endete spätestens 12 Monate nach der letzten Veranstaltung. Für den Fall der Paralympischen Spiel im folgenden Jahr blieb die A-Kaderzugehörigkeit bis zum Ende dieser Veranstaltung bestehen. Wenn in einer Sportart eine internationale Veranstaltung nur im zweijährigen Turnus stattfand, erfolgte nach 12 Monaten eine Rückstufung vom A-Kaderathleten in den B-Kader. Bisherige B-Kaderathleten wurden nicht mehr im Kader geführt. Bei dem Ende der Karriere eines Athleten endete die Kaderzugehörigkeit mit sofortiger Wirkung.

Auch nichtbehinderte Sportler (z.B. Begleitläufer, Piloten, Tanzpartner) wurden entsprechend der Platzierung der Partner-Athleten in den jeweiligen Kader aufgenommen. Ein Athlet konnte allerdings nur mit einem nichtbehinderten Sportler in den Kader aufgenommen werden. In Mannschaftssportarten wurden alle Sportler der Mannschaft, unabhängig von ihrem Einsatz, zu dem jeweiligen Kader gezählt. Bei Teamwettbewerben in Individualsportarten wurden nur diejenigen Athleten in den Kader aufgenommen, die die Kaderkriterien durch ihren Einsatz erfüllt hatten. Ersatzspieler wurden nicht berücksichtigt.

Die *Rechte der A-/B-Kaderathleten* umfassten u.a. die Zugehörigkeit zu den verschiedenen Kadern und die hiermit verbundenen organisatorischen und finanziellen Leistungen. Die A-Kaderathleten erhielten die Förderstufe I der Stiftung Deutsche Sporthilfe und die B-Kaderathleten die Förderstufe II. Alle Kaderathleten besaßen den Versicherungsschutz durch die Stiftung Deutsche Sporthilfe. Jeder Athlet hatte einen Anspruch darauf, durch den Cheftrainer einen Rahmentrainingsplan zu erhalten. Jeder Athlet hatte ferner einen Anspruch auf physiotherapeutische Betreuung bei zentralen Lehrgangsmaßnahmen. Ferner konnten die Kaderathleten der Paralympischen Sportarten die Leistungen im Rahmen der Grundversorgung an den Olympiastützpunkten in Anspruch nehmen.

Zu den *Pflichten der A-/B-Kaderathleten* gehörten, die Athletenvereinbarung des Verbandes zu unterschreiben und die darin getroffenen Regelungen einzuhalten. Ferner mussten sie an Lehrgangsmaßnahmen der Nationalmannschaft teilnehmen, die vom Bundesministerium des Innern (BMI) finanziert wurden. Ein unentschuldigtes Fernbleiben vom Lehrgang konnte zum Ausschluss aus dem Kader führen. Insgesamt war der Rahmentrainingsplan einzuhalten. Die Teilnahme an den nationalen Meisterschaften war in der Regel Pflicht. Bei Terminüberschneidungen hatten Bundesmaßnahmen Vorrang vor Veranstaltungen des Landes. Die Teilnahme an Deutschen Meisterschaften war Pflicht.

Die grundlegende Voraussetzung für eine Nominierung zu einer internationalen Veranstaltung war die Gesundheitsuntersuchung, die innerhalb eines Jahres vor Beginn der Veranstaltung an einem Bundesleistungszentrum oder einer vom DBS (Sportausschuss) anerkannten Einrichtung durchgeführt worden sein musste. Die Kosten für diese Gesundheitsuntersuchung wurden vom DBS getragen. Die Teilnahme an Abteilungsversammlungen war verpflichtend. Verletzungen der Pflichten sowie verbands- und/oder vereinsschädigendes Verhalten hatten Ordnungsmaßnahmen zur Folge. Spezifische Sanktionen vor Ort wurden vom Delegationsleiter auf Anraten des Cheftrainers und nach vorheriger Rücksprache mit dem Aktivensprecher beschlossen.

Die *C-Kaderathleten* gehörten zum Nachwuchs-/Anschlusskader des DBS. In dem C-Kader befanden sich Sportler, die in ihrer sportlichen Laufbahn weder dem A- noch dem B-Kader angehört hatten und Perspektiven für die Zukunft erkennen ließen. Die Auswahl erfolgte durch den jeweiligen Cheftrainer. Eine Information erging an die Geschäftsstelle des DBS. Der jeweilige Sportler musste klassifizierbar sein.

Die *L-Kaderathleten* wurden durch die Landesverbände berufen. Die einzelnen Landesverbände waren aufgefordert, dem DBS 2mal pro Jahr aktuelle Kaderlisten vorzulegen.

Entsprechend dem Konzept des Leistungssport und der Nachwuchsförderung richtete des Deutschen Behindertensportverbandes (DBS) (2001) wurde ein ‚Top Team Paralympics 2004' eingerichtet.

Aus den Leistungen der Athleten bei den Paralympischen Sommerspielen 2000 in Sydney wurde die Erkenntnis gewonnen, dass die Trainingsbedingungen qualitativ und quantitativ verbessert werden müssten, um den Ansprüchen des Spitzensports Behinderter zu genügen und um in dem Wettbewerb bei der Vergabe der Medaillen erfolgreich bestehen zu können. Daher hatte der Deutsche Behindertensportverband (DBS) im März 2001 ein Leistungssportkonzept verabschiedet, das neben der verstärkten Nachwuchsarbeit in Kooperation mit den Landesverbänden anzielte, die Rahmenbedingungen für das Training von Spitzenathleten zu optimieren.

Neben organisatorischen und strukturellen Änderungen wurden die Maßnahmen des flexibleren Einsatzes von Lehrgangsmitteln, der Erhöhung der Mittel für paralympische Kernsportarten, der Anstellung mischfinanzierter Trainer (Berlin, Nordrhein-Westfalen), der Anstellung von Betreuungspersonal am Olympiastützpunkt Berlin, der Bereitstellung von Mitteln für Reisekosten der Cheftrainer und der Anstellung von Personal in der Geschäftsstelle für den Bereich Leistungssport ergriffen. Das Bundesministerium des Innern (BMI) erhöhte als Hauptsponsor des Leistungssports Behinderter die finanziellen Mittel im Rahmen der Sportjahresplanung in beträchtlichem Ausmaß. Allerdings wurde davon ausgegangen, dass die Umsetzung des Leistungssportkonzepts und die Verankerung in den Landesverbänden noch mehrere Jahre in Anspruch nehmen würde.

Nach den vorliegenden Informationen wiesen viele Leistungssportler im Behindertensport aufgrund ihrer Biographie einen höheren Altersdurchschnitt auf als Athleten im Nichtbehindertensport. Daher sahen sich viele Sportler vor den Konflikt gestellt, die Anforderungen des Leistungssports mit den Interessen der Familie und des Berufs in Einklang zu bringen. Insofern war in diesen Fällen die Ausübung einer beruflichen Tätigkeit zur Absicherung des Lebensunterhalts der Familie notwendig. Leider konnten die Leistungssportler des DBS nicht an den Vergünstigungen teilhaben, die Angehörigen der Bundeswehr oder des Bundesgrenzschutzes zugute kamen. Insofern war die Forderung nach professionelleren Strukturen im Behindertensport vorrangig auf die Verbesserung der äußeren Bedingungen und nicht auf ein ‚Profitum' ausgerichtet. Als Folgerung der Analyse der Tendenzen des Leistungssports von behinderten Athleten wurde die Einrichtung eines Paralympics-Kaders, nämlich des ‚Top Teams Paralympics 2004' festgeschrieben. Hierbei war das Ziel, die Athleten in die Lage zu versetzen, eine zeitweise Freistellung durch den Arbeitgeber zu erwirken, um eine optimale Vorbereitung auf die Paralympischen Sommerspiele 2004 durchführen zu können.

In das ‚Top Team Paralympics 2004' wurden vorrangig Sportler in den Individualsportarten Leichtathletik, Schwimmen, Fechten, Radsport, Sportschießen und Tischtennis berufen, die in mehreren Einzeldisziplinen an den Start gingen. Die Sportler gehörten in diesen Disziplinen zum engeren Favoritenkreis. Die Erfüllung der verbandsinternen Qualifikationsnorm war verpflichtend. Die Kaderzugehörigkeit war von nachrangiger Bedeutung. Die Sportler befanden sich in einem festen beruflichen Anstellungsverhältnis, das einem optimalen Trainingsprozess, d.h. einem mehrstündigen täglichen Training im Wege stand. In Einzelfällen konnten auch Athleten in den Individualsportarten Bogensport, Gewichtheben, Judo, Reiten und Segeln gefördert werden, wenn nicht genügend Athleten der vorgenannten Kategorie vorhanden waren. Die Sportler sollten optimale Trainingsbedingungen nachweisen (z.B. Heimtrainer, tägliche Nutzungsmöglichkeit einer Sportstätte). In Ausnahmefällen konnten auch Heimtrainer einen finanziellen Zuschuss erhalten. Die Anzahl der geförderten Sportler richtete sich nach der Höhe der zur Verfügung stehenden finanziellen Mittel. Die Förderung war abhängig von der Höhe des Einkommens und konnte bis 50% des Nettoeinkommens, höchstens jedoch 1.500 € betragen. Leistungen der Sporthilfe oder privater Sponsoren wurden nicht angerechnet. Die Förderung begann am 1. Januar 2004 und endete am 30. September 2004.

Die Sportler verpflichteten sich, mit ihrem Arbeitgeber eine Reduzierung der Arbeitszeit um 50% für den Zeitraum von Januar bis September 2004 zu vereinbaren, wofür der Arbeitgeber eine Entschädigung bis zu der vorgenannten Höhe von max. 1.500 € monatlich erhielt. Es war die Pflicht der Sportler, zu entsprechenden Gegenleistungen gegenüber den Sponsoren bereit zu sein, nach einem eigens auf ihre Person zugeschnittenen Trainingsplan zu trainieren und regelmäßig an Leistungskontrollen teilzunehmen. Ausgehend von ca. 20 Athleten, die monatlich mit 1.500 € unterstützt wurden, ergab sich ein Finanzbedarf von ca. 20 Athleten x 9 Monate x 1.500 € = 270.000 €. Diese Mittel wurden aufgebracht aus Eigenmitteln des DBS (100.000 €), aus Mitteln der Stiftung Deutsche Sporthilfe (100.000 €), aus Mitteln der Sponsoren (70.000 €) und aus Mitteln der Landesverbände. Dieses Konzept der Förderung wurde in der Vorbereitung der Paralympischen Spiele 2004 in Athen angewendet und nachher als positiv evaluiert.

Wiedmann (2000) stellte auch für die Athleten mit Behinderung die Nutzung der Angebote von Olympiastützpunkten heraus. Es handelte sich hierbei um die schwerpunktmäßig sportmedizinische und trainingswissenschaftliche Betreuung. Zu dem sportmedizinischen Angebot gehörten als regelmäßige Inhalte der gesundheitlichen und leistungsphysiologischen Untersuchungen u.a. die Anamnese, die klinische Untersuchung, die labormedizinische Analyse, das Belastungs-EKG und die Laktatdiagnostik. Zu den trainingsbegleitenden Maßnahmen zählten im Bereich der Internistik die Belastbarkeit und Vermeidung von Überbeanspruchung und im orthopädischen Bereich die präventiven Untersuchungen und die Rehabilitationsmaßnahmen nach Sportverletzungen. Als spezifische trainingswissenschaftliche Schwerpunkte wurden die Analyse der Bewegungstechniken, die Durchführung von Konditionsanalysen, die präventive und rehabilitative Biomechanik und die Dokumentation von Trainingsdaten herausgestellt. Nach der Aufnahme des Deutschen Behindertensportverbandes (DBS) in die Kuratorien der Olympiastützpunkte wurden mehrere Kadergruppen des DBS in die verstärkte Betreuung dieser Olympiastützpunkte einbezogen. Dementsprechend fanden im Rahmen von Lehrgängen der DBS-Nationalmannschaften Ski Nordisch und Radsport pro Jahr mehrmals leistungsdiagnostische Untersuchungen statt. Diese Analysen wurden durch biomechanische Tests im Radlabor und in Hinsicht auf die Rennschlittentechnik vorgenommen. Außer dieser sportmedizinischen und trainingswissenschaftlichen Betreuung wurden auch die Felder des Umfeldmanagements, der Trainingssicherung, der Öffentlichkeitsarbeit und der Vermarktung einbezogen. Ferner wurden die Disziplingruppen auch bei der Durchführung von Kaderlehrgängen unterstützt. Außerdem wurde mit dem Bau eines behindertengerecht ausgestatteten Funktionsgebäudes am Olympiastützpunkt Freiburg die Voraussetzung für Krafttraining und Regenerationsmaßnahmen auch für behinderte Leistungssportler geschaffen.

2.2.2 Betreuung von Leistungssportlern mit Behinderung aus der Perspektive von Athleten

Spezielle Aspekte der Betreuung von Leistungssportlern mit Behinderung wurden bislang allenfalls in Studien von Scheid, Rank und Kuckuck (2003) und Kemper (2003) thematisiert.

Scheid, Rank und Kuckuck (2003) befassten sich in ihrer Studie mit Entwicklungstendenzen und strukturellen Bedingungen des Behindertenleistungssports in Deutschland aus der Athletensicht. Die in der Befragung berücksichtigten Aspekte waren u.a. die Ziele im Leistungssport, die Betreuung und Beratung, die Gegebenheiten in Training und Wettkampf, die finanzielle Situation und die Entwicklungstendenzen und Maßnahmen. Sie konnten 151 behinderte Athleten, hiervon 27.3% Frauen und 72.7% Männer, mit einem Durchschnittsalter von 32.5 Jahren befragen.

Wesentliche Motive für den Leistungssport waren die Aussicht auf sportliche Erfolge, das Erleben von emotionalen Höhepunkten, die Möglichkeit der Selbstbestätigung und die gesellschaftliche Anerkennung. Allerdings bemängelten viele behinderte Leistungssportler den finanziellen Aufwand für Training und Wettkampf. Über die finanzielle Unterstützung des Verbandes und der Sporthilfe hinaus wurden von den Athleten nur vereinzelte Zuschüsse und Materialsponsoring erwähnt. Demzufolge wurde die persönliche finanzielle Belastung von einzelnen Leistungssportlern als sehr hoch bewertet oder gar von einem ‚Verlustgeschäft' gesprochen, z.B. von dem Athleten B. Schmidl, der sich als einen Volleyballprofi ohne Entgelt bezeichnete.

In Hinsicht auf die Beratung und Betreuung wurde deutlich, dass Unterstützungsbedarf im Bereich der finanziellen Förderung, der Sponsorensuche und Öffentlichkeitsarbeit sowie der Trainingsplanung und Laufbahnberatung bestand. Bei der Frage nach den Personen bzw. Organisationen, die Unterstützungsleistungen für die Athleten erbrachten, dominierten die sozialen Ressourcen wie Familie, Trainer und Heimatverein. Augenscheinlich wurden die meisten Anforderungen des Leistungssports im familiären Kontext und in Zusammenarbeit mit dem Trainer und Sportverein bewältigt. In Hinsicht auf die Erwartungen der Athleten zeigte sich allerdings eine Verlagerung und Differenzierung zu der institutionellen Unterstützung. Die behinderten Athleten wünschten eine stärkere Betreuungs- und Beratungsleistung vom Deutschen Behindertensportverband (DBS), von den Abteilungen und Landesverbänden sowie von den Olympiastützpunkten. In der weiteren Entwicklungstendenz der Professionalisierung im Behinderten-Leistungssport wurde neben der Nutzung sozialer Ressourcen somit eine verstärkte Mobilisierung institutioneller Ressourcen erwartet (u.a. der finanziellen Unterstützung, der Öffentlichkeitsarbeit sowie der Serviceleistungen am Olympiastützpunkt).

Die Anbindung der Athleten an einen Olympiastützpunkt erfolgte aufgrund des Angebots und der individuellen Möglichkeiten erst sporadisch. Insoweit wurden von einigen Sportlern unterschiedliche Erfahrungen verdeutlicht. Die Beratung und Betreuung reichte von einem regelmäßigen Training an Olympiastützpunkten (G. Belitz, D. Eckert), über Trainingseinheiten in größeren, regelmäßigen Abständen (S. Schwarz) bis zur Nutzung der medizinischen Betreuung (S. Pütz) oder der Ausarbeitung von Trainingsplänen (B. Schmidl).

Sowohl bei der quantitativen Befragung als auch bei der qualitativen Interviewstudie betonten die Kaderathleten die Bedeutung der Zusammenarbeit mit einem Olympiastützpunkt (OSP) und erhoben die Forderung nach einer intensiveren Beratungs- und Betreuungsleistung. Behinderte Leistungssportler sollten in der Zukunft verstärkt an den Serviceangeboten der 20 bundesdeutschen Olympiastützpunkte im Rahmen der sportmedizinischen und physiotherapeutischen, trainings- und bewegungswissenschaftlichen sowie psychosozialen Betreuung teilhaben können.

Kemper (2003) analysierte in einer umfangreichen Studie unterschiedliche Aspekte innerhalb von Karriereverläufen bei insgesamt 116 behinderten Kaderathleten. 21 weibliche Sportlerinnen und 95 männliche Sportler (56 frühbehinderte und 60 spätbehinderte Athleten) mit Handicap wurden u.a. zur Zufriedenheit mit ihrem Trainer, den Trainingsbedingungen, der Trainingsgruppe, dem Verein, dem Verband, der Laufbahnberatung an Olympiastützpunkten, den Förderungsmaßnahmen, den finanziellen Auswirkungen des Leistungssports, der Darstellung in den Medien und ihrer beruflichen Ausbildung befragt. Die Athletinnen und Athleten bewerteten ihren Zufriedenheitsgrad mit den einzelnen organisatorischen Bedingungen auf einer 5-Punkte-Skala von ‚1=nicht zufrieden' bis ‚5=sehr zufrieden'.

Die Zufriedenheit mit dem Trainer und der Trainingsgruppe wurde von den Athletinnen hoch bewertet wurde, wobei die männlichen Athleten bei der Beurteilung des Trainers und des Vereins hohe Zufriedenheitsgrade äußerten. Die geringste Zufriedenheit zeigten die weiblichen sowie männlichen Athleten gegenüber den finanziellen Auswirkungen des Leistungssports, den Fördermaßnahmen sowie der Laufbahnberatung. Im Vergleich zwischen den weiblichen und männlichen Athleten erwiesen sich die männlichen behinderten Leistungssportler in ihrer Karriere als signifikant zufriedener mit den finanziellen Auswirkungen des Leistungssports als die weiblichen Leistungssportler.

2.2.3 Betreuung von Leistungssportlern mit Behinderung aus der Perspektive von Trainern und Funktionären

Im Folgenden wird aus inhaltlichen Beweggründen zunächst auf die wesentlichen Aufgaben von Trainern im Deutschen Behindertensportverband (DBS) und anschließend auf die Bewertungen einiger Trainer zur Beratung und Betreuung von Leistungssportlern mit Behinderung an Olympiastützpunkten und an weiteren spezifischen Fördereinrichtungen eingegangen.

Zu den wesentlichen Aufgaben und Verantwortlichkeiten von Trainern im Deutschen Behindertensportverband (DBS) gehören:

- Festlegung des Jahrestrainingsplans,
- Auswahl der Athleten und Betreuer für zentrale Lehrgangsmaßnahmen,
- Sportpraktische Organisation und Durchführung zentraler Lehrgangsmaßnahmen,
- Erstellung von Rahmentrainingsplänen,
- Auswahl der Co-Trainer,
- Festlegung sportartspezifischer Nominierungskriterien,
- Erstellung des Nominierungsvorschlags für die Teilnahme an internationalen Veranstaltungen,
- Betreuung der Kaderathleten bei internationalen Veranstaltungen,
- Kooperation mit Heimtrainern,
- Unterstützung der Athleten bei der Gestaltung optimaler Trainingsbedingungen am Heimatort,
- Mitglied im Schiedsgericht bei den Deutschen Meisterschaften,
- Talentsichtung,
- Mitarbeit bei der Erstellung von Konzeptionen der Abteilungen,
- Mitarbeit in den Gremien des DBS.

Hinsichtlich der Betreuung von behinderten Sportlern an Olympiastützpunkten (OSP), am Institut für Angewandte Trainingswissenschaft (IAT), am Institut für Forschung und Entwicklung von Sportgeräten (FES) und an Instituten für Sportwissenschaft (ISW) wurden im Rahmen einer explorativen Befragung einige Aussagen von Trainern und Funktionären erfasst. Ferner konnten einige Probleme aufgeführt werden, mit denen sich die Trainer in der Betreuung ihrer Athleten außerhalb der genannten Institutionen auseinandersetzen mussten.

Die befragten Trainer berichteten über positive Erfahrungen, die sich zum Teil durch ihre eigene aktive leistungssportliche Karriere ergaben hatten. Allerdings kannten auch einige Trainer weniger gute Betreuungssituationen an anderen Olympiastützpunkten, an denen sich behinderte Athleten gegenüber ihren nichtbehinderten Sportkollegen benachteiligt fühlten.

Betreuung am Olympiastützpunkt (OSP)

„Ich habe natürlich das große Glück, dass ich selbst hier noch am OSP trainiere und auch als Trainerin hier mit den behinderten Athleten arbeiten kann. Da haben wir optimale Bedingungen, das ist nicht selbstverständlich und für uns schon ein großer Vorteil." (Trainerin)

„Bei uns hier steht der Olympiastützpunkt auch den behinderten Athleten offen. Da werden keine Unterschiede gemacht, ob jemand behindert ist oder nicht. Das klappt sehr gut. Aber ich weiß auch, dass das nicht selbstverständlich an jedem Olympiastützpunkt ist. Das ist von Bundesland zu Bundesland sehr unterschiedlich. Da gibt es schon Beschwerden von den behinderten Athleten, dass die nichtbehinderten Athleten bevorzugt werden." (Trainer)

Im Gegensatz zu der Betreuung an den Olympiastützpunkten konstatierten die befragten Trainer, dass ihre Athleten das Institut für Angewandte Trainingswissenschaft (IAT) und das Institut für Forschung und Entwicklung von Sportgeräten (FES) nicht kannten und dass ihnen eine Betreuung an diesen Einrichtungen bisher nicht angeboten worden war.

Betreuung am Institut für Angewandte Trainingswissenschaft (IAT) bzw. am Institut für Forschung und Entwicklung von Sportgeräten (FES)

„Zu diesem Thema brauchen Sie meine Athleten erst gar nicht zu befragen, da sie diese Einrichtungen gar nicht kennen werden. Eine mögliche Zusammenarbeit mit diesen Betreuungseinrichtungen hat man uns auch noch nie angeboten." (Trainer)

„Da muss ich selbst erst überlegen, aber diese Einrichtungen haben wir noch nie genutzt, die sind auch gar nicht so bekannt." (Trainer)

Den negativen Äußerungen der Trainer widersprach jedoch ein befragter Vertreter des Deutschen Behindertensportverbandes (DBS):

„Eigentlich müssten alle Trainer diese Betreuungseinrichtungen kennen, da auf Trainerlehrgängen über die entsprechenden Betreuungseinrichtungen und -möglichkeiten informiert wird." (Vertreter des DBS)

Dass einige Athleten am Institut für Angewandte Trainingswissenschaft (IAT) betreut wurden, unterstrich ein Vertreter des IAT. Allerdings räumte er ein, dass nur sehr wenige behinderte Athleten in den Genuss dieser Betreuungseinrichtung gekommen waren.

„Bei uns werden eigentlich keine behinderten Athleten betreut. Ausnahmen bilden einige wenige, sehr erfolgreiche behinderte Athleten hier aus der näheren Umgebung. Die werden hinsichtlich Trainingsoptimierung wie die nichtbehinderten Athleten ebenso betreut." (Vertreter des IAT)

Zusammenarbeit mit Instituten für Sportwissenschaft (ISW)

Bezüglich der Zusammenarbeit mit *Instituten für Sportwissenschaft (ISW)* wurden von den Trainern sowohl positive und als auch negative Erfahrungen berichtet.

„Wir arbeiten manchmal mit dem Institut für Sportwissenschaft zusammen. Die Forscher kommen zu uns und machen Untersuchungen. Da profitieren dann beide Seiten voneinander. Die Forscher haben Ergebnisse für ihre Studien, wir bekommen konkrete Anweisungen oder Verbesserungsvorschläge, insbesondere hinsichtlich der Technikverbesserung." (Trainer)

„Dass es so eine Zusammenarbeit gibt, davon weiß ich nichts, aber ich arbeite ja auch im Nachwuchsbereich. Ich denke, dass sich die Forschung erst dann für die Athleten interessiert, wenn sie auch wirklich Top-Leistungen erbringen." (Trainer)

Mangelnde Prothesenversorgung

Ein Trainer bemängelte die *mangelhafte Prothesenversorgung* seiner Athletin, die ihm eine adäquate Betreuung kaum möglich machte. Zudem sah der Trainer durch dieses Defizit die Karriere seiner jungen Athletin gefährdet.

„Hinsichtlich der Betreuung im Nachwuchsbereich hapert es bei uns ganz wesentlich an der Prothesenversorgung. Die Athletin, die ich trainiere, hat eine Unterschenkelamputation. Sie kann mal richtig gut werden, aber sie muss mit ihrer Alltagsprothese Wettkämpfe bestreiten, weil kein Geld für eine Sportprothese da ist. Wie soll ich da vernünftig mit ihr trainieren? Wenn sich das nicht bald ändert, dann sind die Knie eher kaputt, als dass die Athletin ein höheres Niveau erreicht hat." (Trainer)

Zu wenig Wissen über behinderungsspezifische Trainingsbedingungen

Ein anderer Trainer verwies auf die Tatsache, dass insbesondere im Nachwuchsbereich die Trainer *zu wenig über behinderungsspezifische Trainingsbedingungen wussten*, wie z.B. Schwungübertragungen beim Wurf unter der Bedingung der Unterarmamputation. Somit mussten viele Trainer anfangs ihr Training auf der Basis *autodidaktischen Wissens* aufbauen.

„Ich wüsste gerne mehr über die Behinderungen, wie ich besser mit den Athleten trainieren kann. Gut, ich war selbst auch Leichtathlet und weiß, wie man den Speer wirft oder die Kugel stößt. Aber nun fehlt der Athletin der Unterarm und ich muss selbst gucken, wie wir das am besten hinkriegen. Da könnte sich in meiner Betreuung sicherlich einiges verbessern, wenn ich selbst mehr über die behinderungsspezifischen Trainingsbedingungen wüsste." (Trainer)

Aus den aufgeführten Aussagen der befragten Trainer und Funktionäre ließen sich einige positive wie auch negative Tendenzen hinsichtlich der Betreuung an den unterschiedlichen Betreuungs- und Förderungseinrichtungen erkennen.

2.3 Spezifische Fragestellung

Der Leistungssport von Menschen mit Behinderung hat in den letzten Jahren eine erhebliche Zunahme der sportpolitischen, gesellschaftlichen und verbandsbezogenen Akzeptanz erfahren.

Zur Analyse der Betreuung von Leistungssportlern ohne Behinderung finden sich differenzierte Studien von u.a. Emrich (1996) in Hinsicht auf die Soziologie der Olympiastützpunkte (OSP), Kemper (2003) bezüglich der spezifischen Karriereaspekte nichtbehinderter Leistungssportler und Emrich, Pitsch, Fröhlich und Güllich (2004) in Bezug auf die Kenntnis und Nutzung der Olympiastützpunkte (OSP) aus Sicht der nichtbehinderten Athleten.

Spezifische Aspekte der Betreuung von Leistungssportlern mit Behinderung wurden bislang allenfalls in Studien von Scheid und Rieder (2000), Wiedmann (2003), Kemper (2003) und Scheid, Rank und Kuckuck (2003) thematisiert.

Nach der Befragung von Scheid, Rank und Kuckuck (2003) zeigte sich bei den Erwartungen der behinderten Athleten eine Verlagerung und Differenzierung der Beratung und Betreuung zu Gunsten der institutionellen Unterstützung. Eine stärkere Betreuungs- und Beratungsleistung sollte vom Deutschen Behindertensportverband (DBS), den Abteilungen und Landesverbänden sowie den Olympiastützpunkten (OSP) ausgehen. Angesichts der Professionalisierung des Leistungssports von Menschen mit Behinderung wurde neben der Nutzung sozialer Ressourcen eine verstärkte Mobilisierung institutioneller Ressourcen erwartet (Finanzen, Öffentlichkeitsarbeit, Serviceleistungen am Olympiastützpunkt (OSP)).

Entsprechend der Studie von Kemper (2003) bewerteten wenige Leistungssportler mit Behinderung die Beratung, Betreuung und insgesamt die Zusammenarbeit mit Repräsentanten an einzelnen Olympiastützpunkten (OSP) als zufriedenstellend, wohingegen die meisten Athleten eine differenziertere Information und Möglichkeit der Nutzung der verschiedenen Angebote von Olympiastützpunkten (OSP) wünschten.

Auf Anregung des Deutschen Sportbundes (DSB) und mit Befürwortung des Deutschen Behindertensportverbandes (DBS) wurde von Juni bis Dezember 2004 eine differenzierte Befragung zur Kenntnis und Nutzung der Angebote von Olympiastützpunkten und weiteren Fördereinrichtungen bei den sich in der Vorbereitung für den Zielwettkampf für die Paralympics Athen 2004 befindlichen und nominierten ca. 250 Kadersportlern mit Behinderung durchgeführt. Hierbei wurde allgemein unter Betreuung jegliche Art medizinischer, physiotherapeutischer, bewegungs- und trainingswissenschaftlicher sowie sozialer Unterstützung verstanden. Die Betreuung erfolgte in Form einer personalen Einwirkung auf den Athleten durch z.B. den Trainer, den Betreuer und den wissenschaftlichen Experten. Insofern wurden auch die Träger einer solchen Betreuung angemessen berücksichtigt.

In den angeführten Untersuchungen wurde der Schwerpunkt auf die Bekanntheit und Nutzung von Olympiastützpunkten (OSP) und sonstigen Fördereinrichtungen durch die Leistungssportler mit Behinderung gelegt.

Angesichts des vorliegenden Forschungsdefizits und der unzureichenden Informationen über die Durchführung und Beurteilung von Training und Betreuung behinderter Leistungssportler und die Möglichkeiten der Betreuung durch die weiteren speziellen Fördereinrichtungen wurden in der vorliegenden Studie vor allem diese Aspekte aus der Perspektive der Trainer und Funktionäre analysiert.

Die sowohl quantitative als auch qualitative Analyse der Aspekte der Kenntnis und Nutzung der Angebote von Olympiastützpunkten (OSP) und weiteren Fördereinrichtungen von Leistungssportlern mit Behinderung aus der Perspektive von Trainern und Funktionären wurden in folgender Weise vorgenommen:

1. **Quantitative Befragung von Trainern**

   Die quantitative Befragung von Trainern bezieht sich auf die Bekanntheit und Nutzung von Betreuungseinrichtungen sowohl in forschungsbezogener als auch praxisorientierter Form durch die behinderten Leistungssportler, z.B. Olympiastützpunkte (OSP), Institut für Angewandte Trainingswissenschaft (IAT), Institut für Forschung und Entwicklung von Sportgeräten (FES), Institute für Sportwissenschaft (ISW) und private Institutionen; die Organisation der Nutzung (zufallsabhängig, privat oder institutionell); die Form der individuellen und sportartbezogenen Nutzung (Häufigkeiten, zeitlicher Umfang etc.); die Gründe für und gegen die Nutzung einzelner Systembestandteile, die Art der Betreuung und Beratung von Kaderathleten; die räumliche und zeitliche Nähe zu verschiedenen Betreuungseinrichtungen; die Notwendigkeit spezifischer Betreuung und Beratung einzelner Athleten und spezifischer Sportarten und das Leistungssportkonzept des Deutschen Behindertensportverbandes (DBS).

1.1 Betreuung von Leistungssportlern mit Behinderung an Olympiastützpunkten (OSP) und spezifischen Fördereinrichtungen in der Gesamtgruppe der Trainer.

1.2 Vergleich der Betreuung von Leistungssportlern mit Behinderung an den Olympiastützpunkten (OSP) und spezifischen Fördereinrichtungen zwischen Heimtrainern und Cheftrainern.

2. **Qualitative Analyse mittels eines spezifischen Leitfadeninterviews in Bezug auf die Kenntnis und Nutzung von Olympiastützpunkten OSP) und Fördereinrichtungen bei Trainern, Vertretern von Olympiastützpunkten (OSP), Vertretern des Instituts für Angewandte Trainingswissenschaft (IAT), Repräsentanten des Instituts für Forschung und Entwicklung von Sportgeräten (FES) und Vertretern des Deutschen Behindertensportverbandes (DBS).**

Die Erkenntnisse dieser Studie sollen in die Planung der zukünftigen institutionellen Beratung und Betreuung der Leistungssportler mit Behinderung einfließen. Es handelt sich hierbei um die Spezifizierung der Form der Beratung und Betreuung der Athleten mit Behinderung an den einzelnen Olympiastützpunkten und weiteren Fördereinrichtungen.

3. METHODIK

Die Methodik umfasst die Untersuchungsverfahren, die Untersuchungspersonen, die Untersuchungsdurchführung sowie die Untersuchungsauswertung.

3.1 Untersuchungsverfahren

Als Untersuchungsverfahren wurden zum einen eine quantitative Befragung mittels eines spezifischen Fragebogens und zum anderen eine qualitative Befragung anhand eines Interviewleitfadens durchgeführt.

3.1.1 Quantitative Befragung mittels eines Fragebogens

Das Untersuchungsverfahren bezieht sich auf das Verfahren der quantitativen Datenerhebung mittels eines umfangreichen Fragebogens. In der vorliegenden Untersuchung zur Betreuungssituation von behinderten Leistungssportlern wurde ein spezifischer Fragebogen entwickelt und angewendet. Dieser Fragebogen wurde in Anlehnung an die Fragebögen von Emrich (1996) zur Analyse soziologischer Merkmale der Olympiastützpunkte (OSP) für nichtbehinderte Leistungssportler und Emrich et al. (2004) konzipiert. Bei der Gestaltung des verwendeten Fragebogens wurden wesentliche Bestandteile des Fragebogens zu den spezifischen Karriereverläufen von nichtbehinderten und behinderten Leistungssportlern von Kemper (2003) berücksichtigt. Außerdem wurde der Fragebogen zur Analyse der Betreuungssituation der Athleten von Kemper und Teipel (2005a) grundlegend berücksichtigt.

Der Fragebogen bestand aus einem personbezogenen Teil und einem ausführlichen themenbezogenen Teil. Der personorientierte Fragebogenteil umfasste u.a. Fragen nach dem Alter, dem Geschlecht, dem Familienstand, der Schulbildung, der beruflichen Ausbildung, dem Sport und Leistungssport, der Hauptsportart, dem Beginn der Karriere als Trainer, den erreichten Erfolgen als Trainer auf nationaler und internationaler Ebene und den spezifischen Trainings- und Wettkampfbedingungen.

Der themenbezogene Teil beinhaltete u.a. den Bekanntheitsgrad und die Nutzung von ausgewählten Betreuungseinrichtungen für behinderte Leistungssportler. Zu diesen Betreuungseinrichtungen zählten die Olympiastützpunkte (OSP), das Institut für Angewandte Trainingswissenschaft (IAT), das Institut für Forschung und Entwicklung von Sportgeräten (FES), die Institute für Sportwissenschaft (ISW) und private Firmen, die sich mit der Geräteherstellung wie Prothesen und Rollstühlen beschäftigten. Im Einzelnen wurden bei den Trainern Aspekte des Bekanntheitsgrads der unterschiedlichen Betreuungseinrichtungen, der spezifischen Betreuungssituation und Serviceleistungen an Olympiastützpunkten (OSP), der Betreuungssituation und Serviceleistungen am Institut für Angewandte Trainingswissenschaft (IAT), der Betreuungssituation und Serviceleistungen am Institut für Forschung und Entwicklung von Sportgeräten (FES), der Betreuungssituation und Serviceleistungen an Instituten für Sportwissenschaft (ISW) sowie der Betreuungssituation und Serviceleistungen von Firmen der Geräteherstellung (Prothesen/Rollstühle) erfragt. Ferner wurde eine Beurteilung der Umsetzung des Leistungssportkonzepts des Deutschen Behindertensportverbandes (DBS) vorgenommen.

3.1.2 Qualitative Analyse mittels eines Leitfadeninterviews

Die qualitative Analyse wurde mittels eines spezifischen Leitfadeninterviews in Bezug auf die Kenntnis und Nutzung von Olympiastützpunkten (OSP) und Fördereinrichtungen von ausgewählten Trainern, Vertretern von Olympiastützpunkten (OSP), Vertretern des Instituts für Angewandte Trainingswissenschaft (IAT), Vertretern des Instituts für Forschung und Entwicklung von Sportgeräten (FES) und Vertretern des Deutschen Behindertensportverbandes (DBS) durchgeführt. Ferner wurden die Aussagen von einzelnen Athleten und Elternvertretern einbezogen.

3.2 Untersuchungspersonen

Bei den Untersuchungspersonen konnten die Stichproben der quantitativen Befragung mittels des Fragebogens und der qualitativen Befragung anhand des Interviews unterschieden werden.

3.2.1 Quantitative Befragung mittels eines Fragebogens

An der quantitativen Befragung mittels eines Fragebogens nahmen 41 nichtbehinderte Trainer teil. Das Durchschnittsalter der 41 Trainerinnen und Trainer betrug 43.46 Jahre bei einer Streuung von 11.70 Jahren, wobei 11 weiblichen und 30 männlichen Geschlechts waren. Die Gesamtgruppe der Trainer wurde anhand ihrer neben- bzw. hauptberuflichen Tätigkeit in Heimtrainer und Cheftrainer unterteilt. Aufgrund dieser Angaben umfasste die Stichprobe der Trainer 13 Heimtrainer und 28 Cheftrainer.

In der Tabelle 3.1 sind die Kennwerte des Alters der Heimtrainer und der Cheftrainer dargestellt.

Tabelle 3.1. Durchschnittsalter der Heimtrainer und Cheftrainer.

	Heimtrainer			Cheftrainer			F-Wert	p
	N	M	SD	N	M	SD		
Alter	13	42.38	9.24	28	43.96	12.81	0.15	.692

Das Altersspektrum der 13 Heimtrainer reichte von 27 bis 62 Jahren, wohingegen der Altersbereich der Cheftrainer 25 bis 70 Jahre umfasste. Der Altersdurchschnitt der 13 Heimtrainer lag mit 42.38 Jahren geringfügig unter dem der 28 Cheftrainer mit einem durchschnittlichen Alter von 43.96 Jahren.

Die Untersuchungsgruppe der Heimtrainer bestand aus 13 Trainern, von denen 4 weiblichen und 9 männlichen Geschlechts waren. Von den 28 befragten Cheftrainern waren 7 Frauen und 21 Männer.

In der Tabelle 3.2 finden sich Angaben zu den Wohnorten der befragten Trainer. Von den 41 befragten Trainern stammten 8 aus einem kleinen Ort, 10 aus einer Kleinstadt, einer aus einer mittelgroßen Stadt und 22 aus einer Großstadt.

Tabelle 3.2. Wohnort der Trainer.

Wohnort	Gesamtgruppe Trainer (N=41)
In einem kleinen Ort (<5.000 Einwohner)	8
In einer Kleinstadt (5.001-50.000 Einwohner)	10
In einer mittelgroßen Stadt (50.001-100.000 Einwohner)	1
In einer Großstadt (>100.000 Einwohner)	22

In der Tabelle 3.3 sind die Angaben der Trainer zu ihren Bundesländern aufgeführt. Die meisten der befragten Trainer stammten aus den Bundesländern Berlin und Nordrhein-Westfalen mit jeweils 8 Trainern, gefolgt von Baden-Württemberg und Niedersachsen mit jeweils 4 Trainern. Jeweils 3 Trainer kamen aus Bayern und Thüringen. Hiernach folgten mit jeweils 2 Trainern die Bundesländer Hessen, Rheinland-Pfalz, Sachsen-Anhalt und Schleswig-Holstein. Jeweils nur ein Trainer aus Hamburg und Mecklenburg-Vorpommern nahm an der schriftlichen Befragung teil. Somit waren Trainer aus 12 Bundesländern, abgesehen von Brandenburg, Bremen, Saarland und Sachsen an der Befragung beteiligt.

Tabelle 3.3. Bundesland der Trainer.

Bundesland	Gesamtgruppe Trainer (N=41)
Baden-Württemberg	4
Bayern	3
Berlin	8
Hamburg	1
Hessen	2
Mecklenburg-Vorpommern	1
Niedersachsen	4
Nordrhein-Westfalen	8
Rheinland-Pfalz	2
Sachsen-Anhalt	2
Schleswig-Holstein	2
Thüringen	3
Keine Angabe	1

In der Tabelle 3.4 sind die Angaben der Trainer zu ihrem Familienstand aufgeführt. Von den 41 Trainern waren 14 ledig, 21 verheiratet, 4 geschieden und ein Trainer verwitwet. Ein befragter Trainer machte keine Angabe zu seinem Familienstand.

Tabelle 3.4. Familienstand der Trainer.

Familienstand	Gesamtgruppe Trainer (N=41)
Ledig	14
Verheiratet	21
Geschieden	4
Verwitwet	1
Keine Angabe	1

Aus der Tabelle 3.5 können die Angaben der Trainer zu ihren Kindern entnommen werden. Von den 41 Trainern gaben 15 Trainer an, kein Kind zu haben, 11 Trainer hatten ein Kind und 10 Trainer 2 Kinder. Jeweils 2 Trainer gaben an, 3 Kinder bzw. 4 Kinder zu haben.

Tabelle 3.5. Anzahl der Kinder.

Anzahl der Kinder	Gesamtgruppe Trainer (N=41)
Ein Kind	11
2 Kinder	10
3 Kinder	2
4 Kinder	2
Kein Kind	15
Keine Angabe	1

Die Angaben der 41 Trainer zu ihren Schulabschlüssen sind aus der Tabelle 3.6 ersichtlich. 26 Trainer besaßen einen Universitätsabschluss, 6 Trainer einen Fachhochschulabschluss, jeweils 3 Trainer das Abitur bzw. die Mittlere Reife, 2 Trainer einen Volks- bzw. Hauptschulabschluss und ein Trainer einen qualifizierten Hauptschulabschluss. Somit wiesen 32 der befragten 41 Trainer einen Fachhochschul- bzw. Universitätsabschluss auf.

Tabelle 3.6. Schulabschluss der Trainer.

Schulabschluss	Gesamtgruppe Trainer (N=41)
Volks- bzw. Hauptschule (OS)	2
Qualifizierende Hauptschule	1
Realschule/Regelschule (Mittlere Reife)	3
Abitur	3
Fachhochschulstudium	6
Universitätsstudium	26

Aus der Tabelle 3.7 können die Angaben der 41 Trainer zu ihren ausgeübten Berufen entnommen werden. Zum Zeitpunkt der Befragung waren 21 Trainer in einem Angestelltenverhältnis tätig. 9 weitere Trainer gaben an, einen freien Beruf auszuüben. Des Weiteren befanden sich unter den befragten Trainern 3 Beamte, 3 Rentner/Pensionäre, 2 Studenten, 2 Personen ohne Arbeit und ein Facharbeiter.

Tabelle 3.7. Ausgeübter Beruf der Trainer.

Ausgeübter Beruf	Gesamtgruppe Trainer (N=41)
Freier Beruf	9
Angestellter	21
Beamter	3
Facharbeiter	1
Student	2
Arbeitslos	2
Rentner/Pensionär	3

In der Tabelle 3.8 sind die größten sportlichen Erfolge der Leistungssportler mit Behinderung aufgeführt, die von den befragten Trainern betreut wurden.

Tabelle 3.8. Größte Erfolge der betreuten Leistungssportler mit Behinderung.

Größter sportlicher Erfolg	Gesamtgruppe Trainer (N=41)	Heimtrainer (N=13)	Cheftrainer (N=28)
Paralympics-Sieg	16	3	13
Paralympics-Zweiter	6	3	3
Paralympics-Endkampf	2	1	1
Paralympics-Teilnahme	1	0	1
WM-Sieg	2	1	1
WM-Zweiter	1	0	1
WM-Dritter	2	0	2
WM-Endkampf	1	0	1
EM-Sieg	4	1	3
EM-Dritter	2	2	0
DM-Sieg	2	2	0
DM-Teilnahme	1	0	1
Junioren-WM-Sieg	1	0	1

Die Gesamtgruppe der 41 befragten Trainer ließ eine beachtliche Liste von großen Erfolgen ihrer Athleten erkennen. 16 Trainer gaben an, dass ihre Athleten mit Behinderung Paralympics-Sieger geworden waren, 6 Trainer berichteten von Athleten als Paralympics-Zweite, 2 Trainer von Paralympics-Endkämpfern und ein Trainer von einem Paralympics-Teilnehmer. Ferner führten 2 Trainer aus, dass ihre Athleten Weltmeister geworden waren, ein Trainer betreute einen WM-Zweiten, 2 Trainer trainierten WM-Dritte und ein Trainer einen WM-Endkämpfer. Außerdem bestätigten 4 Trainer die Betreuung von Europameistern und 2 Trainer von EM-Dritten. Schließlich stellten 2 Trainer die Betreuung von Deutschen Meistern, ein Trainer von Teilnehmern an Deutschen Meisterschaften und ein Trainer einen Junioren-WM-Sieger heraus. Aus dieser Auflistung der betreuten Leistungssportler mit Behinderung wurde die hohe Leistungsfähigkeit der betreuten und trainierten Athleten durch die 41 Trainer deutlich.

Wie weiterhin aus der Tabelle 3.8 erschlossen werden kann, hatten die befragten 28 Cheftrainer mit insgesamt 13 Paralympics-Siegern erheblich mehr sehr erfolgreiche Athleten mit Behinderung betreut als die 13 Heimtrainer mit 3 Paralympics-Siegern. Die Cheftrainer wiesen mehr betreute Athleten bei Weltmeisterschaften und vergleichsweise leicht weniger betreute Leistungssportler bei Europameisterschaften auf als die Heimtrainer.

Die Angaben der befragten Trainer zu dem gruppenbezogenen Training von behinderten und/oder nichtbehinderten Leistungssportlern finden sich in der Tabelle 3.9.

Tabelle 3.9. Training von behinderten und/oder nichtbehinderten Leistungssportlern.

Ich trainiere ...	Gesamtgruppe Trainer (N=40)	Heimtrainer (N=13)	Cheftrainer (N=27)
ausschließlich behinderte Sportler.	20	8	12
sowohl behinderte wie nichtbehinderte Sportler.	20	5	15

Die Tabelle 3.9 macht deutlich, dass 20 der befragten 40 Trainer ausschließlich behinderte Leistungssportler betreuten und 20 Trainer sowohl behinderte als auch nichtbehinderte Athleten. Von den 13 teilnehmenden Heimtrainern waren 8 Trainer ausschließlich mit der Betreuung behinderter Sportler beschäftigt und 5 Trainer mit der Betreuung behinderter und nichtbehinderter Sportler. Im Gegensatz hierzu waren von den 27 Cheftrainern 12 ausschließlich in der Betreuung behinderter Sportler, jedoch 15 Trainer sowohl mit der Betreuung behinderter als auch nichtbehinderter Sportler beschäftigt. Ein Cheftrainer machte keine Angabe. Insofern lag offensichtlich eine leicht überproportionale Tätigkeit der Cheftrainer in der Betreuung sowohl behinderter als auch nichtbehinderter Athleten vor im Vergleich zu den Heimtrainern. Dieses Resultat war vermutlich auf die Tätigkeit der zumeist hauptamtlich angestellten Cheftrainer im Vergleich zu den überwiegend ehrenamtlich aktiven Heimtrainern zurückzuführen.

In der Tabelle 3.10 ist die Übersicht über die Teilnahme der befragten Trainer an den Paralympischen Spielen in Sydney 2000, in Salt Lake City 2002 und in Athen 2004 enthalten.

Von den befragten 41 Trainern machten 34 Übungsleiter Angaben zur Teilnahme an den Sommer Paralympics in Sydney 2000, 33 zur Teilnahme an den Winter Paralympics in Salt Lake City 2002 und 39 zur Partizipation an den Sommer Paralympics in Athen 2004.

Tabelle 3.10. Teilnahme an den Paralympischen Spielen in Sydney 2000, in Salt Lake City 2002 und in Athen 2004.

Teilnahme an den Paralympics in ...	Gesamtgruppe Trainer			Heimtrainer			Cheftrainer		
	N	Ja	Nein	N	Ja	Nein	N	Ja	Nein
Sydney 2000	34	18	16	8	2	6	26	16	10
Salt Lake City 2002	33	3	30	11	0	11	22	3	19
Athen 2004	39	27	12	11	6	5	28	21	7

18 der 34 Trainer hatten an den Sommer Paralympics 2000 in Sydney teilgenommen, nur 3 von 33 an den Winter Paralympics in Salt Lake City 2002 und 27 von 39 an den Sommer Paralympics 2004 in Athen. Von den 8 Heimtrainern gaben nur 2 eine Teilnahme an den Sommer Paralympics in Sydney 2000 an, von 11 Heimtrainern keiner die Teilnahme an den Winter Paralympics in Salt Lake City 2002. Von 11 Heimtrainern gaben 6 die Teilnahme an den Sommer Paralympics in Athen 2004 an. Im Gegensatz hierzu waren bei den Cheftrainern erheblich höhere Teilnahmewerte zu verzeichnen. Von den 26 Cheftrainern waren an den Sommer Paralympics in Sydney 2000 16 Übungsleiter, von den 22 Cheftrainern 3 bei den Winter Paralympics in Salt Lake City 2002 und von den 28 Cheftrainern immerhin 21 Übungsleiter bei den Sommer Paralympics in Athen 2004 beteiligt.

Aus diesen Werten war eine erheblich höhere Beteiligung der befragten Trainer an den Sommer Paralympics als an den Winter Paralympics abzulesen. Ferner konnten die Heimtrainer erheblich seltener an den Sommer Paralympics und insbesondere an den Winter Paralympics teilnehmen als die Cheftrainer. Von den Cheftrainern wiesen ca. 60% eine Teilnahme an den Paralympics in Sydney 2000 und 75% an den Paralympics in Athen 2004 auf.

Die Tabelle 3.11 beinhaltet Angaben von Trainern über die Teilnahme ihrer Athleten an dem neu eingeführten ‚Top-Team 2004' vor den Paralympics in Athen.

Tabelle 3.11. Top-Team-Teilnahme an den Paralympischen Spielen in Athen 2004 aus der Sicht der Trainer.

Zugehörigkeit zum Top Team 2004	Gesamtgruppe Trainer			Heimtrainer			Cheftrainer		
	N	Ja	Nein	N	Ja	Nein	N	Ja	Nein
Top Team 2004	40	13	27	13	8	5	27	5	22

Aus der Gesamtgruppe der 40 Trainer gaben 13 Übungsleiter an, dass sie Athleten aus dem ‚TopTeam 2004' betreut hatten. Von den 13 Heimtrainern hatten 8 Trainer Athleten aus dem ‚Top-Team' trainiert, wohingegen von den 27 Cheftrainern nur 5 Übungsleiter Leistungssportler aus dem ‚Top-Team 2004' angeleitet hatten.

In der Tabelle 3.12 sind die Einschätzungen der befragten Trainer zur Zufriedenheit mit der Leistung der Athleten enthalten, wobei die Bewertungen auf einer 5-Punkte-Skala von ‚1=völlig unzufrieden' bis ‚5=sehr zufrieden' vorgenommen wurden.

Tabelle 3.12. Zufriedenheit mit der Leistung der Athleten (‚1=völlig unzufrieden' bis ‚5=sehr zufrieden').

Zufriedenheit mit ...	Gesamtgruppe Trainer			Heimtrainer			Cheftrainer			F-Wert	p
	N	M	SD	N	M	SD	N	M	SD		
Leistung der Athleten	41	3.92	1.08	13	4.15	0.98	28	3.82	1.12	0.83	.366

Die 41 Trainer zeigten mit einem Mittelwert von M=3.92 eine hochgradige Zufriedenheit mit den Leistungen ihrer Athleten. Die 13 Heimtrainer ließen mit M=4.15 einen im Trend höheren Zufriedenheitswert erkennen als die 28 Cheftrainer mit einem Wert von M=3.82.

3.2.2 Qualitative Befragung mittels eines Leitfadeninterviews

An der qualitativen Befragung mittels des Leitfadeninterviews nahmen insgesamt 14 Personen teil. Es handelte sich hierbei um 4 Trainer, 4 Vertreter der Olympiastützpunkte (OSP), 2 Vertreter des Instituts für Angewandte Trainingswissenschaft (IAT), einen Vertreter des Instituts für Forschung und Entwicklung von Sportgeräten (FES) sowie um 3 Vertreter des Deutschen Behindertensportverbandes (DBS).

Bei den Trainern wurden 3 Trainer und eine Trainerin befragt, deren Alter zwischen 19 und 61 Jahren lag. Das Durchschnittsalter bei den befragten Trainern betrug 45.25 Jahre. Ein Trainer war zum Zeitpunkt des Interviews 61 Jahre alt und betreute nach seiner Trainerkarriere im Bereich des Leistungssports der Nichtbehinderten auch Athleten mit Behinderung. Je ein Trainer kam aus den Sportarten Volleyball und Sitzball, die beiden anderen Befragten waren in der Leichtathletik tätig.

Die 4 Vertreter der Olympiastützpunkte (OSP) waren männlichen Geschlechts. Das Durchschnittsalter der Vertreter der Olympiastützpunkte (OSP) betrug 51 Jahre, wobei der Jüngste 44 Jahre und der Älteste 54 Jahre alt war. 3 Vertreter der Olympiastützpunkte (OSP) waren auch direkt mit der Betreuung der behinderten Athleten beauftragt. Einer der 4 Befragten hatte keinen direkten Kontakt mit den behinderten Athleten an seinem Olympiastützpunkt (OSP).

Ein Vertreter des Instituts für Angewandte Trainingswissenschaft (IAT) war zum Zeitpunkt der Befragung 55 Jahre alt, der zweite Befragte des Insituts für Angewandte Trainingswissenschaft (IAT) 35 Jahre alt. Beide befanden sich zu dieser Zeit in leitender Position am IAT.

Der Vertreter des Instituts für Forschung und Entwicklung von Sportgeräten (FES) hatte eine führende Funktion inne und war 53 Jahre alt.

Bei den Vertretern des Deutschen Behindertensportverbandes (DBS) handelte es sich um eine weibliche Vertreterin und 2 männliche Vertreter. Die DBS-Vertreterin war 30, die beiden anderen DBS-Vertreter 50 und 65 Jahre alt. Ein Vertreter kam aus dem Jugendbereich und beschäftigte sich vorwiegend mit der Nachwuchsförderung. Der zweite Vertreter des DBS kam aus dem Schwimmsport, in dem er bereits mehrere Projekte initiiert hatte. Die befragte Vertreterin war aktive und sehr erfolgreiche Sportlerin im Rollstuhl-Rennsport.

3.3 Untersuchungsdurchführung

Die Untersuchungsdurchführung bezog sich zum einen auf die quantitative Befragung mittels des spezifischen Fragebogens und zum anderen auf die qualitative Befragung mittels des Leitfadeninterviews.

3.3.1 Quantitative Befragung mittels eines Fragebogens

Die quantitative Befragung der Trainer mittels des spezifischen Fragebogens wurde im Zeitraum von Mai bis November 2005 vorgenommen.

3.3.2 Qualitative Befragung mittels eines Leitfadeninterviews

Die qualitative Befragung der Trainer mittels des Leitfadeninterviews wurde im Zeitraum von Mai 2005 bis September 2006 vorgenommen.

3.4 Untersuchungsauswertung

Die Untersuchungsauswertung umfasste einerseits die quantitative Befragung mittels des spezifischen Fragebogens und andererseits die qualitative Befragung mittels des Leitfadeninterviews.

3.4.1 Quantitative Befragung mittels eines Fragebogens

Die Analyse der quantitativen Befragung erfolgte anhand des Statistik-Programm-Systems für die Sozialwissenschaften (SPSS). In diesem Zusammenhang wurden deskriptive Verfahren zur Beurteilung der Bekanntheit und Nutzung der Betreuungsangebote in der Gesamtgruppe der Trainer und varianzanalytische Prozeduren zur Überprüfung der Unterschiede in den Bewertungen der Betreuung und Beratung an den Olympiastützpunkten (OSP) und an den weiteren Fördereinrichtungen zwischen den Heimtrainern und den Cheftrainern herangezogen.

Zur Kennzeichnung nachweislicher Bewertungsunterschiede wurden folgende Signifikanzniveaus verwendet:

- $p = .500 - .100 =$ trendbezogen,
- $p = .099 - .050 =$ tendenziell signifikant (ts),
- $p = .049 - .011 =$ signifikant (s),
- $p = .010 - .002 =$ sehr signifikant (ss),
- $p = .001 - .0001 =$ hoch signifikant (hs).

3.4.2 Qualitative Befragung mittels eines Leitfadeninterviews

Die Auswertung der qualitativen Befragung mittels des Leitfadeninterviews wurde anhand inhaltsanalytischer Aspekte in Hinsicht auf die Kenntnis, Nutzung und Zufriedenheit mit der Nutzung sowie der Wahrnehmung der Veränderung des Leistungssports durch die ausgewählten Trainer, Vertreter von Olympiastützpunkten (OSP), Vertreter des Instituts für Angewandte Trainingswissenschaft (IAT), Vertreter des Instituts für Forschung und Entwicklung von Sportgeräten (FES) und Vertreter des Deutschen Behindertensportverbandes (DBS) durchgeführt. Die Einzelinterviews wurden direkt und unmittelbar bzw. per Telefon vorgenommen, mit Kassettenrekorder aufgezeichnet, vollständig transkribiert und nach den spezifischen inhaltlichen Schwerpunkten kodiert und ausgewertet.

Die Gruppe der Trainer bestand aus 4 Befragten, die vorrangig Aussagen über ihre Kenntnisse bezüglich der einzelnen Betreuungseinrichtungen und deren Nutzung durch die von ihnen betreuten Athleten machten. Dabei wurde neben der Nutzung der Serviceleistungen an den jeweiligen Einrichtungen auch auf die allgemeine Betreuungssituation der behinderten Athleten eingegangen.

Zu den Funktionären zählten die 4 Vertreter der Olympiastützpunkte (OSP), die 2 Vertreter des Instituts für Angewandte Trainingswissenschaft (IAT), der Vertreter des Instituts für Forschung und Entwicklung von Sportgeräten (FES) sowie die 3 Vertreter des Deutschen Behindertensportverbandes (DBS). Schwerpunktmäßig bezogen sich die Aussagen der befragten Funktionäre auf die allgemeine Betreuungssituation der Athleten mit Behinderung an den Olympiastützpunkten (OSP), dem Institut für Angewandte Trainingswissenschaft (IAT) sowie dem Institut für Forschung und Entwicklung von Sportgeräten (FES). Inhaltlich wurden Aussagen zu den verschiedenen Serviceleistungen der genannten Institute und zu den Möglichkeiten und Grenzen einer Betreuung behinderter Leistungssportler von den Funktionären gemacht. Weiterhin wurde auf die fachspezifische Qualifikation der wissenschaftlichen Mitarbeiter sowie auf vorhandene und zukunftsträchtige Möglichkeiten der Kooperation (z.B. Aufgaben einzelner Institutionen im Rahmen einer veränderten Sportpolitik) eingegangen.

4. DARSTELLUNG UND DISKUSSION DER ERGEBNISSE

Die Darstellung und Diskussion der Ergebnisse umfasst die quantitative Befragung von Trainern mittels eines Fragebogens und die qualitative Befragung von Trainern und Funktionären mittels eines Leitfadeninterviews.

4.1 Quantitative Befragung von Trainern mittels eines Fragebogens

Die Darstellung der Ergebnisse bezieht sich auf die Bewertungen der ausgewählten Aspekte des Fragebogens durch die 41 Trainer im Leistungssport von Menschen mit Behinderung. Sie umfasst die Beurteilung der Betreuung von Leistungssportlern mit Behinderung an Olympiastützpunkten (OSP) und spezifischen Fördereinrichtungen aus der Perspektive der Gesamtgruppe der Trainer und im Vergleich der Heimtrainer und Cheftrainer.

4.1.1 Betreuung von Leistungssportlern mit Behinderung an Olympiastützpunkten und spezifischen Fördereinrichtungen in der Gesamtgruppe der Trainer

Die Beurteilung der Betreuung von Leistungssportlern mit Behinderung beinhaltet die Bekanntheit und die Nutzung der einzelnen Betreuungseinrichtungen an den Olympiastützpunkten (OSP), am Institut für Angewandte Trainingswissenschaft (IAT), am Institut für Forschung und Entwicklung von Sportgeräten (FES), an Instituten für Sportwissenschaft (ISW) sowie der Firmen für Geräteherstellung (z.B. Prothesen, Rollstühle) und die Bewertung der Situation der behinderten Athleten auf der Grundlage des Leistungssportkonzepts des Deutschen Behindertensportverbandes (DBS).

4.1.1.1 Bekanntheit der Betreuungseinrichtungen

Die Beurteilung der Bekanntheit der Betreuungseinrichtungen der Olympiastützpunkte (OSP), des Instituts für Angewandte Trainingswissenschaft (IAT), des Instituts für Forschung und Entwicklung von Sportgeräten (FES), der Institute für Sportwissenschaft (ISW) und der Firmen für Geräteherstellung (z.B. Prothesen, Rollstühle) in der Gesamtgruppe der 41 befragten Trainer ist in der Tabelle 4.1 und in der Abbildung 4.1 enthalten. Hierbei werden die Zahlen der antwortenden Trainer (N) sowie die Mittelwerte (M) und Standardabweichungen (SD) der Bewertungen anhand einer 5-Punkte-Skala von ‚1=nicht bekannt' bis ‚5=sehr bekannt' aufgeführt.

Tabelle 4.1. Bekanntheit der Betreuungseinrichtungen in der Gesamtgruppe der Trainer („1=nicht bekannt' bis ‚5=sehr bekannt').

Bekanntheit der Betreuungseinrichtungen	Gesamtgruppe Trainer		
	N	M	SD
Olympiastützpunkte (OSP)	41	4.24	1.22
Institut für Angewandte Trainingswissenschaft (IAT)	40	2.85	1.57
Institut für Forschung und Entwicklung von Sportgeräten (FES)	40	2.60	1.54
Institute für Sportwissenschaft (ISW)	41	3.19	1.24
Firmen für die Geräteherstellung (z.B. Prothesen, Rollstühle)	41	3.26	1.50

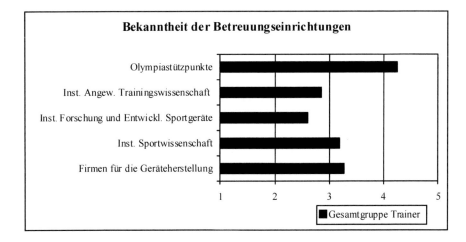

Abbildung 4.1. Bekanntheit der Betreuungseinrichtungen in der Gesamtgruppe der Trainer („1=nicht bekannt' bis ‚5=sehr bekannt').

Die befragten 41 Trainer nahmen bis auf je einen Trainer bei dem Institut für Angewandte Trainingswissenschaft (IAT) und dem Institut für Forschung und Entwicklung von Sportgeräten (FES) zu den 5 ausgewählten Betreuungseinrichtungen Bewertungen vor. Den Trainern waren die Betreuungseinrichtungen der Olympiastützpunkte (OSP) offensichtlich mit weitem Abstand am bekanntesten. Auf dem zweiten Rang der Bekanntheit folgten die Firmen für die Geräteherstellung (z.B. Prothesen, Rollstühle). Den dritten Bekanntheitsrang nahmen die Institute für Sportwissenschaft (ISW) mit geringem Abstand ein. Auf dem vierten Bekanntheitsrang folgte das Institut für Angewandte Trainingswissenschaft (IAT). Den vergleichsweise niedrigsten Bekanntheitsgrad ließ das Institut für Forschung und Entwicklung von Sportgeräten (FES) bei den 41 Trainern im Leistungssport von Menschen mit Behinderung erkennen.

4.1.1.2 Betreuung am Olympiastützpunkt (OSP)

Die Bewertung der Betreuung am Olympiastützpunkt (OSP) beinhaltete das Vorhandensein spezifischer Betreuungsbereiche, die Notwendigkeit der einzelnen Betreuungsbereiche, die Zufriedenheit mit den einzelnen Betreuungsbereichen und die Veränderung der Betreuungssituation seit der Zugehörigkeit der Athleten zu dem Olympiastützpunkt (OSP).

Die Beurteilung des Vorhandenseins der einzelnen Betreuungsbereiche am Olympiastützpunkt (OSP) ist in der Tabelle 4.2 und der Abbildung 4.2 dargestellt.

Tabelle 4.2. Vorhandensein der einzelnen Betreuungsbereiche am Olympiastützpunkt (OSP).

Welche Betreuungsbereiche sind an dem von Ihrem Athleten genutzten Olympiastützpunkt vorhanden?	Gesamtgruppe Trainer			
	N	Vor-handen	Nicht vor-handen	Keine Information
Orthopädisch-medizinische Betreuung	21	15	1	5
Internistisch-medizinische Betreuung	22	12	1	9
Allgemein-medizinische Betreuung	25	18	0	7
Physiotherapie/Physikalische Therapie	25	23	0	2
Krankengymnastik	21	16	1	4
Psychologische Beratung	22	12	1	9
Medizinische Leistungsdiagnostik	26	24	0	2
Biomechanische Leistungsdiagnostik	24	17	0	7
Ernährungsberatung	23	16	0	7
Laufbahnberatung	24	19	0	5

Wie aus der Tabelle 4.2 und der Abbildung 4.2 ersehen werden kann, machten 21 bis 26 Trainer Angaben zur Existenz einzelner Betreuungsbereiche an den von ihren Athleten mit Behinderung genutzten Olympiastützpunkten (OSP). Hierbei wurden die Bewertungen in das Vorhandensein, das Fehlen und die mangelnde Kenntnis über die Bereiche unterteilt. Die Beurteilung des Vorhandenseins der einzelnen Betreuungsbereiche an den Olympiastützpunkten wurde von 12 bis 24 befragten Trainern vorgenommen.

Der überwiegende Teil der Trainer gab an, dass eine medizinische Leistungsdiagnostik (24 Trainer) und eine Physiotherapie/Physikalische Therapie (23 Trainer) an den Olympiastützpunkten (OSP) gegeben waren. Auf den nächsten Rängen folgten die Laufbahnberatung (19) und die allgemein-medizinische Betreuung (18). Hiernach fanden sich die biomechanische Leistungsdiagnostik (17), die Ernährungsberatung (16) und die Krankengymnastik (16) sowie die orthopädisch-medizinische Betreuung (15).

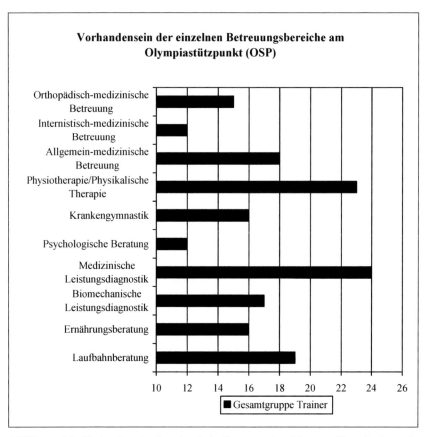

Abbildung 4.2. Vorhandensein der einzelnen Betreuungsbereiche am Olympiastützpunkt (OSP).

Nach den Angaben von jeweils 12 Trainern existierten die internistisch-medizinische Betreuung und die psychologische Beratung an ihren Olympiastützpunkten (OSP). Die meisten befragten Trainer hatten eine differenzierte Kenntnis über die Existenz der einzelnen Betreuungs- und Beratungsbereiche an den Olympiastützpunkten (OSP).

In der Tabelle 4.3 und in der Abbildung 4.3 finden sich die Beurteilungen der Notwendigkeit der einzelnen Betreuungseinrichtungen am Olympiastützpunkt (OSP) auf einer 5-Punkte-Skala von ‚1=überflüssig' bis ‚5=zwingend notwendig'.

Tabelle 4.3. Notwendigkeit der einzelnen Betreuungseinrichtungen am Olympiastützpunkt (OSP) („1=überflüssig' bis ‚5=zwingend notwendig').

Welche Notwendigkeit haben die folgenden Betreuungsbereiche aus Ihrer Sicht für Ihren/e Athleten?	Gesamtgruppe Trainer		
	N	M	SD
Orthopädisch-medizinische Betreuung	32	4.56	0.75
Internistisch-medizinische Betreuung	30	4.20	0.96
Allgemein-medizinische Betreuung	30	4.33	0.80
Physiotherapie/Physikalische Therapie	34	4.73	0.56
Krankengymnastik	32	4.37	0.97
Psychologische Beratung	34	4.11	0.97
Medizinische Leistungsdiagnostik	34	4.61	0.65
Biomechanische Leistungsdiagnostik	32	4.50	0.80
Ernährungsberatung	33	4.03	0.88
Laufbahnberatung	29	3.72	1.36

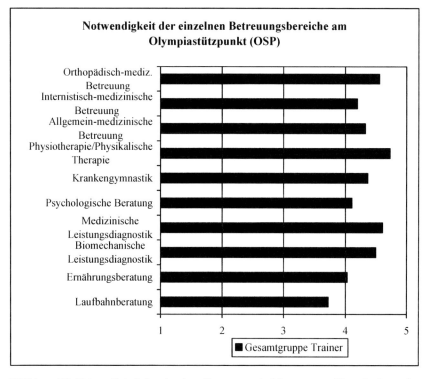

Abbildung 4.3. Notwendigkeit der einzelnen Betreuungseinrichtungen am Olympiastützpunkt (OSP) („1=überflüssig' bis ‚5=zwingend notwendig').

Aus der Tabelle 4.3 ist ableitbar, dass die Notwendigkeit der einzelnen Betreuungseinrichtungen am Olympiastützpunkt (OSP) von 29 bis maximal 34 der befragten Trainer bewertet wurde. Die vergleichsweise meisten Einschätzungen der befragten 41 Trainer wurden mit jeweils 34 Aussagen zur Physiotherapie/Physikalischen Therapie, zur psychologischen Beratung und zur medizinischen Leistungsdiagnostik deutlich. Hierauf folgten die Aussagen zur Ernährungsberatung (33) sowie zur orthopädisch-medizinischen Betreuung, zur Krankengymnastik und zur biomechanischen Leistungsdiagnostik (je 32 Trainer). Hieran schlossen sich die Bewertungen zur internistisch-medizinischen und allgemein-medizinischen Betreuung (je 30 Trainer) an. Die Laufbahnberatung wurde lediglich von 29 Trainern beurteilt.

Die Einschätzung der höchsten Notwendigkeit fand sich in Hinsicht auf die Betreuung durch die Physiotherapie/Physikalischen Therapie (M=4.73), die zweithöchste Bewertung bei der medizinischen Leistungsdiagnostik (M=4.61) und die dritthöchste Beurteilung bei der orthopädisch-medizinischen Betreuung (M=4.56). Auf den nächsten Rängen der Notwendigkeitseinschätzungen lagen die biomechanische Leistungsdiagnostik (M=4.50), die Krankengymnastik (M=4.37), die allgemein-medizinische Betreuung (M=4.33), die internistisch-medizinische Betreuung (M=4.20) und die psychologische Beratung (M=4.11). Als vergleichsweise weniger notwendig wurden die Ernährungsberatung (M=4.03) und die Laufbahnberatung (M=3.72) erachtet. Insofern lag bei den befragten Trainern im Leistungssport von Menschen mit Behinderung eine vorrangige Notwendigkeit der Physiotherapie und der unterschiedlichen medizinischen Leistungsdiagnostiken vor, wohingegen die biomechanische Leistungsdiagnostik und die psychologische Beratung mit mittleren Beurteilungen versehen wurden und die Ernährungsberatung und die Laufbahnberatung die niedrigsten Einschätzungen zur Erfordernis erhielten.

Die Tabelle 4.4 und die Abbildung 4.4 enthalten die Beurteilungen der befragten Trainer in Bezug auf die Zufriedenheit mit der Betreuung an den Olympiastützpunkten (OSP), wobei eine 5-Punkte-Skala von ‚1=nicht zufrieden' bis ‚5=sehr zufrieden' zugrunde gelegt wurde.

Die Tabelle 4.4 und die Abbildung 4.4 machen deutlich, dass jeweils 12 bis 20 Trainer ihre Zufriedenheit mit den einzelnen Betreuungsbereichen eingeschätzt haben. Die häufigsten Aussagen fanden sich bei der allgemein-medizinischen Betreuung, der Physiotherapie/Physikalischen Therapie und der medizinischen Leistungsdiagnostik von jeweils 20 Trainern. Angaben zu der orthopädisch-medizinischen Betreuung wurden von 17 Trainern, zur biomechanischen Leistungsdiagnostik von 15 Trainern sowie zur Krankengymnastik und Laufbahnberatung von 14 Trainern gemacht. Weniger Aussagen traten bei der internistisch-medizinischen Betreuung (13 Trainer) und bei der psychologischen Beratung und Ernährungsberatung von jeweils nur 12 Trainern auf.

Tabelle 4.4. Zufriedenheit mit der Betreuung am Olympiastützpunkt (OSP) („1=nicht zufrieden' bis „5=sehr zufrieden').

Wie zufrieden sind Sie allgemein mit der Betreuung Ihres/er Athleten am OSP?	Gesamtgruppe Trainer		
	N	M	SD
Orthopädisch-medizinische Betreuung	17	3.70	1.16
Internistisch-medizinische Betreuung	13	3.61	1.32
Allgemein-medizinische Betreuung	20	3.55	1.05
Physiotherapie/Physikalische Therapie	20	3.85	1.53
Krankengymnastik	14	3.42	1.69
Psychologische Beratung	12	2.25	1.13
Medizinische Leistungsdiagnostik	20	3.75	1.41
Biomechanische Leistungsdiagnostik	15	3.46	1.68
Ernährungsberatung	12	2.33	1.49
Laufbahnberatung	14	3.35	1.27

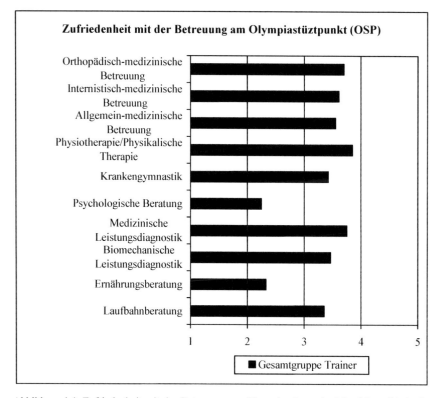

Abbildung 4.4. Zufriedenheit mit der Betreuung am Olympiastützpunkt („1=nicht zufrieden' bis „5=sehr zufrieden').

Die höchste Beurteilung der Zufriedenheit durch die befragten Trainer der Leistungssportler mit Behinderung ergab sich bei der Physiotherapie/Physikalischen Therapie mit M=3.85. Auf dem zweiten Zufriedenheitsrang lag die medizinische Leistungsdiagnostik mit M=3.75. Den dritten Rang nahm die orthopädisch-medizinische Betreuung mit M=3.70 ein. Auf den weiteren Rängen der Zufriedenheit fanden sich die internistisch-medizinische Betreuung (M=3.61), die allgemein-medizinische Betreuung (M=3.55), die biomechanische Leistungsdiagnostik (M=3.46), die Krankengymnastik (M=3.46) und die Laufbahnberatung (M=3.35). Die vergleichsweise niedrigsten Werte der Zufriedenheit konnten gemäß der Beurteilung der Trainer bei der Ernährungsberatung (M=2.33) und der psychologischen Beratung (M=2.25) festgestellt werden.

Aus dieser vergleichenden Beurteilung der Betreuungsbereiche an den Olympiastützpunkten durch die Trainer der Leistungssportler mit Behinderung wurden hohe Zufriedenheitsgrade mit der Physiotherapie/Physikalischen Therapie und den verschiedenen medizinischen Betreuungsbereichen deutlich. Die Zufriedenheit mit der biomechanischen Leistungsdiagnostik, der Krankengymnastik und der Laufbahnberatung war nur in mittlerem Maße vorhanden. Erheblich niedrigere Zufriedenheitswerte fanden sich bei der Ernährungsberatung und der psychologischen Beratung.

In der Tabelle 4.5 und der Abbildung 4.5 ist die Beurteilung der Trainer in Hinsicht auf die Veränderung der Betreuungssituation seit der Zugehörigkeit ihrer Athleten (OSP) zu dem Olympiastützpunkt aufgeführt. Diese Bewertung wurde auf einer 5-Punkte-Skala von ‚1=stark verschlechtert' bis ‚5=stark verbessert' vorgenommen.

Tabelle 4.5. Veränderung der Betreuungssituation seit der Zugehörigkeit ihres/er Athleten zu dem Olympiastützpunkt (OSP) (‚1=stark verschlechtert' bis ‚5=stark verbessert').

Wie hat sich Ihre persönliche Betreuungssituation seit der Zugehörigkeit Ihres/er Athleten zum OSP verändert?	Gesamtgruppe Trainer		
	N	M	SD
Orthopädisch-medizinische Betreuung	17	3.35	0.70
Internistisch-medizinische Betreuung	16	3.25	0.57
Allgemein-medizinische Betreuung	21	3.28	0.64
Physiotherapie/Physikalische Therapie	20	3.80	0.89
Krankengymnastik	16	3.62	0.80
Psychologische Beratung	12	3.16	0.57
Medizinische Leistungsdiagnostik	16	3.25	0.68
Biomechanische Leistungsdiagnostik	14	3.35	0.74
Ernährungsberatung	11	3.00	0.00
Laufbahnberatung	13	3.07	0.27

Studie 2: Darstellung und Diskussion der Ergebnisse 169

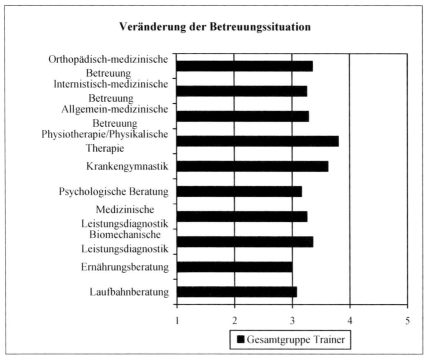

Abbildung 4.5. Veränderung der Betreuungssituation seit der Zugehörigkeit ihres/er Athleten zu dem Olympiastützpunkt (OSP) (‚1=stark verschlechtert' bis ‚5=stark verbessert').

Aus der Tabelle 4.5 und der Abbildung 4.5 ist ablesbar, dass 11 bis 21 Trainer Bewertungen zu einzelnen Betreuungs- und Beratungsbereichen vornahmen. Alle 10 einbezogenen Betreuungs- und Beratungsbereiche wurden von den Trainern von gleich bleibend bis in mittlerem Grade verbessert beurteilt. Die vergleichsweise größte Verbesserung wurde von den Trainern bei der Physiotherapie/Physikalischen Therapie, die zweitgrößte Verbesserung bei der Krankengymnastik und die nächstfolgende Verbesserung sowohl bei der orthopädisch-medizinischen Betreuung als auch bei der biomechanischen Leistungsdiagnostik wahrgenommen. Leicht niedrigere Verbesserungen wurden bei der allgemein-medizinischen Betreuung, bei der internistisch-medizinischen Betreuung, bei der psychologischen Beratung und bei der Laufbahnberatung aufgefunden. Die Ernährungsberatung wurde als gleich bleibend beurteilt. Somit ergaben sich in 9 von 10 Betreuungs- und Beratungsbereichen seit der Zugehörigkeit der Leistungssportler mit Behinderung zu den Olympiastützpunkten niedrige bis hohe Verbesserungen der gesamten Betreuungssituation aus der Perspektive der Trainer.

4.1.1.3 Betreuung am Institut für Angewandte Trainingswissenschaft (IAT)

Die Beurteilung der Betreuung am Institut für Angewandte Trainingswissenschaft (IAT) bezog sich auf die Bekanntheit dieser Fördereinrichtung. In der Tabelle 4.6 und der Abbildung 4.6 sind die Bewertungen der Trainer in Bezug auf die Bekanntheit der Betreuungseinrichtungen am Institut für Angewandte Trainingswissenschaft (IAT) dargestellt. Diese Bewertung erfolgte auf der Basis einer 5-Punkte-Skala von ‚1=nicht bekannt' bis ‚5=sehr bekannt'.

Tabelle 4.6. Bekanntheit der Betreuungseinrichtungen am Institut für Angewandte Trainingswissenschaft (IAT) (‚1=nicht bekannt' bis ‚5=sehr bekannt').

Welche der Betreuungseinrichtungen sind Ihnen am Institut für Angewandte Trainingswissenschaft (IAT) in welchem Maße bekannt?	Gesamtgruppe Trainer		
	N	M	SD
Ergonomiezentrum	22	1.95	1.39
Spezialdiagnostik	21	1.85	1.42
Messplatztraining	22	2.22	1.57
Sportartspezifische Test- und Überprüfungsprogramme	22	2.40	1.62
Präventivprogramme zur Sicherung der Belastbarkeit	22	2.04	1.46
Sportmedizinische Grunduntersuchung	24	2.66	1.65
Laufband- und Rad-Dynamometrie	22	2.45	1.71
3D-Bewegungsanalyse	23	2.30	1.55

Wie aus der Tabelle 4.6 und der Abbildung 4.6 ersichtlich ist, waren von 21 bis 24 Trainer an den Bewertungen der Bekanntheit der verschiedenen Betreuungseinrichtungen am Institut für Angewandte Trainingswissenschaft (IAT) beteiligt. Die Mittelwerte der Bekanntheit der einzelnen Betreuungseinrichtungen lagen zwischen M=1.85 und M=2.66 und ließen somit nur niedrige Bekanntheitsgrade erkennen. Die sportmedizinische Grunduntersuchung wurde von den teilnehmenden Trainern als vergleichsweise am bekanntesten eingeschätzt. Auf dem zweiten Rang folgte die Laufband- und Rad-Dynamometrie.

Auf dem dritten Bekanntheitsrang lagen die Einrichtungen der sportartspezifischen Test- und Überprüfungsprogramme. Hierauf folgten die Einrichtungen der 3D-Bewegungsanalyse, des Messplatztrainings, der Präventivprogramme zur Sicherung der Belastbarkeit und des Ergonomiezentrums. Vergleichsweise am wenigsten bekannt war den Trainern die Möglichkeit der Spezialdiagnostik.

Studie 2: Darstellung und Diskussion der Ergebnisse 171

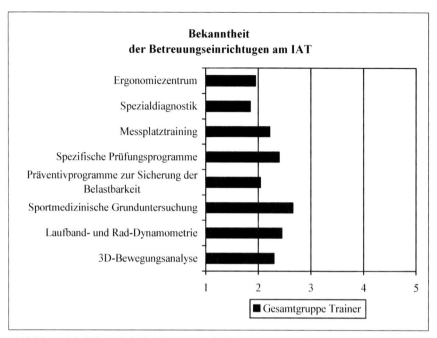

Abbildung 4.6. Bekanntheit der Betreuungseinrichtungen am Institut für Angewandte Trainingswissenschaft (IAT) (‚1=nicht bekannt' bis ‚5=sehr bekannt').

Somit wurde aus der Beurteilung der befragten Trainer im Leistungssport der Menschen mit Behinderung deutlich, dass sie die einzelnen Betreuungseinrichtungen des Instituts für Angewandte Trainingswissenschaft (IAT) kaum kannten. Diese geringe Kenntnis der Trainer hatte offensichtlich ihre hauptsächliche Ursache in der nahezu ausschließlichen Nutzung der Einrichtungen des Instituts für Angewandte Trainingswissenschaft (IAT) durch Athleten ohne Behinderung in der Vergangenheit. Eine zumindest partielle projektbezogene Öffnung des Instituts für Angewandte Trainingswissenschaft (IAT) könnte eine erhebliche Verbesserung und Anreicherung der wissenschaftlich orientierten und sportartbezogenen Betreuungsmöglichkeiten für die Athleten mit Behinderung bedeuten.

4.1.1.4 Betreuung am Institut für Forschung und Entwicklung von Sportgeräten (FES)

Die Einschätzung der Betreuung am Institut für Forschung und Entwicklung von Sportgeräten (FES) hatte die Bekanntheit dieser Fördereinrichtung zum Gegenstand. Aus der Tabelle 4.7 und der Abbildung 4.7 ist die Einschätzung der Bekanntheit der Serviceleistungen am Institut für Forschung und Entwicklung von Sportgeräten (FES) durch die Trainer im Leistungssport der Menschen mit

Behinderung ersichtlich. Die Einschätzung der Bekanntheit wurde auf einer 5-Punkte-Skala von ‚1=nicht bekannt' bis ‚5=sehr bekannt' durchgeführt.

Tabelle 4.7. Bekanntheit der Serviceleistungen am Institut für Forschung und Entwicklung von Sportgeräten (FES) (‚1=nicht bekannt' bis ‚5=sehr bekannt').

Bekanntheit der am Institut für Forschung und Entwicklung (FES) angebotenen Serviceleistungen	Gesamtgruppe Trainer		
	N	M	SD
Allgemeine Sportgeräteentwicklung	23	2.65	1.61
Ingenieurwissenschaftliche Methoden zur Neu- und Weiterentwicklung von Sportgeräten	23	2.60	1.58

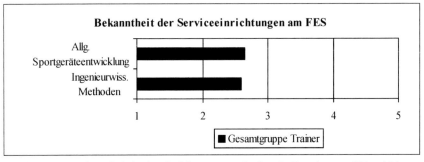

Abbildung 4.7. Bekanntheit der Serviceleistungen am Institut für Forschung und Entwicklung von Sportgeräten (FES) (‚1=nicht bekannt' bis ‚5=sehr bekannt').

Die Tabelle 4.7 und die Abbildung 4.7 machen deutlich, dass 23 Trainer aus der Gesamtgruppe von 41 Übungsleitern Einschätzungen zu den Serviceleistungen des Instituts für Forschung und Entwicklung von Sportgeräten (FES) vornahmen. Die Serviceleistung der allgemeinen Sportgeräteentwicklung war den Trainern mit M=2.65 in mittlerem Grade bekannt. Die ingenieurwissenschaftlichen Methoden zur Neu- und Weiterentwicklung von Sportgeräten waren den Trainern mit M=2.60 in mittlerem Ausmaß bekannt. Aus diesen Einschätzungen der Trainer von Athleten mit Behinderung war eine mittelgradige Bekanntheit der wesentlichen Betreuungsbereiche des Instituts für Forschung und Entwicklung von Sportgeräten (FES) erkennbar. Die Erhöhung des Bekanntheitsgrades bei den Trainern und mittelfristig eine angemessene Nutzung der Serviceeinrichtungen des Instituts für Forschung und Entwicklung von Sportgeräten (FES) auch für Athleten mit Behinderung erscheinen wünschenswert.

4.1.1.5 Betreuung an Instituten für Sportwissenschaft (ISW)

Inhalt der Einschätzung der Betreuung an den Instituten für Sportwissenschaft (ISW) war die Bekanntheit dieser Einrichtungen.

Studie 2: Darstellung und Diskussion der Ergebnisse

In der Tabelle 4.8 und der Abbildung 4.8 ist die Bewertung der Bekanntheit der an den Instituten für Sportwissenschaft (ISW) angebotenen Serviceeinrichtungen aufgeführt, wobei die Einschätzung auf einer 5-Punkte-Skala von ‚1=nicht bekannt' bis ‚5=sehr bekannt' durchgeführt wurde.

Tabelle 4.8. Bekanntheit der an den Instituten für Sportwissenschaft (ISW) angebotenen Serviceeinrichtungen (‚1=nicht bekannt' bis ‚5=sehr bekannt').

Bekanntheit der an den Instituten für Sportwissenschaft (ISW) angebotenen Serviceeinrichtungen	Gesamtgruppe Trainer		
	N	M	SD
Wissenschaftlich praxisorientierte Analysen für das Training, die Wettkampfvorbereitung, den Wettkampf und die Wettkampfnachbereitung	27	2.11	1.39
Wissenschaftliche theoriegeleitete Grundlagenforschung	27	2.07	1.26

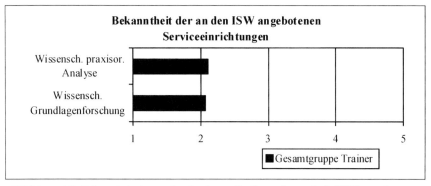

Abbildung 4.8. Bekanntheit der an den Instituten für Sportwissenschaft (ISW) angebotenen Serviceeinrichtungen (‚1=nicht bekannt' bis ‚5=sehr bekannt').

Wie aus der Tabelle 4.8 und der Abbildung 4.8 hervorgeht, beurteilten 27 Trainer der Gesamtstichprobe der 41 Trainer die Bekanntheit der 2 unterschiedlichen Serviceeinrichtungen. Den 27 Trainern waren die wissenschaftlich praxisorientierten Analysen für das Training, die Wettkampfvorbereitung, den Wettkampf und die Wettkampfnachbereitung mit einem Mittelwert von M=2.11 nur in niedrigem Grad bekannt. Ferner zeigten sie in Bezug auf die wissenschaftliche theoriegeleitete Grundlagenforschung einen leicht niedrigeren Bekanntheitswert. Offensichtlich kannten die befragen Trainer der Leistungssportler mit Behinderung die Institute für Sportwissenschaft (ISW) vorrangig als Ausbildungseinrichtungen für Sportlehrer und Sportwissenschaftler, jedoch kaum aufgrund der angebotenen Serviceeinrichtungen für die wissenschaftlich praxisorientierten Analysen für das Training und den Wettkampf und für die wissenschaftlich theoriegeleitete Grundlagenforschung.

Insofern sollten die größeren Institute für Sportwissenschaft (ISW) ihre Angebotsmöglichkeiten auch für Athleten mit Behinderung stärker transparent machen und den ortsnahen Athleten den Zugang zu den einzelnen spezifischen Serviceeinrichtungen (z.b. in den Abteilungen für Sportmedizin, Trainingswissenschaft, Biomechanik, Sportpsychologie) ermöglichen.

4.1.1.6 Betreuung durch Firmen der Geräteherstellung

Gegenstand der Bewertung der Betreuung durch Firmen der Geräteherstellung war die Bekanntheit dieser Firmen und die Zufriedenheit mit der Qualität der Serviceeinrichtungen dieser Firmen.

In der Tabelle 4.9 und der Abbildung 4.9 ist die Einschätzung der Bekanntheit der Firmen der Geräteherstellung (Prothesen, Orthesen, Rollstühle) enthalten, wobei diese Beurteilung auf einer 5-Punkte-Skala von ‚1=nicht bekannt' bis ‚5=sehr bekannt' erfolgte.

Tabelle 4.9. Bekanntheit der Firmen der Geräteherstellung (Prothesen/Orthesen, etc.) ‚1=nicht bekannt' bis ‚5=sehr bekannt').

Bekanntheit der Firmen der Geräteherstellung	Gesamtgruppe Trainer		
	N	M	SD
Privater Service hinsichtlich der Prothesen- und Orthesenversorgung, Rollstühle	32	3.43	1.50
Technischer Service hinsichtlich der Prothetik, Rollstühle für das Training und den Wettkampf	32	3.31	1.51

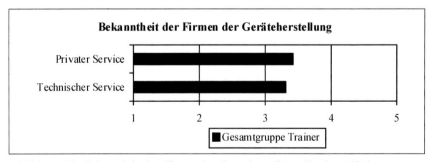

Abbildung 4.9. Bekanntheit der Firmen der Geräteherstellung (Prothesen/Orthesen, etc.) (‚1=nicht bekannt' bis ‚5=sehr bekannt').

Die Bewertungen der Bekanntheit der Serviceeinrichtungen von Firmen der Geräteherstellung (Prothesen, Orthesen, Rollstühle) wurden von 32 Trainern der Gesamtstichprobe der 41 Übungsleiter vorgenommen. Die Möglichkeit des privaten Services hinsichtlich der Prothesen- und Orthesenversorgung, Rollstühle

Studie 2: Darstellung und Diskussion der Ergebnisse 175

war den 32 Trainern mit einem Mittelwert von M=3.43 in mittlerem Grad bekannt. Der technische Service hinsichtlich der Prothetik, Rollstühle für das Training und den Wettkampf ließ bei den 32 Trainern mit einem Mittelwert von M=3.31 einen geringfügig niedrigeren Bekanntheitsgrad erkennen. Offensichtlich waren die Trainer schon mehrfach durch die Kommunikation mit Leistungssportlern mit Behinderung sowie mit anderen Trainern in Kontakt mit dem Personal einiger weltbekannter Firmen der Geräteherstellung (Prothesen, Orthesen) gekommen.

In der Tabelle 4.10 und der Abbildung 4.10 sind die Einschätzungen der Trainer in Hinsicht auf die Zufriedenheit mit der Qualität der Serviceeinrichtungen der Firmen der Geräteherstellung (Prothesen, Orthesen) aufgeführt.

Tabelle 4.10. Zufriedenheit mit der Qualität der Serviceeinrichtungen der Firmen der Geräteherstellung (Prothesen/Orthesen, etc.) („1=nicht zufrieden' bis ‚5=sehr zufrieden').

Zufriedenheit mit der Qualität der Serviceeinrichtungen der Firmen der Geräteherstellung	Gesamtgruppe Trainer		
	N	M	SD
Privater Service hinsichtlich der Prothesen- und Orthesenversorgung, Rollstühle	23	4.04	0.92
Technischer Service hinsichtlich der Prothetik, Rollstühle für das Training, den Wettkampf und die Wettkampfnachbereitung	22	4.13	0.83

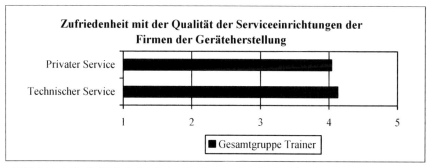

Abbildung 4.10. Zufriedenheit mit der Qualität der Serviceeinrichtungen der Firmen der Geräteherstellung (Prothesen/Orthesen, etc.) („1=nicht zufrieden' bis ‚5=sehr zufrieden').

Wie aus der Tabelle 4.10 und der Abbildung 4.10 ersehen werden kann, beurteilten 23 Trainer der Gesamtstichprobe der 41 Übungsleiter die Zufriedenheit mit der Qualität der Serviceeinrichtungen der Firmen der Geräteherstellung.

Die Möglichkeit des technischen Services hinsichtlich der Prothetik, Rollstühle für das Training, den Wettkampf und die Wettkampfnachbereitung wurde von den befragten 23 Trainern mit einem hohen Zufriedenheitswert von M=4.13 versehen. Das Angebot des privaten Services hinsichtlich der Prothesen- und Orthesenversorgung, Rollstühle wurde mit einem leicht niedrigeren Zufriedenheitswert von M=4.04 bewertet. Somit zeigten die befragten Trainer eine hochgradige Zufriedenheit mit dem privaten und technischen Service der Firmen zur Geräteherstellung.

4.1.1.7 Situation der behinderten Athleten durch das Leistungssportkonzept des Deutschen Behindertensportverbandes (DBS)

Die Einschätzung der Auswirkung des Leistungssportkonzepts des Deutschen Behindertensportverbandes (DBS) bezog sich auf die wahrgenommenen Veränderungen der Situation für die Athleten aus der Perspektive der Trainer. In der Tabelle 4.11 und der Abbildung 4.11 sind die Bewertungen der Trainer in Hinsicht auf die Veränderung der Situation der behinderten Athleten durch das Leistungssportkonzept des Deutschen Behindertensportverbandes (DBS) dargestellt.

Tabelle 4.11. Bewertung der Veränderung der Situation der behinderten Athleten durch das Leistungssportkonzept des Deutschen Behindertensportverbandes (DBS) (‚1=stark verschlechtert' bis ‚5=stark verbessert').

Beurteilung der Verbesserung der Rahmenbedingungen	Gesamtgruppe Trainer		
	N	M	SD
Allgemeine Rahmenbedingungen	33	3.09	0.76
Nutzung trainingswissenschaftlicher Erkenntnisse des Nichtbehindertensports, um einen Synergieeffekt zu erzielen	33	3.12	0.33
Veränderung hinsichtlich der Struktur des Leistungssports Nichtbehinderter, um einen Synergieeffekt zu erzielen	33	3.15	0.61
Schaffen eines ‚Wir-Gefühls'	34	2.88	0.80
Offene und effiziente Kommunikation, die keinen Bereich ausschließt	32	2.81	0.69
Öffentlichkeitsarbeit seitens des Verbandes	34	3.61	0.88
Finanzielle Unterstützung	34	2.44	0.89
Materielle Ausstattung	34	2.44	0.70

Diese Beurteilungen wurden auf einer 5-Punkte-Skala von ‚1=stark verschlechtert' bis ‚5=stark verbessert' vorgenommen, wobei der Wert 3 weder eine Verschlechterung, noch eine Verbesserung, sondern eine Beibehaltung der Situation bedeutete.

Aus der Tabelle 4.11 und der Abbildung 4.11 ist ersichtlich, dass zwischen 32 und 34 der befragten 41 Trainer Einschätzungen der 8 unterschiedlichen Aspekte der Situation der behinderten Athleten durch das Leistungssportkonzept vornahmen.

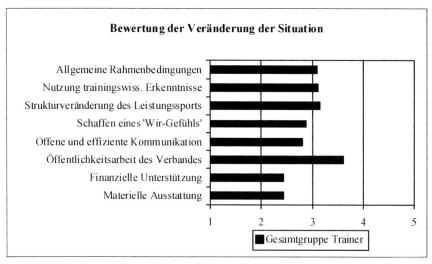

Abbildung 4.11. Bewertung der Veränderung der Situation der behinderten Athleten durch das Leistungssportkonzept des Deutschen Behindertensportverbandes (DBS) ('1=stark verschlechtert' bis '5=stark verbessert').

Die stärkste Verbesserung der Situation der behinderten Athleten aus der Perspektive der Trainer hatte sich bei der Öffentlichkeitsarbeit des Deutschen Behindertensportverbandes (DBS) (M=3.61) eingestellt. Auf dem zweiten Rang lag die Verbesserung in Anlehnung an die Strukturen des Leistungssports Nichtbehinderter, um einen Synergieeffekt zu erzielen (M=3.15). Den dritten Rang der Verbesserung nahm der Aspekt der Nutzung trainingswissenschaftlicher Erkenntnisse des Nichtbehindertensports zur Erzielung von Synergiewirkungen mit M=3.12 ein. Die allgemeinen Rahmenbedingungen wurden mit M=3.09 als kaum verbessert eingeschätzt.

Im Gegensatz hierzu fand eine Bewertung einer leichten Verschlechterung in Hinsicht auf die motivationalen und emotionalen Aspekte der Ausprägung eines ‚Wir-Gefühls' (M=2.88) und auch der offenen und effizienten Kommunikation ohne Ausschluss eines Bereichs (M=2.81) statt. Nach Auffassung der befragten Trainer hatten sich die finanzielle Unterstützung sowie die materielle Ausstattung (jeweils M=2.44) vergleichsweise am stärksten verschlechtert.

Zusammenfassend lässt sich resümieren, dass aus der Sicht der befragten Trainer im Leistungssport der Menschen mit Behinderung die positiven Auswirkungen in der Verbesserung der Öffentlichkeitsarbeit des Verbandes, der leistungssportbezogenen Strukturen und der Nutzung der trainingswissenschaftlichen Erkenntnisse, jedoch die negativen Auswirkungen in der Erschwerung eines ‚Wir-Gefühls' und einer offenen und effizienten Kommunikation sowie der mangelnden finanziellen Unterstützung und materiellen Ausstattung in spezifischen Randbereichen gesehen wurden.

4.1.2 Vergleich der Betreuung von Leistungssportlern mit Behinderung an Olympiastützpunkten (OSP) und spezifischen Fördereinrichtungen zwischen Heimtrainern und Cheftrainern

Im Folgenden wird der Vergleich der Beurteilung der Betreuung von Leistungssportlern mit Behinderung an Olympiastützpunkten und spezifischen Fördereinrichtungen zwischen Heimtrainern und Cheftrainern dargestellt. Dieser Vergleich bezieht sich auf die Bekanntheit und die Nutzung der einzelnen Betreuungseinrichtungen an den Olympiastützpunkten (OSP), am Institut für Angewandte Trainingswissenschaft (IAT), am Institut für Forschung und Entwicklung von Sportgeräten (FES), an Instituten für Sportwissenschaft (ISW) sowie bei den Firmen für Geräteherstellung (z.B. Prothesen, Rollstühle) und die Bewertung der Situation der behinderten Athleten auf der Grundlage des Leistungssportkonzepts des Deutschen Behindertensportverbandes (DBS) aus der Perspektive von 13 Heimtrainern und 28 Cheftrainern. Die Differenzierung dieser beiden Trainergruppen beruhte auf den Angaben zu den hauptsächlichen Betätigungsbereichen der einzelnen Trainer.

4.1.2.1 Bekanntheit der Betreuungseinrichtungen

Die Vergleiche der Beurteilungen der Bekanntheit der Betreuungseinrichtungen der Olympiastützpunkte (OSP), des Instituts für Angewandte Trainingswissenschaft (IAT), des Instituts für Forschung und Entwicklung von Sportgeräten (FES), der Institute für Sportwissenschaft (ISW) und der Firmen für Geräteherstellung (z.B. Prothesen, Rollstühle) zwischen den 13 Heimtrainern und den 28 Cheftrainern ist in der Tabelle 4.12 und in der Abbildung 4.12 enthalten.

Aus der Tabelle 4.12 kann entnommen werden, dass 12 bzw. 13 Heimtrainer und 27 bzw. 28 Cheftrainer Beurteilungen zu dem Bekanntheitsgrad der Betreuungseinrichtungen vorgenommen haben. Bei beiden Gruppen von Trainern lagen die gleichen Reihenfolgen der Bekanntheitsgrade der Betreuungseinrichtungen vor. Die Betreuungseinrichtungen mit dem höchsten Bekanntheitsgrad waren in beiden Trainergruppen die Olympiastützpunkte (OSP), auf dem zweiten Rang folgten die Firmen für die Geräteherstellung (z.B. Prothesen, Rollstühle).

Den dritten Bekanntheitsrang nahmen die Institute für Sportwissenschaft (ISW) ein, gefolgt von dem Institut für Angewandte Trainingswissenschaft (IAT). Das Institut für Forschung und Entwicklung von Sportgeräten (FES) war in beiden Trainergruppen vergleichsweise am wenigsten bekannt.

Tabelle 4.12. Vergleich der Bekanntheit der Betreuungseinrichtungen zwischen Heimtrainern und Cheftrainern („1=nicht bekannt' bis „5=sehr bekannt').

Bekanntheitsgrad der Betreuungseinrichtungen	Heimtrainer			Cheftrainer			F-Wert	p
	N	M	SD	N	M	SD		
Olympiastützpunkte (OSP)	13	4.07	1.49	28	4.32	1.09	0.35	.557
Institut für Angewandte Trainingswissenschaft (IAT)	12	2.75	1.71	28	2.89	1.54	0.06	.796
Institut für Forschung und Entwicklung von Sportgeräten (FES)	13	2.69	1.60	27	2.55	1.55	0.06	.797
Institute für Sportwissenschaft (ISW)	13	3.15	1.46	28	3.21	1.16	0.02	.887
Firmen der Geräteherstellung (z.B. Prothesen, Rollstühle)	13	3.23	1.58	28	3.28	1.48	0.01	.914

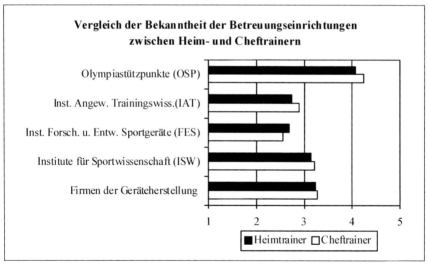

Abbildung 4.12. Vergleich der Bekanntheit der Betreuungseinrichtungen zwischen Heimtrainern und Cheftrainern („1=nicht bekannt' bis „5=sehr bekannt').

Zwischen den beiden Trainergruppen konnten keine statistisch nachweisbaren Unterschiede in der Bekanntheit aufgefunden werden. Den Cheftrainern waren allerdings die Olympiastützpunkte (OSP) im Trend bekannter als den Heimtrainern. Weiterhin wiesen das Institut für Angewandte Trainingswissenschaft (IAT), die Institute für Sportwissenschaft (ISW) und die Firmen der Geräteherstellung (z.B. Prothesen, Rollstühle) leicht höhere Bekanntheitsgrade bei den Cheftrainern als bei den Heimtrainern auf. Hingegen war ein geringfügig höherer Bekanntheitsgrad des Instituts für Forschung und Entwicklung von Sportgeräten (FES) bei den Heimtrainern als bei den Cheftrainern vorzufinden, was vermutlich durch die Spezifität der Sportarten, durch die geographische Nähe und die persönliche Kenntnis von Mitarbeitern dieses Instituts durch einige Heimtrainer erklärt werden konnte.

4.1.2.2 Betreuung an den Olympiastützpunkten (OSP)

Die Beurteilung der Betreuung an den Olympiastützpunkten (OSP) beinhaltete das Vorhandensein der einzelnen Betreuungseinrichtungen, die Notwendigkeit der einzelnen Betreuungseinrichtungen, die Zufriedenheit mit der Betreuung an den Olympiastützpunkten (OSP) und die Veränderungen der Betreuungssituationen der Athleten an den Olympiastützpunkten (OSP) durch die 13 Heimtrainer und 28 Cheftrainer.

In der Tabelle 4.13 und in der Abbildung 4.13 ist der Vergleich des Vorhandenseins der einzelnen Betreuungseinrichtungen an den Olympiastützpunkten (OSP) zwischen Heimtrainern und Cheftrainern dargestellt.

Wie aus der Tabelle 4.13 und der Abbildung 4.13 ersichtlich ist, machten zwischen 5 und 7 Heimtrainer und zwischen 15 und 18 Cheftrainer Angaben zu der Existenz der einzelnen Betreuungseinrichtungen an den Olympiastützpunkten (OSP).

Die Heimtrainer und Cheftrainer ließen eine ähnliche Rangfolge der Kenntnisse über das Vorhandensein der einzelnen Betreuungseinrichtungen an den Olympiastützpunkten (OSP) erkennen. Nach der Einschätzung der Heimtrainer existierten die Betreuungseinrichtungen der Physiotherapie/Physikalischen Therapie, der medizinischen Leistungsdiagnostik und der biomechanischen Leistungsdiagnostik an allen von ihnen bewerteten Olympiastützpunkten (OSP). Die Einrichtungen mit mittleren Häufigkeiten waren die allgemein-medizinische Betreuung, die orthopädisch-medizinische Betreuung und die internistischmedizinische Betreuung. Im Gegensatz hierzu waren entsprechend der Kenntnis der Heimtrainer die Einrichtungen der Krankengymnastik, der psychologischen Beratung und der Ernährungsberatung an wenigen Olympiastützpunkten (OSP) vorhanden.

Studie 2: Darstellung und Diskussion der Ergebnisse 181

Tabelle 4.13. Vergleich des Vorhandenseins der einzelnen Betreuungsbereiche an den Olympiastützpunkten (OSP) zwischen Heimtrainern und Cheftrainern.

Vorhandensein der Betreuungsbereiche an den Olympiastützpunkten (OSP)	Heimtrainer		Cheftrainer	
	N	Vorhanden	N	Vorhanden
Orthopädisch-medizinische Betreuung	7	5	16	10
Internistisch-medizinische Betreuung	7	5	15	7
Allgemein-medizinische Betreuung	7	5	18	13
Physiotherapie/Physikalische Therapie	7	7	18	16
Krankengymnastik	5	4	16	12
Psychologische Beratung	6	4	16	8
Medizinische Leistungsdiagnostik	7	7	19	17
Biomechanische Leistungsdiagnostik	7	7	17	10
Ernährungsberatung	6	4	17	12
Laufbahnberatung	6	6	18	13

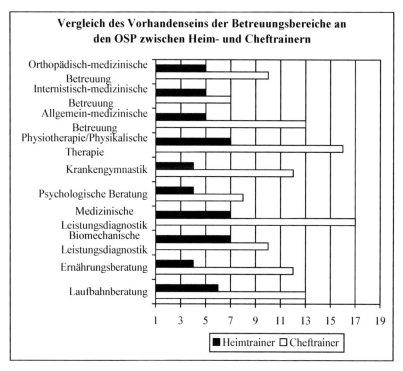

Abbildung 4.13. Vergleich des Vorhandenseins der einzelnen Betreuungsbereiche an den Olympiastützpunkten (OSP) zwischen Heimtrainern und Cheftrainern.

Bei den Cheftrainern fanden sich die höchsten Angaben über das Vorhandensein von Betreuungseinrichtungen an den Olympiastützpunkten (OSP) bei der Physiotherapie/Physikalischen Therapie, der medizinischen Leistungsdiagnostik, der Krankengymnastik, der Laufbahnberatung und der Ernährungsberatung. Niedrigere Häufigkeiten über die Existenz von Betreuungseinrichtungen wurden in Hinsicht auf die biomechanische Leistungsdiagnostik und die orthopädisch-medizinische Betreuung deutlich.

Nach der Auffassung von ca. 50% der antwortenden Cheftrainer waren die Einrichtungen der psychologischen Beratung und der internistisch-medizinischen Betreuung an den von ihnen beurteilten Olympiastützpunkten existent.

Somit fanden sich weitgehend ähnliche Einschätzungen der Existenz der Betreuungseinrichtungen Physiotherapie/Physikalische Therapie und medizinische Leistungsdiagnostik bei den Heimtrainern und den Cheftrainern. Hingegen hatten prozentual weniger Cheftrainer als Heimtrainer Kenntnisse über das Vorhandensein der internistisch-medizinischen Betreuung und der psychologischen Beratung.

In der Tabelle 4.14 und der Abbildung 4.14 findet sich der Vergleich der Beurteilungen der Notwendigkeit der Betreuungseinrichtungen an den Olympiastützpunkten (OSP) zwischen den Heimtrainern und den Cheftrainern, die anhand einer 5-Punkte-Skala von ‚1=überflüssig' bis ‚5=zwingend notwendig' ermittelt wurden.

Aus der Gruppe der 13 Heimtrainer beantworteten 8 bis 12 Übungsleiter die Notwendigkeit der Betreuungsbereiche. Aus der Gruppe der 28 Cheftrainer nahmen 20 bis 23 Übungsleiter eine Einschätzung der Notwendigkeit vor. In beiden Gruppen der Heimtrainer und Cheftrainer fanden sich auf den ersten 4 Rängen der Notwendigkeitswerte die gleichen Betreuungsbereiche, allerdings in teilweise unterschiedlicher Reihenfolge. Den höchsten Grad an Notwendigkeit zeigte in beiden Trainergruppen die Einrichtung der Physiotherapie/Physikalischen Therapie, gefolgt von der medizinischen Leistungsdiagnostik und der biomechanischen Leistungsdiagnostik bei den Cheftrainern und der medizinischen Leistungsdiagnostik als auch der orthopädisch-medizinischen Betreuung bei den Heimtrainern mit identischem Mittelwert (M=4.75). Den vierten Rang nahm bei den Heimtrainern die Krankengymnastik ein, bei den Cheftrainern dagegen die orthopädisch-medizinische Betreuung.

Aus der Tabelle 4.14 und der Abbildung 4.14 geht hervor, dass bei den Bewertungen der Notwendigkeit der Betreuungseinrichtungen am Olympiastützpunkt zwischen den Heimtrainern und Cheftrainern keine statistisch nachweisbaren, jedoch trendbezogene Unterschiede entdeckt werden konnten. Die Heimtrainer erachteten die Betreuungseinrichtungen der Krankengymnastik, der orthopädisch-medizinischen Betreuung, der medizinischen Leistungsdiagnostik und der Physiotherapie/Physikalischen Therapie als in der Tendenz für notwendiger als die Cheftrainer. Auf der anderen Seite hielten die Cheftrainer die internistisch-medizinische Betreuung im Trend für notwendiger als die Heimtrainer. Insofern lagen allenfalls im Trend identifizierbare unterschiedliche Einschätzungen der Notwendigkeit der einzelnen Betreuungseinrichtungen zwischen den Heimtrainern und den Cheftrainern vor.

Tabelle 4.14. Vergleich der Notwendigkeit der einzelnen Betreuungsbereiche am Olympiastützpunkt (OSP) zwischen Heimtrainern und Cheftrainern (‚1=überflüssig' bis ‚5=zwingend notwendig').

Welche Notwendigkeit haben die folgenden Betreuungsbereiche aus Ihrer Sicht für Ihren/e Athleten?	Heimtrainer			Cheftrainer			F-Wert	p
	N	M	SD	N	M	SD		
Orthopädisch-medizinische Betreuung	12	4.75	0.62	20	4.45	0.82	1.17	.286
Internistisch-medizinische Betreuung	9	4.00	1.00	21	4.28	0.95	0.54	.465
Allgemein-medizinische Betreuung	8	4.37	0.91	22	4.31	0.77	0.02	.867
Physiotherapie/ Physikalische Therapie	12	4.83	0.57	22	4.68	0.56	0.54	.465
Krankengymnastik	10	4.70	0.67	22	4.22	1.06	1.64	.209
Psychologische Beratung	11	4.00	1.34	23	4.17	0.77	0.23	.634
Medizinische Leistungsdiagnostik	12	4.75	0.62	22	4.54	0.67	0.75	.390
Biomechanische Leistungsdiagnostik	10	4.50	0.84	22	4.50	0.80	0.00	1.000
Ernährungsberatung	10	4.00	0.94	23	4.04	0.87	0.01	.899
Laufbahnberatung	8	4.00	1.06	21	3.61	1.46	0.44	.510

Abbildung 4.14. Vergleich der Notwendigkeit der einzelnen Betreuungsbereiche am Olympiastützpunkt (OSP) zwischen Heimtrainern und Cheftrainern (‚1=überflüssig' bis ‚5=zwingend notwendig').

Die Tabelle 4.15 und die Abbildung 4.15 enthalten den Vergleich der Zufriedenheit mit der Betreuung an den Olympiastützpunkten (OSP) zwischen den Heimtrainern und den Cheftrainern, wobei eine 5-Punkte-Skala von ‚1=nicht zufrieden' bis ‚5=sehr zufrieden' zugrunde gelegt wurde.

Aus der Tabelle 4.15 ist erkennbar, dass von den 13 Heimtrainern zwischen 4 und 7 Übungsleiter sowie von den 28 Cheftrainern zwischen 7 und 14 Übungsleiter Beurteilungen ihrer Zufriedenheit mit der Betreuung an den Einrichtungen der Olympiastützpunkte (OSP) abgegeben haben.

Tabelle 4.15. Vergleich der Zufriedenheit mit der Betreuung am Olympiastützpunkt (OSP) zwischen Heimtrainern und Cheftrainern („1=nicht zufrieden' bis ‚5=sehr zufrieden').

Wie zufrieden sind Sie allgemein mit der Betreuung Ihres/er Athleten am OSP?	Heimtrainer			Cheftrainer			F-Wert	p
	N	M	SD	N	M	SD		
Orthopädisch-medizinische Betreuung	5	3.20	1.30	12	3.91	1.08	1.37	.258
Internistisch-medizinische Betreuung	4	3.00	1.41	9	3.88	1.26	1.27	.283
Allgemein-medizinische Betreuung	6	3.00	1.09	14	3.78	0.97	2.54	.128
Physiotherapie/ Physikalische Therapie	6	3.50	1.97	14	4.00	1.35	0.43	.518
Krankengymnastik	5	3.40	2.19	9	3.44	1.50	0.02	.964
Psychologische Beratung	5	1.80	1.09	7	2.57	1.13	1.38	.266
Medizinische Leistungsdiagnostik	7	2.85	1.46	13	4.23	1.16	5.29	.033
Biomechanische Leistungsdiagnostik	6	2.16	1.32	9	4.33	1.32	9.62	.008
Ernährungsberatung	5	1.80	1.09	7	2.71	1.70	1.09	.319
Laufbahnberatung	6	2.83	0.98	8	3.75	1.38	1.88	.194

Bei den befragten Heimtrainern und Cheftrainern konnten unterschiedliche Reihenfolgen der Zufriedenheit mit Einrichtungen an den Olympiastützpunkten (OSP) entdeckt werden. Während die Heimtrainer auf den ersten 3 Rängen die Zufriedenheit mit der Physiotherapie/Physikalischen Therapie, der Krankengymnastik und der orthopädisch-medizinischen Betreuung einschätzten, waren es bei den Cheftrainern die Einrichtungen der biomechanischen Leistungsdiagnostik, der medizinischen Leistungsdiagnostik und der Physiotherapie/Physikalischen Therapie. Bei den Heimtrainern ergaben sich niedrige Zufriedenheitsgrade mit der biomechanischen Leistungsdiagnostik, der Ernährungsberatung und der psychologischen Beratung. Bei den Cheftrainern wurden niedrige Zufriedenheitsgrade mit der Krankengymnastik, der Ernährungsberatung und der psychologischen Beratung deutlich.

Der Vergleich der Zufriedenheit mit der Betreuung der Athleten an den Olympiastützpunkten (OSP) ließ bei den Cheftrainern in allen Einrichtungen höhere Werte als bei den Heimtrainern erkennen. Die Cheftrainer waren sehr signifikant zufriedener mit der biomechanischen Leistungsdiagnostik und signifikant zufriedener mit der medizinischen Leistungsdiagnostik als die Heimtrainer.

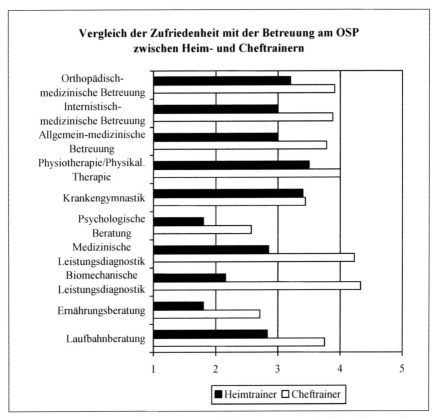

Abbildung 4.15. Vergleich der Zufriedenheit mit der Betreuung an den Olympiastützpunkten (OSP) zwischen Heimtrainern und Cheftrainern („1=nicht zufrieden' bis ‚5=sehr zufrieden').

Außerdem zeigten die Cheftrainer im Trend höhere Zufriedenheitswerte in Hinsicht auf die allgemein-medizinische Betreuung, die Laufbahnberatung, die orthopädisch-medizinische Betreuung, die psychologische Beratung und die internistisch-medizinische Betreuung als die befragten Heimtrainer. Lediglich bei der Einschätzung der Zufriedenheit mit der Krankengymnastik und der Physiotherapie/Physikalischen Therapie konnten keine gravierenden Unterschiede festgestellt werden.

In der Tabelle 4.16 und der Abbildung 4.16 sind die Bewertungen der Veränderungen der persönlichen Betreuungssituationen der Athleten mit Behinderung durch die Übernahme an die Olympiastützpunkte (OSP) dargeboten.

Tabelle 4.16. Vergleich der Veränderungen der Betreuungssituationen der Athleten am Olympiastützpunkt (OSP) zwischen Heimtrainern und Cheftrainern („1=stark verschlechtert' bis ‚5=stark verbessert').

Wie hat sich Ihre persönliche Betreuungssituation seit der Zugehörigkeit Ihres/er Athleten zum OSP verändert?	Heimtrainer			Cheftrainer			F-Wert	p
	N	M	SD	N	M	SD		
Orthopädisch-medizinische Betreuung	7	3.42	0.78	10	3.30	0.67	0.13	.722
Internistisch-medizinische Betreuung	6	3.16	0.40	10	3.30	0.67	0.18	.670
Allgemein- medizinische Betreuung	7	3.42	0.78	14	3.21	0.57	0.50	.486
Physiotherapie/Physikalische Therapie	7	3.85	0.89	13	3.76	0.92	0.04	.840
Krankengymnastik	6	3.83	0.98	10	3.50	0.70	0.62	.442
Psychologische Beratung	4	3.00	0.00	8	3.25	0.70	0.47	.505
Medizinische Leistungsdiagnostik	5	3.00	0.00	11	3.36	0.80	0.97	.340
Biomechanische Leistungsdiagnostik	4	3.00	0.00	10	3.50	0.84	1.31	.273
Ernährungsberatung	4	3.00	0.00	7	3.00	0.00	0.00	1.000
Laufbahnberatung	4	3.00	0.00	9	3.11	0.33	0.42	.528

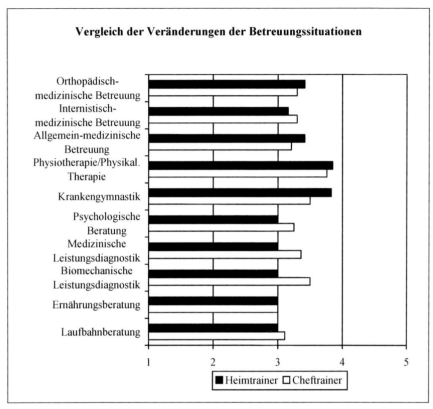

Abbildung 4.16. Vergleich der Veränderungen der Betreuungssituationen der Athleten an den Olympiastützpunkten (OSP) zwischen Heimtrainern und Cheftrainern (‚1=stark verschlechtert' bis ‚5=stark verbessert').

Aus der Tabelle 4.16 geht hervor, dass 4 bis 7 Heimtrainer und zwischen 7 und 14 Cheftrainer Beurteilungen der Veränderungen der persönlichen Betreuungssituationen ihrer Athleten an den Olympiastützpunkten (OSP) anhand einer 5-Punkte-Skala von ‚1=stark verschlechtert' bis ‚5=stark verbessert' vornahmen. Es war auffällig, dass sowohl die Heimtrainer als auch die Cheftrainer bei allen Betreuungseinrichtungen im Mittel keine Verschlechterungen, sondern leichte Verbesserungen angaben.

Als am stärksten verbessert gaben sowohl die Heimtrainer (M=3.85) als auch die Cheftrainer (M=3.76) die Physiotherapie/Physikalische Therapie an. Auf dem zweiten Rang lag bei den Heimtrainern die Verbesserung der Krankengymnastik (M=3.83) und bei den Cheftrainern mit gleichem Mittelwert (M=3.50) die Krankengymnastik und die biomechanische Leistungsdiagnostik. Weiterhin konstatierten die Heimtrainer deutliche Verbesserungen bei der orthopädisch-medizinischen Betreuung und der allgemein-medizinischen Betreuung (jeweils M=3.42) und eine leichte Verbesserung der internistisch-medizinischen Betreuung (M=3.16). Die Cheftrainer stellten auf dem vierten Rang eine Verbesserung der medizinischen Leistungsdiagnostik fest, worauf die weiteren Einrichtungen mit geringen Verbesserungen folgten.

Es konnten zwar keine statistisch überzufällige, jedoch tendenzielle Unterschiede in Bezug auf die Verbesserungen zwischen den Heimtrainern und den Cheftrainern entdeckt werden. Die Einrichtungen der biomechanischen Leistungsdiagnostik und der medizinischen Leistungsdiagnostik wurden von den Cheftrainern als im Trend stärker verbessert bewertet als von den Heimtrainern. Andererseits hatte sich nach der Einschätzung der Heimtrainer die allgemeinmedizinische Betreuung und die Krankengymnastik in höherem Ausmaß verbessert als nach Meinung der Cheftrainer. Somit stimmten beide Trainergruppen der Verbesserung der Betreuungssituation ihrer Athleten mit Behinderung durch die Olympiastützpunkte (OSP) in mittel starkem Grade zu.

4.1.2.3 Betreuung am Institut für Angewandte Trainingswissenschaft (IAT)

Die Betreuung der Leistungssportler mit Behinderung am Institut für Angewandte Trainingswissenschaft (IAT) bezog sich auf die Bekanntheit der spezifischen Einrichtungen. Der Vergleich der Bewertungen der Bekanntheit, die auf einer 5-Punkte-Skala von ‚1=nicht bekannt' bis ‚5=sehr bekannt' erfasst wurde, zwischen den Heimtrainern und den Cheftrainern ist in der Tabelle 4.17 und der Abbildung 4.17 enthalten.

Angaben über die Bekanntheit der Betreuungseinrichtungen am Institut für Angewandte Trainingswissenschaft (IAT) machten zwischen 6 bis 8 Heimtrainer und 15 bis 16 Cheftrainer. Aus der Tabelle 4.17 und der Abbildung 4.17 geht hervor, dass die Betreuungseinrichtungen am Institut für Angewandte Trainingswissenschaft (IAT) vergleichsweise niedrig bekannt waren. Die bekannteste Einrichtung war für die beiden Trainergruppen die sportmedizinische Grunduntersuchung (Heimtrainer mit M=3.00 und Cheftrainer mit M=2.50).

Auf dem zweiten Rang folgte bei den Heimtrainern die Laufband- und Rad-Dynamometrie, hingegen bei den Cheftrainern die sportartspezifischen Test- und Überprüfungsprogramme. Auf dem dritten Bekanntheitsrang fand sich bei den Heimtrainern die 3D-Bewegungsanalyse und bei den Cheftrainern die Laufband- und Rad-Dynamometrie.

Die spezifische Betreuung durch das Ergonomiezentrum erwies sich bei beiden Trainergruppen als niedrig bekannt. Die Einrichtung der Spezialdiagnostik war sowohl den Heimtrainern als auch den Cheftrainern vergleichsweise wenig bekannt.

Tabelle 4.17. Vergleich der Bekanntheit der Betreuungseinrichtungen am Institut für Angewandte Trainingswissenschaft (IAT) zwischen Heimtrainern und Cheftrainern (‚1=nicht bekannt' bis ‚5=sehr bekannt').

Bekanntheit der Betreuungseinrichtungen am IAT	Heimtrainer			Cheftrainer			F-Wert	p
	N	M	SD	N	M	SD		
Ergonomiezentrum	7	2.14	1.46	15	1.86	1.40	0.17	.676
Spezialdiagnostik	6	2.00	1.54	15	1.80	1.42	0.08	.779
Messplatztraining	7	2.42	1.61	15	2.13	1.59	0.16	.691
Sportartspezifische Test- und Überprüfungsprogramme	7	2.28	1.60	15	2.46	1.68	0.05	.814
Präventivprogramme zur Sicherung der Belastbarkeit	7	2.28	1.60	15	1.93	1.43	0.26	.610
Sportmedizinische Grunduntersuchung	8	3.00	1.77	16	2.50	1.63	0.47	.498
Laufband- und Rad-Dynamometrie	6	2.83	2.04	16	2.31	1.62	0.39	.537
3D-Bewegungsanalyse	7	2.57	1.61	16	2.18	1.55	0.28	.596

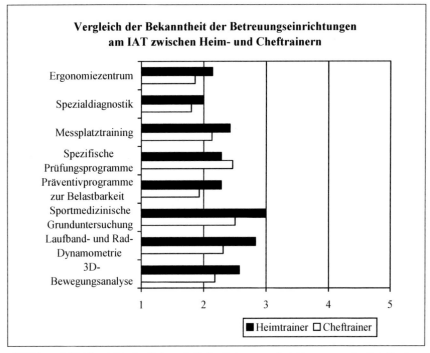

Abbildung 4.17. Vergleich der Bekanntheit der Betreuungseinrichtungen am Institut für Angewandte Trainingswissenschaft (IAT) zwischen Heimtrainern und Cheftrainern (‚1=nicht bekannt' bis ‚5=sehr bekannt').

Die Heimtrainer und Cheftrainer beurteilten die Bekanntheit der Betreuungseinrichtungen am Institut für Angewandte Trainingswissenschaft (IAT) nicht statistisch nachweislich, jedoch in der Tendenz unterschiedlich. So waren die Einrichtungen der sportmedizinischen Grunduntersuchung, der Laufband- und Dynamometrie und der 3D-Bewegungsanalyse den Heimtrainern im Trend etwas bekannter als den Cheftrainern. Dieses Resultat kann vermutlich auf die leicht differenziertere Kenntnis und räumliche Nachbarschaft einiger Heimtrainer in Hinsicht auf die Einrichtungen des Instituts für Angewandte Trainingswissenschaft (IAT) im Gegensatz zu einigen örtlich entfernter agierenden Cheftrainern zurückgeführt werden.

4.1.2.4 Betreuung am Institut für Forschung und Entwicklung von Sportgeräten (FES)

Die Betreuung der Leistungssportler mit Behinderung am Institut für Forschung und Entwicklung für Sportgeräte (FES) beinhaltete die Bekanntheit der spezifischen Einrichtungen. Der Vergleich der Bewertungen der Bekanntheit, die auf einer 5-Punkte-Skala von ‚1=nicht bekannt' bis ‚5=sehr bekannt' erfasst wurde, zwischen den Heimtrainern und den Cheftrainern ist in der Tabelle 4.18 und der Abbildung 4.18 enthalten.

Tabelle 4.18. Vergleich der Bekanntheit der Betreuungseinrichtungen am Institut für Forschung und Entwicklung von Sportgeräten (FES) zwischen Heimtrainern und Cheftrainern (,1=nicht bekannt' bis ,5=sehr bekannt').

Bekanntheit der am Institut für Forschung und Entwicklung (FES) angebotenen Serviceleistungen	Heimtrainer			Cheftrainer			F-Wert	p
	N	M	SD	N	M	SD		
Allgemeine Sportgeräteentwicklung	7	2.71	1.49	16	2.62	1.70	0.01	.906
Ingenieurwissenschaftliche Methoden zur Neu- und Weiterentwicklung von Sportgeräten	7	2.71	1.49	16	2.56	1.67	0.04	.838

Die Einschätzung der Bekanntheit der Serviceleistungen des Instituts für Forschung und Entwicklung von Sportgeräten (FES) wurde von 7 Heimtrainern und 16 Cheftrainern vorgenommen. Die Beurteilungen der Bekanntheit der Serviceeinrichtungen lagen bei beiden Trainergruppen in einem vergleichsweise niedrigen Bereich. Die Einschätzungen der Heimtrainer und Cheftrainer offenbarten keine statistisch nachweisbaren Unterschiede, jedoch leicht differente Trends.

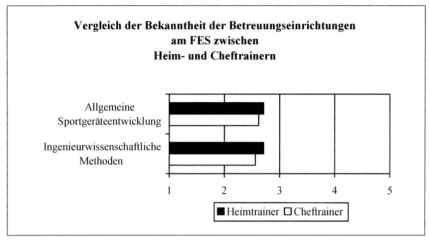

Abbildung 4.18. Vergleich der Bekanntheit der Betreuungseinrichtungen am Institut für Forschung und Entwicklung von Sportgeräten (FES) zwischen Heimtrainern und Cheftrainern (‚1=nicht bekannt' bis ‚5=sehr bekannt').

Den Heimtrainern waren die Einrichtungen der allgemeinen Sportgeräteentwicklung und der ingenieurwissenschaftlichen Methoden zur Neu- und Weiterentwicklung von Sportgeräten etwas bekannter als den Cheftrainern. Dieses Resultat wurde vermutlich durch die engere Nachbarschaft des Tätigkeitsfelds der befragten Heimtrainer und ihrer leicht besseren Kenntnisse der Sportgeräteentwicklung im Vergleich zu den befragten Cheftrainern verursacht.

4.1.2.5 Betreuung an Instituten für Sportwissenschaft (ISW)

Die Betreuung der Leistungssportler mit Behinderung an den Instituten für Sportwissenschaft (ISW) beinhaltete die Bekanntheit der spezifischen Einrichtungen. Der Vergleich der Bewertungen der Bekanntheit zwischen den Heimtrainern und den Cheftrainern, die auf einer 5-Punkte-Skala von ‚1=nicht bekannt' bis ‚5=sehr bekannt' vorgenommen wurden, ist in der Tabelle 4.19 und der Abbildung 4.19 enthalten.

Die Beurteilung der Bekanntheit der Betreuung durch die Institute für Sportwissenschaft (ISW) wurde durch 7 Heimtrainer und 20 Cheftrainer ausgeführt. Die spezifischen Einrichtungen der Institute für Sportwissenschaft (ISW) waren den Heimtrainern und Cheftrainern allenfalls in niedrigem Grad bekannt.

Die Heimtrainer schätzten die Einrichtungen der wissenschaftlich praxisorientierten Analyse für das Training, die Wettkampfvorbereitung, den Wettkampf und die Wettkampfnachbereitung sowie der wissenschaftlichen theoriegeleiteten Grundlagenforschung im Mittel identisch mit M=2.42 ein. Im Gegensatz hierzu zeigten die Cheftrainer in Hinsicht auf diese beiden Serviceeinrichtungen der wissenschaftlich praxisorientierten Analyse für das Training, die Wettkampfvorbereitung, den Wettkampf und die Wettkampfnachbereitung sowie der wissenschaftlichen theoriegeleiteten Grundlagenforschung im Trend niedrigere Bekanntheitswerte.

Tabelle 4.19. Vergleich der Bekanntheit der Betreuungseinrichtungen an Instituten für Sportwissenschaft (ISW) zwischen Heimtrainern und Cheftrainern (‚1=nicht bekannt' bis ‚5=sehr bekannt').

Bekanntheit der an den Instituten für Sportwissenschaft (ISW) angebotenen Serviceeinrichtungen	Heimtrainer			Cheftrainer			F-Wert	p
	N	M	SD	N	M	SD		
Wissenschaftlich praxisorientierte Analysen für das Training, die Wettkampfvorbereitung, den Wettkampf und die Wettkampfnachbereitung	7	2.42	1.61	20	2.00	1.33	0.47	.495
Wissenschaftliche theoriegeleitete Grundlagenforschung	7	2.42	1.61	20	1.95	1.14	0.73	.401

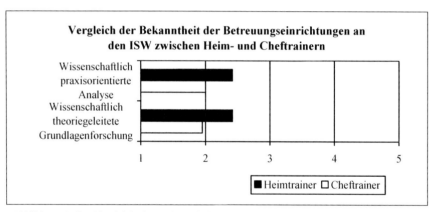

Abbildung 4.19. Vergleich der Bekanntheit der Betreuungseinrichtungen an Instituten für Sportwissenschaft (ISW) zwischen Heimtrainern und Cheftrainern (‚1=nicht bekannt' bis ‚5=sehr bekannt').

Vermutlich lagen diese geringfügigen Bekanntheitsunterschiede in einer genaueren Information der Heimtrainer über die einzelnen Serviceeinrichtungen an einigen Instituten für Sportwissenschaft (ISW) für Leistungssportler mit Behinderung begründet.

4.1.2.6 Betreuung durch Firmen der Geräteherstellung

Die Betreuung der Leistungssportler mit Behinderung durch Firmen der Geräteherstellung umfasste die Bekanntheit und Zufriedenheit mit diesen privatwirtschaftlichen Institutionen. Der Vergleich der Bewertungen der Bekanntheit zwischen den Heimtrainern und den Cheftrainern, die auf einer 5-Punkte-Skala von ‚1=nicht bekannt' bis ‚5=sehr bekannt' vorgenommen wurden, findet sich in der Tabelle 4.20 und der Abbildung 4.20.

9 von 13 Heimtrainern und 23 von 28 Cheftrainern beurteilten die Bekanntheit der Serviceeinrichtungen der Firmen der Geräteherstellung. Die Bekanntheit dieser Serviceeinrichtungen erwies sich in beiden Trainergruppen als ziemlich hoch.

Tabelle 4.20. Vergleich der Bekanntheit der Firmen der Geräteherstellung zwischen Heimtrainern und Cheftrainern (‚1=nicht bekannt' bis ‚5=sehr bekannt').

Bekanntheit der Firmen der Geräteherstellung	Heimtrainer			Cheftrainer			F-Wert	p
	N	M	SD	N	M	SD		
Privater Service hinsichtlich der Prothesen- und Orthesenversorgung, Rollstühle	9	4.00	1.32	23	3.21	1.53	1.80	.189
Technischer Service hinsichtlich der Prothetik, Rollstühle für das Training und den Wettkampf	9	3.77	1.39	23	3.13	1.54	1.19	.283

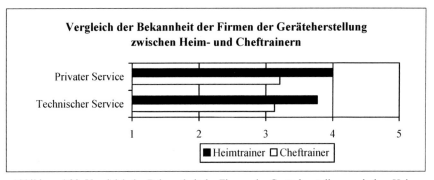

Abbildung 4.20. Vergleich der Bekanntheit der Firmen der Geräteherstellung zwischen Heimtrainern und Cheftrainern (‚1=nicht bekannt' bis ‚5=sehr bekannt').

Die Bekanntheit des privaten Services hinsichtlich der Prothesen- und Orthesenversorgung, Rollstühle wurde von den Heimtrainern im Mittel mit M=4.00 und von den Cheftrainern mit M=3.21 bewertet. Der technische Service hinsichtlich der Prothetik, Rollstühle für das Training und den Wettkampf wurde von den Heimtrainern deutlich höher (M=3.77) als von den Cheftrainern

(M=3.13) bewertet. Insofern waren die beiden Serviceangebote der Firmen der Geräteherstellung den Heimtrainern zwar nicht statistisch signifikant, jedoch in hohem Grade bekannter als den Cheftrainern. Dieser Befund konnte offensichtlich auf die stärkere Notwendigkeit der Information über und Nachfrage nach Hilfsmitteln bei Firmen der Geräteherstellung bei den Heimtrainern im Vergleich zu den Cheftrainern zurückgeführt werden.

Die Beurteilung der Zufriedenheit mit der Qualität der Serviceeinrichtungen der Firmen der Geräteherstellung durch die Heimtrainer und die Cheftrainer wurde auf einer 5-Punkte-Skala von ‚1=nicht zufrieden' bis ‚5=sehr zufrieden' vorgenommen. Die Bewertungen dieser beiden Trainergruppen sind in der Tabelle 4.21 und in der Abbildung 4.21 enthalten.

An der spezifischen Beurteilung der Zufriedenheit mit der Qualität der Serviceeinrichtungen der Firmen waren 8 von 13 Heimtrainern sowie 15 von 23 Cheftrainern beteiligt.

Wie aus der Tabelle 4.21 und der Abbildung 4.21 hervorgeht, waren die befragten Heimtrainer mit dem privaten Service hinsichtlich der Prothesen- und Orthesenversorgung, Rollstühle mit einem Mittelwert von M=4.37 im Vergleich zu den Cheftrainern mit einem Mittelwert von M=3.86 zwar nicht statistisch signifikant, jedoch erheblich zufriedener.

Tabelle 4.21. Vergleich der Zufriedenheit mit der Qualität der Serviceeinrichtungen der Firmen der Geräteherstellung zwischen Heimtrainern und Cheftrainern (‚1=nicht zufrieden' bis ‚5=sehr zufrieden').

Beurteilung der Zufriedenheit der Qualität der Serviceeinrichtungen der Firmen der Geräteherstellung	Heimtrainer			Cheftrainer			F-Wert	p
	N	M	SD	N	M	SD		
Privater Service hinsichtlich der Prothesen- und Orthesenversorgung, Rollstühle	8	4.37	0.51	15	3.86	1.06	1.60	.218
Technischer Service hinsichtlich der Prothetik, Rollstühle für das Training, den Wettkampf und die Wettkampfnachbereitung	8	4.00	1.06	14	4.21	0.69	0.32	.574

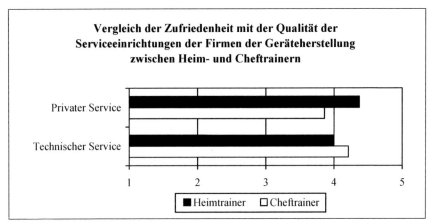

Abbildung 4.21. Vergleich der Zufriedenheit mit der Qualität der Serviceeinrichtungen der Firmen der Geräteherstellung zwischen Heimtrainern und Cheftrainern („1=nicht zufrieden' bis ‚5=sehr zufrieden').

Im Gegensatz hierzu zeigten die Heimtrainer mit einem Mittelwert von M=4.00 eine geringfügig niedrigere Zufriedenheit mit dem technischen Service hinsichtlich der Prothetik und Rollstühle für das Training, den Wettkampf und die Wettkampfnachbereitung als die Cheftrainer mit einem Mittelwert von M=4.21. Offensichtlich war somit eine leicht stärkere Kooperation der Cheftrainer mit den Firmen der Geräteherstellung im Training sowie in der Vorbereitung und Durchführung von Wettkämpfen im Leistungssport gegeben als bei den Heimtrainern. Hingegen waren die befragten Heimtrainer mit der Möglichkeit der Anfrage bei Firmen und der Bereitstellung von Hilfsmitteln für das Training durch diese Firmen bei weitem zufriedener als die Cheftrainer.

4.1.2.7 Situation der behinderten Athleten durch das Leistungssportkonzept des Deutschen Behindertensportverbandes (DBS)

Die Einschätzung der Veränderung der Situation der Athleten mit Behinderung aufgrund des neuen Leistungssportkonzepts des Deutschen Behindertensportverbandes (DBS) wurde auf einer 5-Punkte-Skala von ‚1=stark verschlechtert', ‚3=weder verschlechtert, noch verbessert' bis ‚5=stark verbessert' vorgenommen. Die Beurteilungen dieser Situationsveränderungen durch die Heimtrainer und die Cheftrainer sind in der Tabelle 4.22 und der Abbildung 4.22 aufgeführt.

Aus der Tabelle 4.22 ist ersichtlich, dass 10 bzw. 11 von den 13 befragten Heimtrainern und 22 bzw. 23 von den 28 untersuchten Cheftrainern Einschätzungen der Auswirkungen der verschiedenen Aspekte des Leistungssportkonzepts vornahmen. Während die Heimtrainer lediglich die Öffentlichkeitsarbeit des Verbandes als Verbesserung beurteilten, schätzten die Cheftrainer die 4 Aspekte der Öffentlichkeitsarbeit des Verbandes, der Veränderung der Strukturen in Hinsicht auf die Struktur des Leistungssports Nichtbehinderter, die allgemeinen Rahmenbedingungen und die Nutzung trainingswissenschaftlicher Erkenntnisse als sichtbare Verbesserungen ein.

Tabelle 4.22. Vergleich der Bewertung der Veränderung der Situation der behinderten Athleten durch das Leistungssportkonzept des Deutschen Behindertensportverbandes (DBS) zwischen Heimtrainern und Cheftrainern (‚1=stark verschlechtert' bis ‚5=stark verbessert').

Beurteilung über die Verbesserung der Rahmenbedingungen	Heimtrainer			Cheftrainer			F-Wert	p
	N	M	SD	N	M	SD		
Allgemeine Rahmenbedingungen	11	2.90	0.83	22	3.18	0.73	0.93	.342
Nutzung trainingswissenschaftlicher Erkenntnisse des Nichtbehindertensports, um einen Synergieeffekt zu erzielen	11	3.00	0.00	22	3.18	0.39	2.29	.139
Veränderung von Strukturen hinsichtlich der Struktur des Leistungssports Nichtbehinderter, um einen Synergieeffekt zu erzielen	10	2.70	0.48	23	3.34	0.57	9.73	.003
Schaffen eines ‚Wir-Gefühls'	11	2.63	0.92	23	3.00	0.73	1.53	.224
Offene und effiziente Kommunikation, die keinen Bereich ausschließt	10	2.80	0.63	22	2.81	0.73	0.00	.946
Öffentlichkeitsarbeit seitens des Verbandes	11	3.54	0.82	23	3.65	0.93	0.10	.748
Finanzielle Unterstützung	11	2.27	1.19	23	2.52	0.73	0.56	.455
Materielle Ausstattung	11	2.36	0.80	23	2.47	0.66	0.19	.664

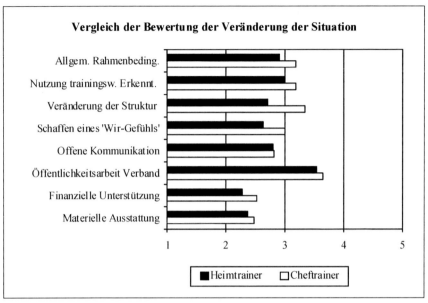

Abbildung 4.22. Vergleich der Bewertung der Veränderung der Situation der behinderten Athleten durch das Leistungssportkonzept des Deutschen Behindertensportverbandes (DBS) zwischen Heimtrainern und Cheftrainern („1=stark verschlechtert' bis ‚5=stark verbessert').

Nach der Bewertung der Heimtrainer hatte sich das neue Leistungssportkonzept in den Komponenten der veränderten Struktur in Richtung auf den Leistungssport Nichtbehinderter, die Schaffung eines ‚Wir-Gefühls', die offene und effiziente Kommunikation, die materielle Ausstattung und die finanzielle Unterstützung in leichten bis mittelstarken Verschlechterungen ausgewirkt.

Die Cheftrainer beurteilten die Auswirkungen des Leistungssportkonzepts in Bezug auf die Veränderung der Strukturen in Annäherung an die Struktur des Leistungssports Nichtbehinderter zur Erzielung von Synergieeffekten als sehr signifikant positiver als die Heimtrainer. Ferner erachteten die Cheftrainer den Aspekt der Nutzung trainingswissenschaftlicher Erkenntnisse des Nichtbehindertensports zur Erzielung von Synergiewirkungen als im Trend stärkere Verbesserung als die Heimtrainer. Außerdem interpretierten die Cheftrainer die Veränderungen der Rahmenbedingungen in stärkerem Grade als Verbesserungen als die Heimtrainer. Darüber hinaus sahen die Cheftrainer die finanzielle Unterstützung als weniger verschlechtert an als die Heimtrainer.

Im Gegensatz hierzu nahmen die Heimtrainer die Auswirkung des neuen Leistungssportkonzepts in Hinsicht auf die Schaffung eines ‚Wir-Gefühls' als stärker verschlechtert wahr als die Cheftrainer. Als übereinstimmende Bewertungen leichter Verschlechterungen fanden sich bei den Heimtrainern und den Cheftrainern die Aspekte der offenen und effizienten Kommunikation, der finanziellen Unterstützung und der materiellen Ausstattung. Insofern wurde das neue Leistungssportkonzept von den befragten Heimtrainern und Cheftrainern in den meisten der zugrunde gelegten Aspekte im Sinne einer leichten Verschlechterung interpretiert. Die Cheftrainer erachteten die Aspekte der Öffentlichkeitsarbeit des Verbandes, der Annäherung an die Strukturen des Leistungssports der nichtbehinderten Athleten, der Veränderung der allgemeinen Rahmenbedingungen und der Nutzung trainingswissenschaftlicher Erkenntnisse als stärkere Verbesserungen als die befragten Heimtrainer. Aus diesen Befunden wurden die teilweise unterschiedlichen Erfahrungen in den Funktionen und Rollen von Heimtrainern und Cheftrainern deutlich.

4.2 Qualitative Befragung von Trainern und Funktionären mittels eines Leitfadeninterviews

Die qualitative Befragung mittels eines speziellen Leitfadeninterviews bezog sich einerseits auf die Bekanntheit und Nutzung der Olympiastützpunkte (OSP) und weiteren spezifischen Fördereinrichtungen aus der Perspektive der Trainer und andererseits aus der Perspektive der Funktionäre. Zur Problematik der Betreuung von Athleten mit Behinderung an Olympiastützpunkten (OSP), an dem Institut für Angewandte Trainingswissenschaft (IAT) sowie an dem Institut für Forschung und Entwicklung von Sportgeräten (FES) wurden außer Trainern auch Vertreter der genannten Institute befragt. Darüber hinaus wurden Vertreter des Deutschen Behindertensportverbandes (DBS) zur Betreuungsproblematik befragt. Im Folgenden werden die Aussagen von Trainern und Funktionären zur Betreuung von Leistungssportlern mit Behinderung an Olympiastützpunkten (OSP) und weiteren spezifischen Fördereinrichtungen aufgeführt.

4.2.1 Betreuung von Leistungssportlern mit Behinderung an Olympiastützpunkten (OSP) und spezifischen Fördereinrichtungen aus der Perspektive der Trainer

Im Rahmen der vorliegenden Studie wurden 4 Trainer aus dem Bereich des Leistungssports von Menschen mit Behinderung aus verschiedenen Teilen Deutschlands befragt. Hauptgegenstand der mündlichen Befragung mittels des spezifischen Interviewleitfadens war die Betreuung von Leistungssportlern mit Behinderung an Olympiastützpunkten (OSP) und spezifischen Fördereinrichtungen aus der Perspektive der Trainer. Die Trainer verfügten über teilweise jahrzehntelange Erfahrung im Bereich des Leistungssports nichtbehinderter und behinderter Athleten.

Ein wesentlicher Inhalt der mündlichen Befragung bezog sich auf die Ausbildung der Trainer im Bereich des Leistungssports der Nichtbehinderten und der Menschen mit Behinderung. Die befragten Trainer waren selbst nichtbehindert und waren über ihre Tätigkeit im Leistungssport der Nichtbehinderten zum Leistungssport der Menschen mit Handicap gekommen. Obwohl die Trainer zum Teil über langjährige Erfahrungen sowohl im Nichtbehindertenbereich als auch im Bereich der Behinderten verfügten, hatte *keiner der befragten Trainer eine spezielle behindertenspezifische Ausbildung durch den Deutschen Behindertensportverband (DBS)* absolviert. Die Qualifikation für die Trainertätigkeit im Behindertensport erfolgte größtenteils autodidaktisch:

„Die Aneignung behindertenspezifischen Wissens läuft autodidaktisch, wobei ja angestrebt ist, dass nach Möglichkeit auch die Inhalte aus dem Nichtbehindertenbereich übernommen werden. Ich muss aber auch dazu sagen, dass ich nicht alle Startklassen, Behinderungsarten betreuen kann. So gibt es z.B. im Behindertenbereich Cerebralparetiker, Amputierte und Kleinwüchsige. Der Roll-

stuhlbereich ist im Landeskader mit einem Athleten vertreten, der im Prinzip aber auch ferngesteuert, d.h. vom Heimtrainer, entsprechend betreut wird. Blinde, Sehbehinderte habe ich jetzt nicht, sie sind im Landeskader vertreten und werden durch die Heimtrainer betreut." (Trainer)

„Zunächst einmal orientieren wir uns an den Trainingsmethoden der Nichtbehinderten. Natürlich wird die Behinderung berücksichtigt, so z.B. bei einer Beinamputation, bei der beim Krafttraining und Konditionstraining darauf geachtet wird, dass keine muskulären Dysbalancen entstehen, die wir dann aufarbeiten müssten. Ab und an müssen wir allerdings natürlich schon tüfteln. Und das sind Dinge, bei denen ich meine Kenntnisse überwiegend aus dem Bereich des Nichtbehindertensports habe. Ich versuche dann, autodidaktisch bzw. in Eigenregie, mir das so zurechtzubiegen, wie es für den behinderten Athleten passen kann. Also eine systematische Ausbildung gibt es in dem Bereich nach meinem Wissen ja auch nicht." (Trainer)

Da der **Weg zum Leistungssport der Behinderten** für die befragten Trainer über den Nichtbehindertenbereich führte, konnte bei keinem der Befragten eine gezielte Karriere im Leistungssport der Behinderten aufgezeigt werden. Mehr oder weniger zufällig waren die Trainer zu ihrer spezifischen Tätigkeit gekommen:

„Nein, ich komme eigentlich aus dem Nichtbehindertenbereich, bin Diplom-Sportlehrer und habe auch die A-Lizenz des Deutschen Leichtathletik-Verbandes. Ich war früher mal Bundestrainer im Nichtbehindertenbereich, war auch für den Nachwuchs zuständig und bin dann irgendwie in den Behindertenbereich hinein gekommen." (Trainer)

„Im Grunde habe ich mal den Leichtathletik-C-Trainerschein gemacht. Im Behindertensportbereich habe ich jetzt allerdings keine speziellen Qualifikationen, sondern ich bin einfach nur dadurch, dass bei uns im Verein die Trainer im Behindertenbereich fehlten, dort ‚hineingerutscht'. Ich habe mich dann autodidaktisch eingearbeitet." (Trainerin)

Über die Nutzungsmöglichkeiten und die **Betreuung ihrer Athleten** an den Olympiastützpunkten (OSP), an dem Institut für Angewandte Trainingswissenschaft (IAT) und an dem Institut für Forschung und Entwicklung von Sportgeräten (FES) lagen unterschiedliche Kenntnisse bei den befragten Trainern vor. Eine Trainerin hatte bereits einmal von allen 3 Institutionen und deren Betreuungsangeboten gehört, konnte allerdings keine genaueren Angaben darüber machen:

„Bei irgendwelchen Lehrgängen habe ich einmal von diesen Einrichtungen gehört, ich weiß aber nicht mehr, bei welchem Lehrgang das war." (Trainerin)

Ein Trainer wusste um die Möglichkeiten, dass Athleten durch den OSP betreut wurden, konnte dieses Angebot jedoch noch nicht nutzen, da seine *Athleten noch nicht über den ausreichenden Kaderstatus* verfügten:

> „*Eigentlich bin ich nicht so genau über die detaillierten Betreuungsangebote der Athleten an den Olympiastützpunkten informiert. Also, ich kenne die, muss aber dazu sagen, dass ich mich bisher auch nicht weiter um diese Dinge bemüht habe, weil mir einfach bekannt ist, dass nur A- und B-Kader-Athleten die Möglichkeiten der OSP-Betreuung nutzen können. C/N-Kader können ja jetzt im Behindertensport auch eingeschränkt dieses Angebot nutzen. Aber wir sind noch gar nicht so auf den OSP zugegangen, weil den Athleten, die ich derzeit betreue, noch die Voraussetzungen fehlen.*" (Trainer)

Die Trainer, deren Athleten bereits an Olympiastützpunkten aufgenommen worden waren, konstatierten eine *völlige Gleichberechtigung hinsichtlich der Betreuung im Vergleich zu den nichtbehinderten Athleten*. Die Betreuungsqualität hing nach Ansicht der Trainer sowohl bei den behinderten als auch bei den nichtbehinderten Athleten von dem Leistungsniveau der Sportler in der jeweiligen Sportart ab. Ein Trainer *kritisierte* allerdings die unzureichende *Honorierung der erbrachten Leistungen* bei den behinderten Athleten:

> „*Von Ungerechtigkeiten in der Betreuung im Vergleich zu den nichtbehinderten Athleten habe ich in Rückmeldungen noch nichts gehört. Die Maßnahmen, die angefragt werden können, z.B. Biomechanik, werden eigentlich vollkommen unproblematisch angefragt und auch durchgeführt. Das hängt aber auch ein bisschen von der Qualität der Sportler ab, das kann ich aber nur vermuten. Also gehört habe ich noch nichts Spezielles.*" (Trainer)

> „*Natürlich hängt die Betreuung auch von der Qualität der Leistung der Athleten ab. Das kann ich nur bestätigen. Man muss ja bedenken, dass ein OSP nach Medaillen abgerechnet wird. Je erfolgreicher die Athleten an dem OSP sind, desto besser wird er auch bezuschusst. Daher ist ein OSP auch an einem erfolgreichen behinderten Athleten interessiert. Allerdings, und das muss bemängelt werden, sind die behinderten Athleten häufig unterprämiert. Anstelle von 15.000 € für eine Goldmedaille bei den Olympischen Spielen gab es bei den Paralympics nur 1.500 €.*" (Trainer)

Ein Trainer gab an, dass seine Athleten die Möglichkeiten der Olympiastützpunktbetreuung bisher nur in geringem Maße genutzt hatten. Dennoch nannte er eine *Vielzahl von Serviceleistungen*, die seine Athleten, wenn sie den *Olympiastützpunkt* aufsuchten, in Anspruch genommen hatten:

> „*Unsere A-Kader- und B-Kader-Athleten haben den OSP bisher eigentlich wenig genutzt. Wenn sie jedoch hingehen, dann wird auf jeden Fall die Biomechanik angefordert, die Physiotherapie weniger, teilweise die Laufbahnberatung*

und die Sportmedizin mit der Leistungsdiagnostik. Es hat auch im Bereich Ernährung vereinzelt mal Aktivitäten gegeben. Die Athleten haben sich dort bei der Ernährungsberatung erkundigt. Das ist das, was mir jetzt so spontan dazu einfällt." (Trainer)

Hinsichtlich des **Wissens um die Einrichtungen und Nutzungsmöglichkeiten des Instituts für Angewandte Trainingswissenschaft (IAT)** zeigten sich große Differenzen bei den befragten Trainern. Zum Teil hatten die Trainer bereits vom IAT gehört, einer der Befragten hatte sogar schon mit dieser Einrichtung zusammengearbeitet. Ein Trainer hatte keine Kenntnisse über das IAT:

„Ob ich weiß, was das IAT ist? Nein, ich habe noch nie davon gehört." (Trainer)

Bereits vom IAT gehört hatte ein weiterer Trainer, befand dieses Institut aber **für den aktuellen Leistungsstand seiner Athleten nicht geeignet**:

„Das IAT Leipzig? Nein, ich wüsste jetzt nicht, dass dort auch behinderte Athleten aus ganz Deutschland betreut werden. So konkret gefragt, weiß ich das nicht, vor allem nicht für meinen Bereich, den Landesverband hier. Ich vermute aber, dass zumindest die Athleten im Behindertensport aus der Region Leipzig dort betreut werden können." (Trainer)

Durch seine langjährigen Erfahrungen auch im Leistungssport der Nichtbehinderten konnte ein Trainer seine Kontakte nutzen, um auch seiner **behinderten Athletin die Dienste des IAT zugänglich** zu machen:

„Die Anregung kam von mir. Mit der H. waren wir ja häufig dort, da kennen mich dort alle am IAT. Zu H.'s Zeiten sind die vom IAT Leipzig auch nach J. gekommen, haben die Messgeräte mitgebracht, Dynamometer, biomechanische Messgeräte. Ich war ja Bundestrainer, habe seinerzeit auch den B. trainiert. Da waren schon gute Möglichkeiten gegeben, und auch eine gute Kooperation bestand seinerzeit zum IAT. Die Mitarbeiter sind jetzt auch schon für die C. nach J. gekommen. Wir haben zusammen mit dem IAT Bildreihen erstellt, Geschwindigkeitsmessungen durchgeführt. Da war uns das IAT schon immer eine große Hilfe." (Trainer)

Ähnlich dem begrenzten Wissen um die Betreuungsmöglichkeiten am Institut für Angewandte Trainingswissenschaft (IAT) zeigte sich auch der **Kenntnisstand bezüglich des Instituts für Forschung und Entwicklung von Sportgeräten (FES)**. Der Begriff FES war den befragten Trainern geläufig, allerdings konnte hier nicht auf eine Zusammenarbeit im Behindertenbereich verwiesen werden.

„Davon gehört habe ich schon einmal. Das ist meines Wissens das Institut zur Entwicklung von Sportgeräten." (Trainer)

"FES muss ich sagen, stand für mich bisher komplett außen vor, da wir im Sinne von Entwicklung von Sportgeräten – ich betreue also die Sommersportarten – Prothesenträger hatten. Aber hierzu sind eigentlich die Hersteller der Prothesen die Ansprechpartner. Wenn es um die Entwicklung der Sportgeräte im Behindertenbereich geht, kommen die Klassiker aus dem Nichtbehindertenbereich zum Einsatz: Kugel, Diskus, Speer. Das Reglement ist weitestgehend gleich für Rollstuhl- oder Rennrollstuhlfahrer. Ich denke auch an die Hilfsmittelhersteller, die Rollstuhlhersteller. FES habe ich in dem Zusammenhang mal beim Wintersport gehört." (Trainer)

Die befragten Trainer verfügten über langjährige Erfahrungen sowohl im Nichtbehinderten- als auch im Behindertenbereich. Keiner der befragten Trainer hatte eine spezielle behindertenspezifische Ausbildung durch den Deutschen Behindertensportverband (DBS) absolviert, so dass sie sich ihr Wissen vornehmlich autodidaktisch angeeignet hatten. Mehr oder weniger zufällig waren die Trainer zu ihrer Tätigkeit im Leistungssport der Behinderten gekommen. Bezüglich der Nutzungsmöglichkeiten und der Betreuung ihrer Athleten an den Olympiastützpunkten (OSP), an dem Institut für Angewandte Trainingswissenschaft (IAT) und an dem Institut für Forschung und Entwicklung von Sportgeräten (FES) lagen bei den befragten Trainern sehr unterschiedliche Kenntnisse vor, die von weitgehender Unkenntnis bis hin zur Zusammenarbeit mit den unterschiedlichen Institutionen reichten. Hierbei waren jedoch die einzelnen Leistungsebenen zu beachten, auf denen die Trainer mit ihren Athleten arbeiteten. Wenn die Athleten noch keinen Kaderstatus erreicht hatten, lag es weniger im Interesse der Trainer, sich um weitergehende Betreuungsmöglichkeiten ihrer Sportler zu bemühen. Trainer, deren Athleten bereits an Olympiastützpunkten (OSP) betreut wurden, bekundeten die weitgehende Gleichberechtigung ihrer Sportler im Vergleich zu den nichtbehinderten Sportkollegen.

4.2.2 Betreuung von Leistungssportlern mit Behinderung an Olympiastützpunkten (OSP) und spezifischen Fördereinrichtungen aus der Perspektive von Funktionären

Zu den Funktionären, die in dieser Studie befragt wurden, gehörten ausgewählte Vertreter der Olympiastützpunkte (OSP), Vertreter des Instituts für Angewandte Trainingswissenschaft (IAT), Vertreter des Instituts für Forschung und Entwicklung von Sportgeräten (FES) sowie Vertreter des Deutschen Behindertensportverbandes (DBS).

4.2.2.1 Betreuung von Leistungssportlern mit Behinderung an Olympiastützpunkten (OSP) und spezifischen Fördereinrichtungen aus der Perspektive der Vertreter der Olympiastützpunkte (OSP)

Von den befragten Vertretern der Olympiastützpunkte (OSP) wurde eine *rege Betreuung* von behinderten Athleten an ihren Olympiastützpunkten (OSP) konstatiert. Die betreuten Athleten waren in sehr unterschiedlichen Sportarten national sowie in vielen Fällen auch international aktiv. Zunächst wurden Aussagen zur *allgemeinen Betreuungssituation* gemacht:

„*Aktuell werden derzeit 6 behinderte Athleten hier betreut... Die kommen direkt aus C. oder aus der näheren Umgebung. Wir haben hier ein insgesamt sehr gut funktionierendes Konzept und können daher auch eine sehr gute Nachwuchsarbeit leisten.*" (OSP-Vertreter)

„*An unserem OSP werden Athleten mit Behinderung aus den Sportarten Tischtennis, Leichtathletik, Schwimmen und Sitzvolleyball betreut. Jetzt sind auch noch die gehörlosen Volleyballer dazugekommen.*" (OSP-Vertreter)

„*Von den hier betreuten behinderten Athleten sind etwa 20 auf nationaler Ebene im Sledge-Eishockey aktiv. Aber momentan sind nur 15 für die Paralympischen Spiele nominiert, die werden jetzt konzentriert bei uns betreut, ob eventuell über die Paralympics hinaus, das muss noch abgeklärt werden.*" (OSP-Vertreter)

Athleten mit sehr *unterschiedlichen Behinderungsarten* aus *vielfältigen Disziplinen* wurden an den befragten Olympiastützpunkten betreut:

„*Das ist durchgängig. Angefangen haben wir mit einem blinden Judokämpfer. Dann sind arm- und beinamputierte Athleten hinzugekommen, auch ein gehörloser Athlet wird hier am OSP betreut.*" (OSP-Vertreter)

„*Unsere Athleten sind z.T. sehbehindert, einige sitzen im Rollstuhl, andere sind Prothesenträger.*" (OSP-Vertreter)

Um die Serviceeinrichtungen der Olympiastützpunkte nutzen zu können, müssen die Athleten Kaderstatus haben. Zur *Betreuung von behinderten Nachwuchssportlern* und deren Förderungsmöglichkeiten durch den Olympiastützpunkt äußerte sich einer der Befragten:

„*Eigentlich müssten die Athleten A-/B-Kaderstatus haben. Jetzt ist es bei den behinderten C-Kader-Athleten wie bei den Nichtbehinderten auch. Es wird bereits im C-Kader geschaut, wie die Talentprognose ist, da kommt es immer darauf an, was der Trainer dazu sagt. Das heißt, wir versuchen Kontakt mit den Trainern aufzunehmen und dann seriös zu erarbeiten, ob das nun ein C-Kader-Athlet ist, der in kürzester Zeit oben in die Leistungsspitze hineinkommt, oder ob es ein Athlet ist, der sein Leistungsmaximum im C-Kader erreicht. Das ist uns wichtig, um dann die Talente, die sich wirklich international bewähren können, früh in den Betreuungsrhythmus mit aufzunehmen."* (OSP-Vertreter)

Eine **Betreuung** der behinderten Athleten an Olympiastützpunkten (OSP) ist *seit dem Jahre 2000 zwischen dem Deutschen Sportbund (DSB) und dem Deutschen Behindertensportverband (DBS)* festgelegt worden. Einige Vertreter der befragten Olympiastützpunkte (OSP) gaben an, zum Teil auch schon vorher Athleten mit Handicap betreut zu haben:

„Wir haben auch schon vor der gesetzlichen Verpflichtung behinderte Athleten betreut. Es waren ja nicht viele. Da kam es dann auch nicht darauf an. Die Athleten haben wir schon genommen, haben z.b. mit ihnen Stufentests gemacht oder Zeitnahmen. Das ist ja auch eine Einstellungssache. Würde man das nicht unterstützen, wäre das kontraproduktiv. Die Leute, die da sagen: ‚Kann ich nicht, dafür bin ich nicht zuständig' etc., die sind nicht mein Fall." (OSP-Vertreter)

Andere Vertreter von Olympiastützpunkten (OSP) wussten, dass erst mit der Vereinbarung zwischen dem Deutschen Sportbund (DSB) und dem Deutschen Behindertensportverband (DBS) die Betreuung behinderter Sportler an ihrem OSP gewährleistet war:

„Seit 2000, seitdem der DBS das so verordnet hat, werden bei uns auch behinderte Athleten betreut." (OSP-Vertreter)

„Seit der Deutsche Behindertensportverband das so festgelegt hat, sind an unserem OSP auch behinderte Sportler." (OSP-Vertreter)

Bezüglich der **Betreuung der ersten behinderten Athleten an seinem Olympiastützpunkt (OSP)** wurde von einem anderen OSP-Vertreter folgende Aussage gemacht:

„Wann wir die ersten Athleten mit Handicap betreut haben, das kann ich jetzt gar nicht sagen. Ich bin erst seit 7 Jahren hier. Nun weiß ich nicht, was vorher passiert ist. In der Leichtathletik und im Judo werden Athleten aus dem Behindertensport betreut. Diese Betreuung gibt es schon, seitdem ich hier bin. Das läuft auch ganz ohne Probleme. Athleten aus Wintersportarten werden in diesem Jahr zum ersten Mal hier betreut." (OSP-Vertreter)

Den behinderten Athleten stehen an den Olympiastützpunkten (OSP) die **Serviceleistungen** zur Verfügung, die im Rahmen der Grundbetreuung möglich sind. Nutzungsschwerpunkte der behinderten Athleten waren nach Aussagen der Vertreter der Olympiastützpunkte (OSP) die medizinische Betreuung, die Physiotherapie und die Laufbahnberatung. Zu den **Schwerpunkten der Nutzung der** *verschiedenen Serviceeinrichtungen an Olympiastützpunkten* können folgende Aussagen der Vertreter der Olympiastützpunkte (OSP) aufgeführt werden:

„Die behinderten Sportler dürfen ja in erster Linie die Grundbetreuung nutzen. Das heißt, sie nutzen die Physiotherapie, die sportmedizinischen Betreuungen und die Sportuntersuchungen, und sie nutzen auch die Laufbahnberatung. Darüber hinaus ist es allerdings so, dass wir bei einigen dieser Athleten, die einen besonders guten Leistungsstandard haben, auch Leistungsdiagnostik anbieten." (OSP-Vertreter)

„Die behinderten Athleten nutzen unsere Angebote, angefangen von der Laufbahnberatung bis hin zur medizinischen Betreuung, die ja jetzt auch am Wochenende durchgeführt wurde." (OSP-Vertreter)

„Bei uns nutzen die behinderten Sportler die Laufbahnberatung, die biochemischen Messinstrumente, wenn ich z.B. Laktatmessungen durchführe, kleinere Tests, an denen z.B. 2 bis 3 Personen teilnehmen, dann die medizinische Versorgung, Physiotherapie, was halt so dazugehört." (OSP-Vertreter)

Speziell zum **psychologischen Training** äußerte sich ein OSP-Vertreter. Er nannte das psychologische Training als Zusatzleistung für die Athleten, die allerdings nicht für alle zugänglich war:

„Psychologisches Training ist eine Schwerpunktbetreuung, die fällt heraus. Einem Athleten, der gerne psychologisches Training nutzen möchte, bieten wir aber unsere Psychologen als Kooperationspartner an. In der Regel geht das auch über Krankenschein, so dass eben dort dann eine psychologische Betreuung möglich ist." (OSP-Vertreter)

Schwierigkeiten wurden von den Befragten aufgezeigt, wenn Sportler psychologisches Training in Anspruch nehmen wollten, aber keine Schwerpunktbetreuung vor Ort gegeben war. So bestand nach Aussage eines OSP-Vertreters nur für **Schwerpunktsportarten** eine Betreuung außerhalb der Grundbetreuung, die für die Behindertensportler festgelegt war:

„Nur Athleten mit Schwerpunktsportarten können bei uns die Serviceleistungen nutzen. Das heißt, der Verband muss hier einen absoluten Schwerpunkt anmelden. Also ein Volleyball-A-Kader-Spieler bekommt hier bei uns zum Beispiel keine psychologische Betreuung oder Ernährungsberatung oder auch biomechanische Betreuung. Wenn sie keine Schwerpunktbetreuung haben, haben sie diese vielleicht in Hessen oder in Westfalen, und da müssten sie dort die Betreuung wahrnehmen. Wie gesagt, das ist auch in dem letzten Schreiben so festgehalten, dass Behindertensportler zum Beispiel nur ein Recht auf Grundbetreuung haben." (OSP-Vertreter)

Bezüglich der *Gleichberechtigung in der Betreuung im Vergleich zu nichtbehinderten Athleten* versicherten die befragten OSP-Vertreter, dass die behinderten den nichtbehinderten Athleten gegenüber völlig gleichberechtigt behandelt würden. Die behinderten Athleten erhielten die gleichen Maßnahmen und Leistungen wie die Nichtbehinderten:

„Die behinderten Athleten dürfen bei uns alle Serviceeinrichtungen genauso in Anspruch nehmen wie die nichtbehinderten Sportler. Da gibt es keine Unterschiede. Da herrscht bei uns völlige Gleichberechtigung." (OSP-Vertreter)

„Dass die nichtbehinderten Athleten bevorzugt werden, nein, das kann ich so nicht sagen. Natürlich wird jetzt z.b. bei der Physiotherapie ein wichtiger Kader-Athlet sicherlich zuerst einen Termin bekommen, aber die Physiotherapie wird den Termin dann so legen, dass die behinderten Athleten auch ihren Termin bekommen. Daher versuchen wir schon, dass alle Athleten gleichberechtigt behandelt werden." (OSP-Vertreter)

Ein Vertreter sah klare *Vorteile für die gemeinsame Betreuung von behinderten und nichtbehinderten Athleten an einem Stützpunkt*. So standen auch den nichtbehinderten Athleten großzügig gestaltete Eingangsbereiche und ein Fahrstuhl zur Verfügung, die aufgrund der Betreuung behinderter Athleten gebaut wurden. Auf der anderen Seite hatten die behinderten Athleten die Möglichkeit, die Serviceeinrichtungen des OSP im Rahmen der Grundbetreuung in vollem Umfang zu nutzen:

„Die Athleten mit einer Behinderung werden eigentlich genauso behandelt wie die Nichtbehinderten auch, und das ist schon eine Top-Behandlung, die sie erfahren dürfen. Besondere Privilegien gibt es allerdings nicht. Da herrscht Gleichberechtigung. Die nichtbehinderten Athleten profitieren natürlich auch von der Tatsache, dass jetzt die behinderten Sportler hier bei uns betreut werden. Sie können diese behindertengerechten Einrichtungen dementsprechend auch nutzen, sprich den Fahrstuhl oder die größeren Eingänge, sodass die behinderten Athleten mit ihrem Rollstuhl durchkommen. Allein diese baulichen Maßnahmen, die getroffen werden mussten, damit die behinderten Sportler unsere Einrichtung auch nutzen können, bringen für alle gewisse Vorteile." (OSP-Vertreter)

Defizite im Rahmen der Betreuung der behinderten Athleten sah ein OSP-Vertreter im Bereich der *Laufbahnberatung*. Um den behinderten Athleten auch auf diesem Gebiet die bestmögliche Betreuung zukommen zu lassen, hob er eine *spezielle Vorbereitung* seiner Mitarbeiter als dringend notwendig hervor:

„Gerade in dem Bereich, behinderte Sportler auf dem Arbeitsmarkt zu vermitteln, bedarf es sehr viel Engagement. Unsere Laufbahnberatung macht da im Moment auch sehr viele Bemühungen, um im Behindertensport ein adäquates

Angebot zu machen. Aber es ist ja nicht wie bei den Fußgängern, sondern es gibt bestimmte Schadensklassen, die man kennen muss, bestimmte Förderprogramme für Unternehmen. Darauf muss man sich ganz, ganz anders vorbereiten, wenn man Behindertenleistungssportler in der Laufbahnberatung entsprechend beraten will. Da müssen die Laufbahnberater geschult werden, damit sie sich auch mit diesen speziellen Besonderheiten auskennen und mit in die Arbeitsvermittlung und in die Laufbahnberatung einbringen können." (OSP-Vertreter)

Ein Fragenkomplex galt der *fachlichen Kompetenz der Mitarbeiter* bezüglich behinderungsspezifischer Besonderheiten bei der Betreuung der behinderten Athleten. Von den befragten OSP-Vertretern wurde eine spezielle Schulung der Mitarbeiter an den Olympiastützpunkten (OSP) in behindertenspezifischen Problemfeldern kaum als maßgebend erachtet. Größtenteils hatten sich die Mitarbeiter *autodidaktisch* auf diesem Gebiet *weitergebildet*:

„Die Physiotherapeuten, die in diesen Bereichen besonders geschult sind, haben es durch ‚learning by doing' gemacht. Wenn man ein paar Mal mit gehörlosen Sportlern zu tun gehabt hat, dann weiß man, dass man sich ihnen entgegenstellen muss und dass man langsam reden muss. Das sind einfach so Sachen, die keine besondere Schulungen erfordern." (OSP-Vertreter)

„Wir sind ja eigentlich einer der Olympiastützpunkte, die von Anfang an im Behindertensport sehr aktiv waren, auch schon vor Sydney 2000, also bevor das irgendwann mal ganz offiziell an die OSP übertragen wurde. Der Behindertensport war ja hier schon immer Bestandteil. Das kommt auch durch die intensive Zusammenarbeit mit der Deutschen Olympischen Gesellschaft, die hier vor Ort ist, so dass Behindertensport speziell nie ein Problem war und unsere Leute schon sehr, sehr lange mit behinderten Sportlern arbeiten. Die Biomechaniker haben sich über Jahre mit spezifischen Problemen der Behinderten beschäftigt. Ich würde fast für alle sagen, dass die wenigsten von ihnen eine extra Schulung gemacht haben, sondern meistens im Tagesgeschäft sozusagen ihr Handwerk auch für den Behindertenbereich erlernt haben." (OSP-Vertreter)

„Die Betreuung der behinderten Athleten hat sich so ergeben. Ich bin ja Biomechaniker von Haus aus, und das eine oder andere kann man ja. Nebenbei bin ich ja auch noch Diplom-Ingenieur, das heißt, viele Dinge kann man dementsprechend ableiten. Man achtet schon darauf, dass die Belastung und Entlastung stimmen, dass das auch richtig eingetaktet wird." (OSP-Vertreter)

Tendenzen, Mitarbeiter bezüglich behindertenspezifischer Belange und Besonderheiten zu schulen, ließen sich nur ansatzweise aus den Aussagen herauslesen. Ein OSP-Vertreter gab eine bevorstehende *Weiterbildungsmaßnahme für einen Mitarbeiter* auf dem Gebiet der Laufbahnberatung an.

„Es gibt wohl keinen Mitarbeiter im Moment in Deutschland, der eine spezielle Schulung hinsichtlich spezifischer Problematik im Behindertenbereich hat, aber unser Laufbahnberater ist gerade auf dem Wege, in Kooperation mit einer niedergelassenen Fachkraft sich weiterzubilden." (OSP-Vertreter)

Weiterhin bemerkte ein OSP-Vertreter, dass sich seine *eigene Weiterbildung* auf dem Gebiet des Behindertenleistungssports zufällig ergeben hatte:

„Ach, das hat sich so ergeben. Nein, die Mitarbeiter des OSP wurden nicht besonders geschult, außer mir. Ich habe mal eine Vortragsreihe mitgemacht, bei der es um den paralympischen Einsatz der blinden Judokämpfer ging." (OSP-Vertreter)

Über die spezifischen Möglichkeiten, wie eine *Zusammenarbeit zwischen den Olympiastützpunkten (OSP) und den Athleten* zustande gekommen war, berichteten die OSP-Vertreter sehr differenziert. Neben der Internetpräsenz war vor allem der Kontakt der Verbände sowie der Vereine zu den OSP maßgebend für eine gelungene Kooperation und *Rekrutierung der behinderten Athleten* für den Olympiastützpunkt (OSP):

„Es gibt unterschiedliche Kommunikationsstränge. Es gibt jetzt seit einem halben Jahr ein Rundschreiben, da es wohl einige OSP gab, die keine behinderten Sportler betreut haben. Auf dieses Rundschreiben hin haben sich auch die Verbände noch einmal bei uns gemeldet. Das war der Gehörlosenverband. Er hat mit uns bilateral sozusagen das Angebotspaket noch einmal für seine Athleten definiert und dann an seine Athleten weitergegeben, woraufhin jetzt diese Kampagne im Gehörlosensport entstanden ist. Wir haben hier jetzt gerade in den letzten Wochen 6 Gehörlosensportler gehabt, die sich alle bei uns haben registrieren und informieren lassen und die jetzt die Serviceleistungen nutzen. Diese Rekrutierung der Athleten ist sozusagen über den Verband gelaufen." (OSP-Vertreter)

„Die beste Schiene ist es natürlich, wenn der Verband seine Athleten entsprechend informiert. Dann gibt es hier mit B. L. einen sehr starken Partnerverein, der sich im Behindertensport unheimlich engagiert. Da gibt es einen Geschäftsführer für den Behindertensport, das ist der Herr X., und mit dem wird diese gesamte Behinderten-Schiene sozusagen auch von der Kommunikation her betreut. Und das läuft dann natürlich auch sehr gut, so dass also alle Behindertensportler, und das sind 40 Personen, dort im Betreuungsrhythmus integriert sind. Das sind die beiden offiziellen Schienen der Rekrutierung. Dann gibt es die Athletenschiene, Sportler, die sehr erfolgreich sind. Sie sind über andere irgendwie an den Olympiastützpunkt herangekommen, haben aber jetzt mit unseren Mitarbeitern eine gute Kommunikation, so dass das eben auch über einen kurzen Weg geht." (OSP-Vertreter)

„Das Angebot, dass auch behinderte Sportler unsere Leistungen nutzen können, ist generell bei uns mit auf der Web-Seite zu sehen bzw. in den Broschüren. Die meisten Sportler wissen das, zumindest in den wichtigsten Sportarten, die wissen, dass der OSP ebenso die behinderten Athleten betreut." (OSP-Vertreter)

Die Olympiastützpunkte der Befragten wiesen nur partiell eine **behindertengerechte Ausstattung** auf. So gab es eine Einrichtung, die schon größtenteils behindertengerecht ausgebaut war. Ein anderer Vertreter bemerkte, dass der durchgeführte Umbau leider noch nicht alle behindertenspezifischen Besonderheiten berücksichtigt hatte und eine intensive Kommunikation in diesem Bereich notwendig war. Dagegen war einer der befragten Stützpunkte noch gar nicht auf Behinderte eingestellt, so dass Athleten mit Rollstuhl auf *gravierende Barrieren* stießen und nur mit fremder Hilfe die Serviceeinrichtungen nutzen konnten:

„Ich weiß nur generell, dass diese Thematik immer wieder forciert werden muss, denn jetzt hat auch gerade hier bei uns ein Umbau stattgefunden, hier bei uns im Gebäude. Das Gebäude war nicht in allen Teilen behinderungsgerecht. Das zeigt mir einfach, dass die Problematik noch nicht überall in den Köpfen angekommen ist. Also man muss es immer wieder kommunizieren. Aber ich denke, grundsätzlich kann man schon sagen, dass wir hier sehr viele Behindertensportler mit betreuen." (OSP-Vertreter)

„Unsere Einrichtung ist ja so konzipiert worden, speziell mit dem Neubau, dass alles soweit behinderungsgerecht gebaut wurde, der Laufschlauch, eine neue Krafthalle und Spielhalle, mit Fahrstuhl, mit Toiletten, mit Duschen und allem drum und dran." (OSP-Vertreter)

„Vorher war unser Gebäude auch schon relativ behindertengerecht mit Fahrstuhl eingerichtet, und jetzt haben wir den Anbau gekriegt, der dann sozusagen auch den Athleten ermöglicht, selbst den Kraftraum, der sich in der zweiten Etage befindet, über den Fahrstuhl zu erreichen. Behindertengerechte Duschmöglichkeiten wurden eingerichtet. Das ist jetzt schon alles sehr behindertengerecht, so dass eben auch die Athleten mit Handicap sehr gute Bedingungen bei uns vorfinden." (OSP-Vertreter)

„Bei uns herrscht da noch sehr viel Mangel vor. Wir müssen auch jetzt noch, da wir keinen Aufzug besitzen, die Athleten im Rollstuhl eine Etage tiefer tragen, wenn sie Laufbahntraining machen wollen. Nicht ideal, aber das geht schon." (OSP-Vertreter)

Bezüglich der ***Zusammenarbeit mit anderen Serviceeinrichtungen*** kristallisierten sich unterschiedliche Aussagen aus den durchgeführten Interviews heraus. Konkret gab nur ein OSP-Vertreter an, mit anderen Serviceeinrichtungen wie z.B. dem Institut für Angewandte Trainingswissenschaft (IAT) in Kontakt zu stehen. Dabei handelte es sich allerdings nur um *vereinzelte Kooperationen*:

„Da gibt es eine Zusammenarbeit mit einzelnen Mitarbeitern in den Instituten. Der Herr A. z.B aus dem IAT arbeitet mit uns sehr eng zusammen. Es gibt also keine Kooperationsvereinbarung im großen Stil, sondern es gibt einfach punktuelle Zusammenarbeiten mit einzelnen Mitarbeitern." (OSP-Vertreter)

Als *Aufgabe des Verbandes* sah ein OSP-Vertreter die einrichtungsübergreifende Zusammenarbeit an:

„Nein, eine systematische Zusammenarbeit gibt es da nicht. Das ist eigentlich wiederum Verbandsaufgabe. Da würden wir uns eventuell auch über Grenzen im Verband hinwegsetzen. Wir sind in erster Linie für den Betreuungsbereich zuständig. Wenn dann Notwendigkeiten bestehen würden, würde das an den Deutschen Behindertenvportverband weitergeleitet. Das läuft über den Verband, nicht direkt über den Athleten." (OSP-Vertreter)

Weiterhin könnte sich ein OSP-Vertreter die Zusammenarbeit speziell mit dem Institut für Forschung und Entwicklung von Sportgeräten (FES) für einen Teil seiner behinderten Athleten vorstellen, und er würde eine solche *Kooperation* sehr begrüßen:

„Nein, momentan gibt es noch keine Kooperation mit weiteren Serviceeinrichtungen. Mit dem FES würde ich zusammen arbeiten, wenn die Sledge-Eishockeyspieler weiterhin so erfolgreich bleiben, wie sie jetzt momentan sind, um einen neuen Schlitten zu entwickeln, der dann doch noch ein bisschen mehr Mobilität gewährleistet und die Leistungsfähigkeit stützt." (OSP-Vertreter)

Verbesserungsvorschläge und Anregungen für die Zukunft des Behindertenleistungssports machten die OSP-Vertreter, indem sie sich eine *gezielte Auswahl der Athleten*, die die Betreuung an den Olympiastützpunkten nutzen dürften, und eine *gesicherte Grundbetreuung* für diese Sportler wünschten. Weiterhin stand eine *verbesserte Kommunikation zwischen den Verbänden und den Olympiastützpunkten* im Vordergrund:

„Anspruch auf eine Grundbetreuung haben ja alle Kader-Athleten. Aber es ist ja ein Unterschied, ob ich die Physiotherapie einmal oder dreimal in der Woche bekomme. Und daher muss man schon gemeinsam mit dem Verband festlegen, wer denn die Athleten sind, die als Hoffnungsträger gelten. Also das ist das Zeichen unserer Zeit, dass wir die Trefferquote sozusagen erhöhen müssen, um die Top-Athleten wirklich optimal zu betreuen und andere Athleten nicht allzu intensiv zu betreuen. Es gibt nicht mehr die Ressourcen oder Möglichkeiten, alles zu bedienen. Daher muss man abwägen, welche Athleten speziell gefördert werden." (OSP-Vertreter)

„Es ist einfach so, dass wir schauen müssen, wer die herausragenden Athleten sind. Das ist ja auch die Devise seit den Olympischen Spielen in Athen, seit es die sogenannte ‚Top-Team'-Betreuung gibt. Und es gilt auch für den Behindertenleistungssport zu schauen, wo auch im Paralympics-Bereich Top-Athleten sind, die dann sicherlich vernünftig betreut werden können. Es geht nicht mehr, dass für den gesamten Kader die beste Betreuung möglich ist." (OSP-Vertreter)

„Ich denke mal, dass einfach ganz normal bilateral Gespräche zwischen dem Verband und den Olympiastützpunkten aufgenommen werden sollten, da wo sie noch nicht stattfinden, wie das auch mit den anderen Verbänden an den Olympiastützpunkten der Fall ist. Dann sollte man ganz genau zu Kooperationsvereinbarungen kommen, zu gemeinsamen Absprachen. Dann wird das auch bundesweit sicherlich noch etwas nach vorne gehen können, so dass eine noch bessere Betreuung auch der Athleten mit Behinderung gewährleistet werden kann." (OSP-Vertreter)

In den Aussagen der OSP-Vertreter bezüglich der Betreuungssituation der Athleten an ihren Einrichtungen ließen sich überwiegend positive Tendenzen für die behinderten Athleten erkennen. So konnte eine sehr intensive Nutzung der Olympiastützpunkte (OSP) durch die behinderten Athleten konstatiert werden. Es waren alle Behinderungsarten und Schadensklassen sowie eine große Vielfalt an paralympischen Disziplinen und Sportarten an den befragten Olympiastützpunkten (OSP) vertreten. Obwohl den behinderten Athleten eine Betreuung durch die Olympiastützpunkte (OSP) erst als Kader-Athleten zustand, zeigten sich einige OSP bereit, auch talentierte Nachwuchsathleten in die Betreuung zu integrieren, um ihnen die bestmögliche Förderung gewährleisten zu können. Teilweise gaben die Befragten an, auch schon vor der Festlegung zwischen dem Deutschen Sportbund (DSB) und dem Deutschen Behindertensportverband (DBS) im Jahre 2000 die Betreuung von behinderten Kaderathleten übernommen und somit den behinderten Athleten die Nutzung der Serviceleistungen der Olympiastützpunkte (OSP) ermöglicht zu haben.

Die an den Olympiastützpunkten (OSP) gebotene Grundbetreuung stand nach Aussage der OSP-Vertreter allen Nutzern, sowohl behinderten als auch nichtbehinderten Athleten, gleichermaßen zur Verfügung. Schwieriger verhielt es sich dagegen mit Maßnahmen, die der Schwerpunktbetreuung zugeordnet waren. Hier gestaltete es sich für die behinderten Athleten weitaus schwieriger, die Serviceleistungen wie z.B. das psychologische Training in Anspruch zu nehmen, wenn ihre Sportart nicht zu den Schwerpunktsportarten an einem Olympiastützpunkt (OSP) gehörte. In solchen Fällen sollten stützpunktübergreifende Möglichkeiten geschaffen werden, auch denjenigen Athleten Schwerpunktmaßnahmen zugänglich zu machen, die dies an einem weiter entfernten Stützpunkt in Anspruch nehmen konnten. Dies erschien sinnvoll, um den Athleten unnötige lange Anfahrten und damit Zeitverlust zu ersparen.

Die von dem Deutschen Sportbund (DSB) und dem Deutschen Behindertensportverband (DBS) geforderte Gleichberechtigung in der Betreuung der behinderten Leistungssportler wurde aus Sicht der OSP-Vertreter in der Praxis sehr gut umgesetzt. Einige OSP-Vertreter sahen sogar organisatorische und soziale Vorteile in der gemeinsamen Nutzung der Olympiastützpunkte (OSP) durch behinderte und nichtbehinderte Athleten. Allerdings standen an einigen Olympiastützpunkten (OSP) die teilweise noch vorhandenen baulichen Barrieren der gemeinsamen Nutzung im Wege.

Eine Schwachstelle in der Betreuung der behinderten Athleten wurde von einem OSP-Vertreter speziell in der Laufbahnberatung gesehen. Die von ihm angestrebte Qualifikation seiner Mitarbeiter auf diesem Gebiet war allerdings die einzige geforderte behindertenspezifische Ausbildung aller befragten OSP-Vertreter. Spezielle Schulungsmaßnahmen bezüglich behindertenspezifischer Belange wurden von den Befragten als weniger wichtig eingestuft. Nach Auffassung der OSP-Vertreter waren die autodidaktischen Erfahrungen der Angestellten und die Möglichkeiten der Anpassung an die Erfordernisse der behinderten Athleten ausreichend, um eine adäquate Betreuung der behinderten Athleten zu gewährleisten.

Positiv wurde die Kooperation mit den Fachverbänden und Vereinen zur Rekrutierung behinderter Leistungssportler bewertet. Die bereits aufgebauten Netzwerke ließen auf eine erfolgreiche Zusammenarbeit schließen. Bemängelt wurde von den Vertretern der Olympiastützpunkte (OSP) die unzureichende übergreifende Kooperation mit anderen wissenschaftlichen Fördereinrichtungen, die nach Ansicht der Befragten ausgebaut werden sollten.

4.2.2.2 Betreuung von Leistungssportlern mit Behinderung an Olympiastützpunkten (OSP) und spezifischen Fördereinrichtungen aus der Perspektive der Vertreter des Instituts für Angewandte Trainingswissenschaft (IAT)

2 Vertreter des Instituts für Angewandte Trainingswissenschaft (IAT) äußerten sich zu unterschiedlichen Aspekten der Betreuungssituation von behinderten Leistungssportlern. Es wurden grundsätzlich keine behinderten Athleten am Institut für Angewandte Trainingswissenschaft (IAT) betreut. Allerdings wurde jedoch auch angemerkt, dass im Rahmen der sportmedizinischen Untersuchung durchaus Athleten mit Handicap einbezogen wurden, zumal das **IAT als *lizenziertes Untersuchungszentrum des Deutschen Sportbundes (DSB)*** für die sportmedizinischen Untersuchungen anerkannt war:

„Also, in unserem Hause werden grundsätzlich keine Behinderten betreut, im eigentlichen Sinne. Im sportmedizinischen Bereich jedoch stellt sich das anders dar. Hinsichtlich gesundheitlicher Spezifik und Belastbarkeitsmessungen, etc.

Studie 2: Darstellung und Diskussion der Ergebnisse 215

werden auch Behinderte im Rahmen dieser sächsischen Untersuchung mit untersucht." (IAT-Vertreter)

„Die Behinderten kommen vor allem im Bereich der medizinischen Untersuchung zur Erlangung des Kaderstatus zu uns. Wir sind also neben den projektgebundenen, auf Kooperationsbasis mit den Spitzenverbänden zugespitzten Arbeiten auch tätig als eines von zehn lizenzierten Untersuchungszentren des DSB für die sportmedizinischen Untersuchungen. Und in dem Zusammenhang betreuen wir natürlich eine ganze Menge behinderte Sportler, vor allem regional gesehen, insbesondere in der Region Leipzig, in der wir das nächste lizenzierte Untersuchungszentrum sind." (IAT-Vertreter)

Eine über die medizinische Untersuchung hinausgehende Betreuung konnte das IAT nach Aussagen der befragten Personen jedoch nicht übernehmen. Das Institut für Angewandte Trainingswissenschaft (IAT) war nach Aussage der befragten Vertreter **aufgrund der Organisationsstruktur** und der **fehlenden Kooperationsvereinbarung mit dem Deutschen Behindertensportverband (DBS)** nicht in der Lage, die behinderten Leistungssportler intensiver zu betreuen:

„Es ist so, dass wir als Institut einem freien Trägerverein unterstehen, also keine universitäre Anbindung haben. Wir sind das einzige trainingswissenschaftliche Institut außerhalb der Universität in Deutschland. Unsere Arbeitsweise ist also, dass wir gestützt auf Kooperationsvereinbarungen mit den Verbänden unsere Forschungsprojekte laufen haben. Und eine solche Kooperationsvereinbarung zum Behindertensportverband existiert im Augenblick nicht, aus Kostengründen." (IAT-Vertreter)

Diese denkbaren, jedoch fehlenden Kooperationsvereinbarungen mit dem Deutschen Behindertensportverband (DBS) bildeten somit die Barriere für eine Betreuung der behinderten Athleten. Weiterhin wurde von einem IAT-Vertreter die **Förderstruktur des Deutschen Sportbundes (DSB)** als Hindernis für eine Zusammenarbeit mit den behinderten Leistungssportlern angesehen, wonach nur olympische Sportarten förderungswürdig waren:

„Wir haben im Hause 27 Projekte. Und insgesamt arbeiten wir mit 16 Spitzenverbänden in 21 olympischen Sportarten zusammen. Das ist eine relativ große Geschichte. Es gibt also nicht eine nichtolympische Sportart, sondern alles sind olympische Sportarten, wobei hier auch noch einmal auf medaillenintensive Sportarten konzentriert wird. Aus den Sportarten, in denen nicht so viele Medaillenchancen erwartet werden, und in denen der Stand in Deutschland auch nicht so ein guter ist, zieht man sich mit bestimmten Kapazitäten zurück. Das liegt an der Förderstruktur des DSB. Dort sagt man: ‚Wissenschaft gibt es nur in den Sportarten der Kategorie 1 und 2.' Aufgrund des Förderkonzepts des DSB wird dann eben entsprechend gefördert. Welche Sportarten zur Kategorie 1 und 2 gehören, schreibt der DSB fest. Bei Sportarten der Kategorie 3 werden

dann schon Reduzierungen vorgenommen, und die Kategorie 4 sollte eigentlich nach dem Förderkonzept keine wissenschaftliche Förderung bekommen." (IAT-Vertreter)

Als Hintergründe für die noch zu geringe Zusammenarbeit wurden von den IAT-Vertretern *finanzielle Ursachen mit dem Bund bzw. dem DBS* gesehen:

"Eine stärkere Förderungsmöglichkeit der Behinderten am IAT sehe ich momentan bei der Finanzlage des Bundes überhaupt nicht. Es gab auch nie eine Diskussion in dieser Richtung. Man hat das nie an die Organisation herangetragen und gesagt: ‚Ihr sollt jetzt stärker im Behindertensport mit arbeiten.' Ich kenne das nicht." (IAT-Vertreter)

Neben den wirtschaftlichen Gründen sahen die IAT-Vertreter auch **organisatorische Hürden**, die behinderten Sportler in ihrer Einrichtung adäquat zu versorgen. So fehlten nach Ansicht eines IAT-Vertreters beispielsweise die räumlichen Voraussetzungen für die Betreuung behinderter Athleten:

"Wir haben leider die Voraussetzungen für Behinderte im Haus gar nicht. Da sind ja eine ganze Menge Standards einzuhalten. Wir sind nicht konzipiert für die Betreuung Behinderter. Und deswegen findet eine Betreuung nicht statt." (IAT-Vertreter)

"Leider sind wir für Behinderte gar nicht ausgerüstet. Die Voraussetzungen sind, auch wenn es um Untersuchungen geht, wie z.B. Ergometer, dafür nicht vorgesehen und wenn, dann nur mit bestimmten Aufrüstungen." (IAT-Vertreter)

Auch die **Kooperation der einzelnen Serviceeinrichtungen innerhalb des IAT** sah ein Vertreter als grundlegend für eine optimale Betreuung behinderter Athleten.

"Bei der Betreuung von behinderten Athleten geht es ja um eine Unmenge von Dingen und auch nur im Zusammenhang mit der Sportmedizin ist das lösbar. Das ist jetzt in so einem einzelnen Projekt nicht unterzubringen." (IAT-Vertreter)

"Neue Sportarten aufzunehmen oder sich im Bereich Behindertensport auszudehnen, ist schwierig." (IAT-Vertreter)

Die IAT-Vertreter zeigten sich gegenüber einer **möglichen Kooperation mit dem DBS** sehr aufgeschlossen und interessiert, sahen aber vor allem Probleme und Hindernisse im finanziellen Bereich.

"Ich sage mal, dass wir grundsätzlich für alles offen sind, für den Bereich Behinderte insbesondere, und wir würden auch gerne mit dem Behindertensportverband enger kooperieren." (IAT-Vertreter)

"Entscheidend ist bei der Förderung oder Betreuung der behinderten Athleten, dass hierbei am Ende weder das IAT noch die Basis entscheidet, welche Kooperationen zu schließen sind. Das muss im Wesentlichen die Dachorganisation sagen, wie hier die Präferenzen zu setzen sind." (IAT-Vertreter)

"Auch wenn wir gerne mehr im Behindertensport machen würden, letztendlich ist das ist immer eine Frage der Bezahlung." (IAT-Vertreter)

Ein IAT-Vertreter sah 2 Möglichkeiten, die **behinderten Athleten in die Betreuung am IAT zu integrieren,** zum einen über eine **steigende gesellschaftliche Akzeptanz** des Behindertenleistungssports und zum anderen über einen **Förderauftrag des Bundesinnenministeriums des Innern (BMI):**

"Die Haltung der Gesellschaft zum Behindertensport ist hier ausschlaggebend. Wenn die Kenntnisse sind, dass die behinderten Sportler mehr unterstützt werden müssen, dann wird der Einsatz für die Belange der behinderten Sportler erhöht. Aber diese Akzeptanz ist noch nicht ausreichend vorhanden. Die Politik spielt natürlich eine wesentliche Rolle. Wenn das Bundesministerium sagt: ‚Wir sind bei den Paralympics immer so stark, wir wollen aber noch stärker werden.' Wenn das IAT dann entsprechend den Auftrag bekommt, sich im Bereich Behindertensport zu betätigen, dann läuft das an. Dies hat aber riesige Konsequenzen." (IAT-Vertreter)

Eine mögliche Zusammenarbeit mit dem DBS und somit eine Betreuung der behinderten Athleten war aus Sicht der IAT-Vertreter **mit einer intensiveren und umfangreicheren Betreuung der Athleten** verbunden.

"Erst einmal generell gefragt, ob eine Betreuung behinderter Sportler bei uns möglich wäre. Da ist der DBS gefragt, der muss reagieren. Natürlich brauchen die Behinderten auch trainingswissenschaftliche Betreuung, sogar noch mehr als die Nichtbehinderten, weil die Bewegungen mitunter sehr kompliziert sind. Und sie brauchen auch, zumindest in den geräteintensiven Sportarten, wenn es um Rollstühle oder um andere Dinge geht, eine ingenieurwissenschaftliche Unterstützung, die durch unser Partnerinstitut in Berlin geleistet werden könnte. Da ist noch viel möglich, aber das muss besprochen und initiiert werden." (IAT-Vertreter)

Schwierigkeiten im Rahmen der Kapazitäten des IAT sah ein weiterer Befragter, da im Falle einer Aufnahme des Leistungssports der Behinderten vielleicht eine andere Sportart (Disziplin) vom IAT ausgeschlossen werden müsste.

"Also das ist ein bisschen schwierig. Sowohl das IAT als auch das FES haben einen gedeckten Haushalt. In dem Moment, wenn wir sagen, dass wir nach unserer Forschungsstrategie, also mit einer ganz langfristigen Orientierung ein Projekt im Behindertensportverband machen, dann muss gleichzeitig eine Entscheidung getroffen werden, welches Projekt wir auf der anderen Seite fallen

lassen. Die Entscheidung kann am Ende nur die Dachorganisation treffen. Wenn das so ohne Einschränkungen funktionieren würde, dann würden wir hier ohne Probleme weitere Planstellen aufmachen, wenn die Finanzierung langfristig gesichert ist. Und dann könnten wir die behinderten Sportler in unsere bestehende Struktur integrieren. Das wäre nicht das Problem. Im Gegensatz zu den Projekten, die über das Bundesinstitut gefördert werden, erhalten wir aber eine so genannte quasi institutionelle Förderung. Im Rahmen dieser quasi institutionellen Förderung sind wir ausgeschöpft, mit dem was wir leisten können." (IAT-Vertreter)

Für den Fall einer *Kooperationsvereinbarung mit dem DBS* sah ein Vertreter des IAT *gravierende Veränderungen auch in der personellen Struktur des IAT*:

„Wenn wir die Betreuung von behinderten Leistungssportlern integrieren würden, das wäre ja mit noch vielen Fragen verbunden, weil da ja Vieles ganz anders ist. Und die Übertragbarkeit ist eben nur mittelbar gegeben. Man müsste, wenn es Sinn machen sollte, dass unser Haus den Behindertensport unterstützt, hier eine eigene Abteilung oder eine Projektgruppe für den Behindertensport stationieren. Das kann nicht so wild hinein gegeben werden. Es müsste ein Projekt installiert werden." (IAT-Vertreter)

Ein IAT-Vertreter äußerte sich differenziert über die mögliche Betreuung behinderter Athleten am IAT. Für ihn stellte die ‚Mitbetreuung' der behinderten Athleten aufgrund der biomechanischen, aber auch der materiellen *behindertenspezifischen Besonderheiten für das IAT eine besondere Herausforderung* dar:

„Das ist ein Unterschied, ob man im Grenzbereich der gesunden menschlichen Leistungsfähigkeit arbeitet oder im Behindertenleistungssport. Da gilt es, ganz andere Kriterien zu berücksichtigen. Daher kann man nicht ein und die gleiche Sportart wie z.B. Kanu für beide Bereiche über einen Kamm scheren. Ich denke, da ist auch eine Qualifikation für die Mitarbeiter notwendig. Auch denke ich, dass die Betreuung behinderter Athleten sehr aufwendig ist, und man sich aus diesem Grunde hier im Hause bedeckt hält. Das ist ja nicht nur eine finanzielle Seite, das ist ja auch eine materielle. Wer im Behindertenbereich oder Sport tätig ist, der hat auch andere Voraussetzungen zu erfüllen. Der Umgang mit den Behinderten ist jetzt nicht so 1:1 übertragbar. Da hat man auch andere Voraussetzungen zu erbringen." (IAT-Vertreter)

„Die Betreuung behinderter Athleten ist ein sehr anspruchsvolles Feld. Wenn ich einen Behinderten zu einer Spitzenleistung bringen will, dann ist dies schon schwierig." (IAT-Vertreter)

Studie 2: Darstellung und Diskussion der Ergebnisse 219

„Die Betreuung der Athleten generell ist ja sehr umfangreich. Wissenschaft und Praxis arbeiten hier ganz eng zusammen, und da kann man nicht mal eben so den Behindertenleistungssport mit abdecken. Da müssen dann die speziellen Einrichtungen her, wo man auch ganzheitlich arbeiten kann. Da geht es schon um das Ganze. Die Truppe, die das machen würde, müsste dann auch in dem Bereich Erfahrungen sammeln, um den Behindertenbereich zu betreuen. Wenn, dann muss man der Sache auch gerecht werden, so wie es die Situation erforderlich macht." (IAT-Vertreter)

Die Aussagen der beiden Vertreter des Instituts für Angewandte Trainingswissenschaft (IAT) über die Betreuungssituation behinderter Leistungssportler ließen erkennen, dass behinderte Athleten nur im Rahmen der medizinischen Leistungsfeststellung für die Erlangung des Kaderstatus und zur jährlichen medizinischen Untersuchung berücksichtigt wurden. Eine umfangreichere und erweiterte Betreuung war aufgrund unterschiedlicher Faktoren nicht möglich. Von den IAT-Vertretern wurden die fehlenden Kooperationsvereinbarungen zwischen DSB und DBS, die Förderstruktur des DBS, die finanziellen Engpässe sowie die organisatorischen, räumlichen und materiellen Probleme als noch bestehende Hindernisse bezüglich einer verbesserten Betreuung von Athleten aus dem Leistungssport der Behinderten genannt.

Um die behinderten Athleten adäquat und qualitativ hochwertig betreuen zu können, sahen es die IAT-Vertreter als notwendig an, die einzelnen Serviceeinrichtungen des IAT untereinander zu verknüpfen und eine enge Kooperation der einzelnen Bereiche zu gewährleisten. Die Einrichtung spezieller Arbeitsgruppen und Teams, die die behindertenspezifischen Belange der Athleten kannten, und die damit verbundenen personellen Erweiterungen waren für die Vertreter des IAT wesentliche Voraussetzungen für eine intensivere und umfangreichere Betreuung behinderter Athleten. Solchen Bemühungen standen jedoch finanzielle Engpässe entgegen, die nach Ansicht der Befragten nur durch eine größere gesellschaftliche Akzeptanz des Behindertensports und durch eine darauf basierende erhöhte offizielle Förderung durch das Bundesinnenministerium des Innern (BMI) behoben werden könnten.

4.2.2.3 Betreuung von Leistungssportlern mit Behinderung an Olympiastützpunkten (OSP) und spezifischen Fördereinrichtungen aus der Perspektive des Vertreters des Instituts für Forschung und Entwicklung von Sportgeräten (FES)

Am Institut für Forschung und Entwicklung von Sportgeräten (FES) wurde von dem befragten Vertreter nur eine **punktuelle Zusammenarbeit** mit Athleten im Leistungssport der Behinderten konstatiert:

„Ja, behinderte Leistungssportler werden von uns auch betreut. Derzeit arbeiten wir mit den behinderten Seglern zusammen." (FES-Vertreter)

„Wir hatten auch schon Athleten aus dem Radsport. Da haben wir Materialien zur Verfügung gestellt. Da ist es ja so ähnlich wie im Bahnradsport. Und es gibt dann auch verschiedene Möglichkeiten, unser ‚Know how' auch auf den Behindertenbereich zu übertragen. Wir haben auch die Kooperation mit dem Bund Deutscher Radfahrer empfohlen." (FES-Vertreter)

Dass der **Kontakt zum FES oftmals durch die Athleten selbst geknüpft** wurde und es viel Eigeninitiative der Athleten bedurfte, um auch in die Betreuung des FES hineinzukommen, verdeutlicht folgende Aussage:

„Wenn ein solcher Kontakt zustande kommt, dann weil die Athleten uns ansprechen und anfragen, ob wir ihnen helfen können. Dann wird geschaut, ob es Parallelen zu den Sportarten gibt, die wir betreuen. Wenn dies der Fall ist und wenn es machbar ist, versuchen wir auch dort zu helfen." (FES-Vertreter)

Trotz vereinzelter Kontakte zu behinderten Athleten verweist der FES-Vertreter allerdings auch auf die *finanziellen Einschränkungen*, die bezüglich der Unterstützung im Behindertensport oftmals gegeben waren und die eine wünschenswerte Betreuung des FES dann leider gar nicht oder nur unter erschwerten Bedingungen möglich machten:

„Wir sind eigentlich in der misslichen Situation, dass wir überhaupt kein Geld für die Behinderten haben. Keine finanziellen Unterstützungen, keine Mittel, um Projekte im Behindertenleistungssport durchzuführen." (FES-Vertreter)

„Das Geld, das wir für die behinderten Sportler brauchen, wird aus dem Etat des FES genommen, der normalerweise für die Sportarten der Nichtbehinderten besteht. Das ist unser eigentliches Problem, dass wir keinen gesonderten Etat für die behinderten Athleten haben." (FES-Vertreter)

„Bestimmte Dinge können wir nicht machen, das ist richtig, dafür fehlt uns das Geld." (FES-Vertreter)

Möglichkeiten, trotz fehlender finanzieller Mittel die behinderten Athleten zu unterstützen, sah der FES-Vertreter in der **übergreifenden Beteiligung an bereits bestehenden Forschungsprojekten**:

> „Also, ich kann mir vorstellen, dass wir in den Sportarten, in denen wir von Hause aus tätig sind, viele Ähnlichkeiten und Parallelitäten im Leistungssport der Nichtbehinderten und Behinderten machen könnten. Voraussetzung ist, dass es starke Behindertenverbände gibt, die sich engagieren, und dass die Finanzierung und die Kapazitäten gewährleistet sind." (FES-Vertreter)

> „Na klar, wir bemühen uns, auch den behinderten Sportlern zu helfen. Das ist ja ein breites Feld, allein weil sie alle ja auch unterschiedliche Behinderungen haben. Der eine Athlet ist sehbehindert, der andere hat eine Behinderung am Arm, dann gibt es die unterschiedlichen Behinderungsgrade. Daher versucht man, schon zu helfen." (FES-Vertreter)

Bezüglich der **fachlichen Kompetenz der Mitarbeiter** im Hinblick auf die Behinderungsproblematik sah der Vertreter des FES eine spezielle Schulung des Personals für nicht zwingend notwendig an, da die behinderungsspezifischen Besonderheiten eher auf **den technischen Details** bezogen wurden:

> „Wenn Athleten mit einer Behinderung zu uns kommen, geschieht das, weil sie irgendein technisches Problem mit ihrem Sportgerät haben. Somit ist das in erster Linie eine rein technische Sache. Es ist sicherlich tragisch für den Menschen, dass er so eine Behinderung hat. Aber es ist sicherlich für uns wichtig, dass wir Lösungen in einem Arbeitsfeld anbieten." (FES-Vertreter)

> „Ich denke, dass das sowieso falsch ist. Warum soll man denn Leute besonders schulen, damit sie mit Behinderten umgehen können?" (FES-Vertreter)

Der befragte FES-Vertreter bestätigte, ähnlich wie die Vertreter des Instituts für Angewandte Trainingswissenschaft (IAT), eine geringe Betreuungsaktivität behinderter Athleten am Institut für Forschung und Entwicklung von Sportgeräten (FES). Die Zusammenarbeit mit den Athleten aus dem Behindertenbereich war vereinzelt gegeben. Wenn auch eine kontinuierlichere Betreuung behinderter Athleten bei dem FES durchaus auf großes Interesse stieß, so war es vorwiegend der Mangel an finanziellen Mitteln, der eine umfangreichere Betreuung nicht zuließ. Eigene Projekte im Bereich des Behindertenleistungssports waren ohne finanziell Unterstützung nicht abzusichern. Die Möglichkeit zur Betreuung sah der FES-Vertreter lediglich durch übergreifende Projektmaßnahmen, bei denen er sich, parallel zum Nichtbehindertenbereich, eine Mitbetreuung der behinderten Athleten vorstellen konnte. Eine spezielle Ausbildung der Angestellten für den Bereich Behindertensport wurde als nicht primär erforderlich angesehen.

4.2.2.4 Betreuung von Leistungssportlern mit Behinderung an Olympiastützpunkten (OSP) und spezifischen Fördereinrichtungen aus der Perspektive der Vertreter des Deutschen Behindertensportverbandes (DBS)

Vom Deutschen Behindertensportverbandes (DBS) nahmen 2 Vertreter zur Betreuungssituation der behinderten Athleten im Rahmen der vorliegenden Studie Stellung. Die Aussagen bezogen sich überwiegend auf die Betreuungssituation der Kaderathleten an den Olympiastützpunkten (OSP).

Die DBS-Vertreter zeigten sich sehr *zufrieden* mit der Arbeit, die im Rahmen der *Betreuung behinderter Athleten an den Olympiastützpunkten (OSP)* geleistet wurde. Benachteiligungen gegenüber den behinderten Athleten wurden von den Befragten nicht erwähnt:

„Ich kann nur sagen, dass die Athleten mit Behinderung an dem Stützpunkt in der Nähe genauso behandelt werden wie die nichtbehinderten Sportler, also ganz normal. An diesem Stützpunkt bemüht man sich sehr um die behinderten Athleten. Da gibt es keine Benachteiligungen." (DBS-Vertreter)

„Nein, Benachteiligungen behinderter Sportler sind noch nicht an mich herangetragen worden. Ich kann das so sagen, wir haben sehr gute Erfahrungen mit dem OSP hier im Land gemacht. B. ist eigentlich so der Dreh- und Angelpunkt für uns." (DBS-Vertreter)

Von den Serviceleistungen der Olympiastützpunkte wurde nach der Kenntnis der DBS-Vertreter vorrangig die *Leistungsdiagnostik* durch die Athleten genutzt.

„Im Moment ist es so, dass wir am Olympiastützpunkt B. 2mal pro Jahr die komplexe Leistungsdiagnostik, also die Kraft- und Leistungsdiagnostik, mit unseren Athleten nutzen." (DBS-Vertreter)

Eine *umfassendere Betreuung* der Athleten an den Olympiastützpunkten (OSP) wünschte sich ein DBS-Vertreter. Er sah dabei allerdings die *ungenügende Anzahl der Mitarbeiter* als Hindernis:

„Gerne würden wir es sehen, dass wir die Betreuung der behinderten Athleten an den Olympiastützpunkten ausweiten möchten im Hinblick auf eine permanente Betreuung. Das ist derzeit aber noch nicht möglich, da es einfach am Personal mangelt." (DBS-Vertreter)

In der Personalstruktur der Olympiastützpunkte (OSP) wurde durch die DBS-Vertreter das Hauptproblem einer differenzierten und gezielten Betreuung der Athleten mit Handicap gesehen. Sie forderten für die *Betreuung der behinderten Athleten* zudem *eigene wissenschaftliche Mitarbeiter an den Olympiastützpunkten (OSP)*:

„Das Personalproblem an den Olympiastützpunkten ist genau unser Problem. Natürlich bräuchten wir hauptamtliche Stellen. Wir bräuchten wissenschaftliche Mitarbeiter in den Stützpunkten, die sich speziell oder zumindest auch um die behinderten Athleten kümmern." (DBS-Vertreter)

Eine weitere dringende Maßnahme, um die Versorgungssituation der Athleten zu verbessern, sahen die DBS-Vertreter in der *Anstellung hauptamtlicher Trainer*, ohne die ein *konkurrenzfähiger Leistungssport der Behinderten auf internationaler Ebene* nicht mehr möglich sei:

„Wenn wir international mithalten wollen und in Zukunft international wieder zur Leistungsspitze anknüpfen wollen, dann kann das nichts anderes bedeuten als eine personelle Verstärkung des Teams von wissenschaftlichen Mitarbeitern am Olympiastützpunkt oder an den Stützpunkten. Das hat aber auch zur Folge, dass wir uns um hauptamtliche Trainer in diesen Stützpunkten kümmern müssen. Denn wir können nicht mit ehrenamtlichen oder mit halbfinanzierten Trainern diese Aufgaben bewältigen." (DBS-Vertreter)

Mit der *Erweiterung der personellen Engpässe* waren für einen DBS-Vertreter auch die noch teilweise vorhandenen *Benachteiligungen der behinderten Athleten* gegenüber den nichtbehinderten Sportkollegen reduzierbar:

„Wir müssen auch für mehr Gleichberechtigung an den Olympiastützpunkten für unsere behinderten Athleten sorgen. Das heißt, wenn wir Kraft- und Leistungsdiagnostik oder andere Maßnahmen durchführen, dann können die Stützpunkte nicht sagen, dass sie jetzt andere dringlichere Aufgaben im Bereich des Leistungssports der Nichtbehinderten haben und dass wir warten müssen. Das geht einfach nicht mehr." (DBS-Vertreter)

Deutliche Kritik wurde von den DBS-Vertretern an der politischen Herangehensweise an behindertenspezifische Probleme geübt, insbesondere im Hinblick auf die Bemühungen um finanzielle Unterstützung beim Bundesministerium des Innern (BMI). Sie forderten mehr persönliches Engagement, um das Leistungssportkonzept des DBS in der Zukunft in seinem ganzen Umfang umsetzen zu können:

„Noch keiner von unseren Funktionären ist hingegangen und hat dem BMI gesagt, dass sie ein tolles Leistungssportkonzept haben und dass die Umsetzung viel mehr Geld kostet. Noch keiner der Funktionäre hat sich bemüht, hier die Initiative zu ergreifen." (DBS-Vertreter)

„Bezüglich der Anforderung finanzieller Mittel ist noch nichts geschehen. Und ich weiß von den Politikern, dass die sagen, dass sie doch nur darauf warten, dass der DBS ein Wort sagt: ‚Wir brauchen mehr Geld.' Die Abgeordneten, egal aus welcher politischen Richtung, kommen nicht von sich aus und sagen,

dass sie dem DBS 2-4 Mio. € mehr geben, damit er seine Aufgaben umsetzen kann. Nein, nein. Das Geld muss gefordert werden." (DBS-Vertreter)

Größere Probleme wurden von den DBS-Vertretern in der **Anerkennung des DBS als olympisches Mitglied** gesehen. Hier führte die mangelnde Akzeptanz des Deutschen Behindertensportverbandes (DBS) zu Unsicherheiten auf dem politischen Terrain:

„Da spielen die verbandspolitischen Geschichten auch eine Rolle, z.B. zwischen dem Deutschen Sportbund und dem Deutschen Behindertensportverband. Der DBS ist noch nicht mal als olympisches Mitglied voll anerkannt im DSB. Da hängt der DBS immer noch nach, so nach dem Motto: ‚Wir machen die Olympischen Spiele, ihr die Paralympics.'" (DBS-Vertreter)

Insgesamt wurden die Arbeit und die damit verbundene Betreuung behinderter Athleten der Olympiastützpunkte (OSP) von den Vertretern des Deutschen Behindertensportverbandes (DBS) positiv bewertet. Deutlicher Schwerpunkt der Betreuungsleistungen für die behinderten Athleten war die Leistungsdiagnostik im Rahmen der medizinischen Untersuchungen. Dennoch wünschten sich die DBS-Vertreter eine intensivere und umfangreichere Betreuung der Athleten durch die Olympiastützpunkte (OSP) und wiesen darauf hin, dass personelle Engpässe dies oftmals nicht gewährleisteten. Ferner plädierte ein DBS-Vertreter für die Einrichtung mehrerer hauptamtlicher Stellen, um die Personalstruktur auch im Leistungssport der Behinderten zu verbessern. Diese Positionen sollten nicht nur für wissenschaftliche Mitarbeiter im Labor- und Beratungsbereich, sondern besonders auch im Trainingsbetrieb für hauptamtliche Trainer geschaffen werden. Diese personellen Erweiterungen würden auch gewährleisten, die offensichtlich noch vorhandenen Benachteiligungen der behinderten Athleten zu verringern bzw. gänzlich zu beseitigen. Um diese Ziele in die Praxis umsetzen zu können, forderten die DBS-Vertreter mehr Engagement auf der politischen Ebene, aber auch aus den Reihen der Vertreter des Deutschen Behindertensportverbandes (DBS).

5. ZUSAMMENFASSUNG UND EMPFEHLUNGEN

5.1 Zusammenfassung

In der **vorliegenden Studie** werden Aspekte der Kenntnis und Nutzung der Angebote von Olympiastützpunkten (OSP) und weiteren Fördereinrichtungen von Leistungssportlern mit Behinderungen anhand einer Befragung von Trainern und Funktionären analysiert.

Zur Analyse der Betreuung von Leistungssportlern ohne Behinderung finden sich differenzierte Studien in Hinsicht auf ausgewählte organisatorische und soziologische Aspekte von Olympiastützpunkten (OSP), auf spezifische Karriereaspekte nichtbehinderter Leistungssportler und auf die Kenntnis und Nutzung der Olympiastützpunkte (OSP) aus der Sicht von nichtbehinderten Athleten. Grundlegende Möglichkeiten und Angebote der Betreuung von Leistungssportlern mit Behinderung wurden bislang in nur wenigen Studien thematisiert.

Nach einer grundlegenden Befragung von Leistungssportlern mit Behinderung zeigte sich bei den Erwartungen der behinderten Athleten eine Verlagerung und Differenzierung der Beratung und Betreuung zu Gunsten der institutionellen Unterstützung. Nach Auffassung der befragten Athleten sollte vom Deutschen Behindertensportverband (DBS), von den Abteilungen und Landesverbänden sowie von den Olympiastützpunkten (OSP) eine stärkere Betreuungs- und Beratungsleistung ausgehen. Angesichts der zunehmenden Professionalisierung im Behindertenleistungssport sollte neben der Nutzung sozialer Ressourcen (u.a. Trainer, Betreuer) eine verstärkte Mobilisierung institutioneller Ressourcen (u.a. Erhöhung der Finanzen, Verbesserung der Öffentlichkeitsarbeit, Ermöglichung der Serviceleistungen am Olympiastützpunkt (OSP)) gewährleistet werden.

Einer umfangreichen Befragungsstudie zufolge bewerteten vergleichsweise wenige Leistungssportler mit Behinderung die Beratung, Betreuung und insgesamt die Zusammenarbeit mit Repräsentanten an Olympiastützpunkten (OSP) als zufriedenstellend, wohingegen die meisten Athleten differenziertere Informationen und bessere Möglichkeiten der Nutzung der verschiedenen Angebote von Olympiastützpunkten (OSP) wünschten.

Auf Anregung des Deutschen Sportbundes (DSB) und mit Befürwortung des Deutschen Behindertensportverbandes (DBS) wurde eine differenzierte Befragung zur Kenntnis und Nutzung der Angebote von Olympiastützpunkten (OSP) und weiteren Fördereinrichtungen bei den sich in der Vorbereitung für den Zielwettkampf für die Paralympics Athen 2004 befindlichen ca. 250 Kadersportlern mit Behinderung durchgeführt. Ca. 50% der befragten 113 behinderten Leistungssportler beantworteten die Fragen zur Bekanntheit der einzelnen

Betreuungsbereiche am Olympiastützpunkt (OSP). Die Betreuungsbereiche der medizinischen Leistungsdiagnostik, der Physiotherapie/Physikalischen Therapie, der Laufbahnberatung, der Krankengymnastik und der Ernährungsberatung waren weitgehend bekannt, wohingegen die allgemein-medizinische Betreuung, die biomechanische Leistungsdiagnostik, die orthopädisch-medizinische Betreuung, die psychologische Beratung und die internistisch-medizinische Betreuung weniger bekannt waren. In Bezug auf die Beurteilung der Zufriedenheit mit den einzelnen Bereichen der Olympiastützpunkte konnten hohe Zufriedenheitswerte bei der Physiotherapie/Physikalischen Therapie, der medizinischen Leistungsdiagnostik, der Krankengymnastik, der allgemein-medizinischen Betreuung und der psychologischen Beratung festgestellt werden.

In Anlehnung und Ergänzung an diese Befunde der Untersuchung der Athleten wurde im Rahmen der vorliegenden Befragungsstudie die Kenntnis und Nutzung der Angebote von Olympiastützpunkten und weiteren Fördereinrichtungen von Leistungssportlern mit Behinderungen anhand einer umfangreichen *Befragung von Trainern und Funktionären* analysiert.

Die Methodik beinhaltete die Beschreibung des Untersuchungsverfahrens, der Untersuchungspersonen, der Untersuchungsdurchführung und Untersuchungsauswertung. Als Untersuchungsverfahren wurden zum einen eine *quantitative Befragung mittels eines spezifischen Fragebogens* und zum anderen eine *qualitative Befragung anhand eines Interviewleitfadens* angewandt.

An der *quantitativen Befragung mittels des spezifischen Fragebogens* nahmen 41 nichtbehinderte Trainer teil. Das Durchschnittsalter der 41 Trainerinnen und Trainer betrug 43.46 Jahre, wobei 11 weiblichen und 30 männlichen Geschlechts waren. Die Gesamtgruppe der Trainer wurde anhand ihrer nebenberuflichen bzw. hauptberuflichen Tätigkeit in Heim- und Cheftrainer unterteilt. Aufgrund dieser Angaben umfasste die Stichprobe der Trainer 13 Heimtrainer und 28 Cheftrainer. Die meisten der befragten Trainer stammten aus den Bundesländern Berlin und Nordrhein-Westfalen, gefolgt von Baden-Württemberg, Niedersachsen, Bayern und Thüringen. Die Gesamtgruppe der 41 befragten Trainer ließ eine beachtliche Liste von großen Erfolgen ihrer Athleten erkennen. 16 Trainer gaben an, dass ihre Athleten mit Behinderung Paralympics-Sieger geworden waren, 6 Trainer berichteten von Athleten als Paralympics-Zweite, 2 Trainer von Paralympics-Endkämpfern und ein Trainer von Paralympics-Teilnehmern. Die Resultate der Fragebogenerhebung wurden mit deskriptiven und inferenzstatistischen Verfahren ausgewertet.

An der *qualitativen Befragung mittels eines Leitfadeninterviews* nahmen insgesamt 14 Personen teil. Es handelte sich hierbei um 4 Trainer, 4 Vertreter der Olympiastützpunkte (OSP), 2 Vertreter des Instituts für Angewandte Trainingswissenschaft (IAT), einen Vertreter des Instituts für Forschung und Entwicklung von Sportgeräten (FES) sowie um 3 Vertreter des Deutschen Behindertensportverbandes (DBS). Bei den Trainern wurden 2 Trainerinnen und 2 Trainer im Altersbereich zwischen 19 und 61 Jahren befragt. Die 4 Vertreter der Olympiastützpunkte (OSP) waren männlichen Geschlechts. Die Vertreter des Instituts für Angewandte Trainingswissenschaft (IAT), die sich in leitender Position befanden, waren 55 bzw. 35 Jahre alt. Der Vertreter des Instituts für Forschung und Entwicklung von Sportgeräten (FES), der eine führende Funktion innehatte, wies ein Alter von 53 Jahren auf. Bei den Vertretern des Deutschen Behindertensportverbandes (DBS) handelte es sich um eine weibliche Vertreterin und 2 männliche Vertreter im Altersbereich zwischen 30 und 65 Jahren. Die mündlichen Befragungen wurden in Hinsicht auf die Betreuungssituation der Leistungssportler mit Behinderung inhaltsanalytisch ausgewertet.

Die **Darstellung und Diskussion der Ergebnisse** konnte auf die quantitative Befragung mittels des Fragebogens und die qualitative Befragung mittels des Leitfadeninterviews bezogen werden.

Im Rahmen der *quantitativen Befragung mittels des Fragebogens* ließen in der *Gesamtgruppe der 41 Trainer* die meisten Übungsleiter erkennen, dass ihnen von den Betreuungseinrichtungen an erster Stelle die Olympiastützpunkte (OSP), gefolgt von den Firmen für die Geräteherstellung und den Instituten für Sportwissenschaft (ISW) bekannt waren. Weniger vertraut waren die Trainer mit dem Institut für Angewandte Trainingswissenschaft (IAT) und dem Institut für Forschung und Entwicklung von Sportgeräten (FES).

Hinsichtlich der Nutzung der Serviceeinrichtungen an den Olympiastützpunkten (OSP) wurde deutlich, dass die von den Trainern betreuten Athleten vorrangig die medizinische Leistungsdiagnostik und die Physiotherapie in Anspruch nahmen. Die internistisch-medizinische Betreuung sowie die psychologische Beratung wurden von den Athleten nach Kenntnis der Trainer nur vereinzelt genutzt. Ein hohes Maß der Notwendigkeit hinsichtlich der Nutzung der einzelnen Servicebereiche an den Olympiastützpunkten sahen die Trainer in fast allen Bereichen. Ein besonders hoher Nutzungsbedarf bestand u.a. im Bereich der orthopädisch-medizinischen Betreuung, der Physiotherapie, der medizinischen und biomechanischen Leistungsdiagnostik und der Krankengymnastik. Hinsichtlich der Zufriedenheit mit den Serviceeinrichtungen äußerten sich die Trainer durchschnittlich recht positiv, wobei sie die höchste Zufriedenheit mit der Physiotherapie und die niedrigste Zufriedenheit mit der psychologischen Beratung erkennen ließen. Die Trainer verdeutlichten darüber hinaus, dass sich mit der Zugehörigkeit ihrer Athleten zu einem Olympiastützpunkt (OSP) die Betreuungssituation für die Sportler insgesamt in mittlerem Maße verbessert hatte.

Die einzelnen Serviceleistungen des Instituts für Angewandte Trainingswissenschaft (IAT) waren den Trainern nur in niedrigem Grade bekannt. So ließen die sportmedizinische Grunduntersuchung, die Laufband- und Rad-Dynamometrie sowie sportartspezifische Test- und Überprüfungsprogramme lediglich einen mittel hohen Bekanntheitsgrad erkennen. Auch das Institut für Forschung und Entwicklung von Sportgeräten (FES) wies bei den Trainern nur einen niedrigen

Bekanntheitsgrad auf. Die Servicemöglichkeiten der allgemeinen Sportgeräteentwicklung und der ingenieurwissenschaftlichen Methoden zur Neu- und Weiterentwicklung von Sportgeräten waren unter den Trainern nur etwas bekannt. Die Institute für Sportwissenschaft (ISW) zeigten bei den Trainern nur einen vergleichsweise niedrigen Bekanntheitsgrad. Von den Serviceleistungen der wissenschaftlich praxisnahen Analyse und der wissenschaftlich theoriegeleiteten Grundlagenforschung hatten die Trainer allenfalls marginale Kenntnisse. Die Firmen zur Herstellung von behindertenspezifischen Hilfsmitteln mit ihrem privaten sowie technischen Service waren den Trainern einigermaßen bis ziemlich bekannt. Mit der Qualität der spezifischen Serviceeinrichtungen der Firmen der Geräteherstellung (u.a. Prothesen- und Orthesenversorgung, Rollstühle) waren die Trainer in durchaus hohem Maße zufrieden.

In Hinsicht auf das Leistungssportkonzept des Deutschen Behindertensportverbandes (DBS) wurde deutlich, dass aus der Sicht der Trainer im Leistungssport der Menschen mit Behinderung die positiven Auswirkungen in der Verbesserung der Öffentlichkeitsarbeit des Verbandes, der leistungssportbezogenen Strukturen und der Nutzung der trainingswissenschaftlichen Erkenntnisse, hingegen die negativen Auswirkungen in der Erschwerung eines ‚Wir-Gefühls' und einer offenen und effizienten Kommunikation sowie der mangelnden finanziellen Unterstützung und materiellen Ausstattung in spezifischen Randbereichen gesehen wurden.

Der *Vergleich der Betreuung an Olympiastützpunkten und weiteren Fördereinrichtungen zwischen den Heimtrainern und Cheftrainern* bezog sich auf alle Aspekte des spezifischen Fragebogens. Zwischen den beiden Trainergruppen konnten keine statistisch nachweisbaren Unterschiede in der Bekanntheit der Betreuungseinrichtungen aufgefunden werden. Den Cheftrainern waren allerdings die Olympiastützpunkte (OSP) im Trend bekannter als den Heimtrainern. Weiterhin wiesen das Institut für Angewandte Trainingswissenschaft (IAT), die Institute für Sportwissenschaft (ISW) und die Firmen der Geräteherstellung (z.B. Prothesen, Rollstühle) leicht höhere Bekanntheitsgrade bei den Cheftrainern als bei den Heimtrainern auf.

In Bezug auf die Existenz spezifischer Betreuungseinrichtungen an Olympiastützpunkten (OSP) fanden sich weitgehend ähnliche Einschätzungen bei den Heimtrainern und den Cheftrainern. Die höchsten Nennungshäufigkeiten lagen bei den Betreuungseinrichtungen der Physiotherapie/Physikalischen Therapie und der medizinischen Leistungsdiagnostik bei den Heimtrainern und den Cheftrainern vor. In Hinsicht auf die Notwendigkeit der Betreuungseinrichtungen erachteten die Heimtrainer die Betreuungseinrichtungen der Krankengymnastik, der orthopädisch-medizinischen Betreuung, der medizinischen Leistungsdiagnostik und der Physiotherapie/Physikalischen Therapie als in der Tendenz für notwendiger als die Cheftrainer. Andererseits hielten die Cheftrainer die internistisch-medizinische Betreuung im Trend für notwendiger als die Heimtrainer. Der Vergleich der Zufriedenheit mit der Betreuung der Athleten an den Olympiastützpunkten (OSP) ließ bei den Cheftrainern in allen Einrichtungen höhere Werte als bei den Heimtrainern erkennen. Die Cheftrainer waren nachweislich zufriedener mit der biomechanischen Leistungsdiagnostik und mit der medizinischen Leistungsdiagnostik als die Heimtrainer. Außerdem zeigten die Cheftrainer im Trend höhere Zufriedenheitswerte in Hinsicht auf die allgemeinmedizinische Betreuung, die Laufbahnberatung, die orthopädisch-medizinische Betreuung, die psychologische Beratung und die internistisch-medizinische Betreuung als die befragten Heimtrainer. Bezüglich der Veränderungen der Betreuungssituation durch die Olympiastützpunkte (OSP) wurden die Einrichtungen der biomechanischen Leistungsdiagnostik und der medizinischen Leistungsdiagnostik von den Cheftrainern als im Trend stärker verbessert bewertet als von den Heimtrainern. Andererseits hatte sich nach der Einschätzung der Heimtrainer die allgemein-medizinische Betreuung und die Krankengymnastik in höherem Ausmaß verbessert als nach Meinung der Cheftrainer. Somit stimmten beide Trainergruppen der Verbesserung der Betreuungssituation ihrer Athleten mit Behinderung durch die Olympiastützpunkte (OSP) in mittel starkem Grade zu.

Die Heimtrainer und Cheftrainer beurteilten die Bekanntheit der Betreuungseinrichtungen am Institut für Angewandte Trainingswissenschaft (IAT) nicht statistisch nachweislich, jedoch in der Tendenz unterschiedlich. So waren die Einrichtungen der sportmedizinischen Grunduntersuchung, der Laufband- und Dynamometrie und der 3D-Bewegungsanalyse den Heimtrainern im Trend etwas bekannter als den Cheftrainern. Die Beurteilungen der Bekanntheit der Serviceeinrichtungen des Instituts für Forschung und Entwicklung von Sportgeräten (FES) lagen bei beiden Trainergruppen in einem vergleichsweise niedrigen Bereich. Den Heimtrainern waren die Einrichtungen der allgemeinen Sportgeräteentwicklung und der ingenieurwissenschaftlichen Methoden zur Neu- und Weiterentwicklung von Sportgeräten etwas bekannter als den Cheftrainern. In Hinsicht auf die Institute für Sportwissenschaft (ISW) waren die Einrichtungen der wissenschaftlich praxisorientierten Analyse für das Training, die Wettkampfvorbereitung, den Wettkampf und die Wettkampfnachbereitung sowie der wissenschaftlichen theoriegeleiteten Grundlagenforschung für die Heimtrainer und für die Chetrainer in ähnlicher Form vergleichsweise wenig bekannt.

Die Bekanntheit der Firmen der Geräteherstellung erwies sich in beiden Trainergruppen als ziemlich hoch. Der private Service hinsichtlich der Prothesen- und Orthesenversorgung und der Rollstühle wurde von den Heimtrainern als erheblich höher bekannt bewertet als von den Cheftrainern. Ferner war der technische Service hinsichtlich der Prothetik und Rollstühle für das Training und den Wettkampf bei den Heimtrainern deutlich bekannter als bei den Cheftrainern. Die Heimtrainer zeigten eine geringfügig niedrigere Zufriedenheit mit dem technischen Service hinsichtlich der Prothetik und Rollstühle für das Training, den Wettkampf und die Wettkampfnachbereitung als die Cheftrainer. Offensichtlich lag eine leicht stärkere Kooperation bei den Cheftrainern mit den Firmen der Geräteherstellung im Training sowie in der Vorbereitung und Durchführung von Wettkämpfen im Leistungssport vor als bei den Heimtrainern.

Die Cheftrainer beurteilten die Auswirkung des Leistungssportkonzepts in Bezug auf die Veränderung der Strukturen und Annäherung an die Struktur des Leistungssports Nichtbehinderter zur Erzielung von Synergieeffekten als nachweislich positiver als die Heimtrainer. Ferner erachteten die Cheftrainer den Aspekt der Nutzung trainingswissenschaftlicher Erkenntnisse des Nichtbehindertensports zur Erzielung von Synergiewirkungen als im Trend stärkere Verbesserung als die Heimtrainer. Außerdem interpretierten die Cheftrainer die Veränderungen der Rahmenbedingungen in stärkerem Grade als Verbesserungen als die Heimtrainer. Darüber hinaus sahen die Cheftrainer die finanzielle Unterstützung als weniger verschlechtert an als die Heimtrainer.

Die *qualitative Befragung anhand eines Interviewleitfadens* wurde mit ausgewählten Trainern und Vertretern von Olympiastützpunkten (OSP) und weiteren Fördereinrichtungen zur Betreuung der Leistungssportler mit Behinderung vorgenommen. Hinsichtlich der Problematik der Betreuung von Athleten mit Behinderung an Olympiastützpunkten (OSP), an dem Institut für Angewandte Trainingswissenschaft (IAT) und an dem Institut für Forschung und Entwicklung von Sportgeräten (FES) wurden die Trainer und die Vertreter der weiteren Fördereinrichtungen differenziert befragt. Darüber hinaus wurden Vertreter des Deutschen Behindertensportverbandes (DBS) zur Problematik der Betreuung von Athleten mit Behinderung interviewt. Anhand der einzelnen Interviewaussagen konnten markante Erkenntnisse zur Betreuungssituation behinderter Leistungssportler aus den unterschiedlichen Perspektiven gewonnen werden.

Die befragten *Trainer* verfügten über langjährige Erfahrung im Leistungssport der Nichtbehinderten und waren in Form eines Quereinstiegs zum Leistungssport der Athleten mit Behinderung gekommen. Sie waren eher zufällig in ihre Trainertätigkeit im Leistungssport der Behinderten eingetreten und hatten sich ihr spezifisches Wissen hinsichtlich der Besonderheiten im Behindertensport autodidaktisch erworben. Hinsichtlich der Serviceeinrichtungen an den Olympiastützpunkten (OSP), dem Institut für Angewandte Trainingswissenschaft (IAT), dem Institut für Forschung und Entwicklung von Sportgeräten (FES) und der Nutzungsmöglichkeiten für ihre Athleten lagen bei den befragten Trainern sehr unterschiedliche Kenntnisse und Erkenntnisse vor. Einige Trainer kannten das Institut für Angewandte Trainingswissenschaft (IAT) und das Institut für Forschung und Entwicklung von Sportgeräten (FES) gar nicht oder kaum, wohingegen ein Trainer über eine eher informelle Zusammenarbeit mit dem Institut für Angewandte Trainingswissenschaft (IAT) berichtete. Wenn die Athleten noch keinen Kaderstatus erreicht hatten, war das Interesse der Trainer geringer ausgeprägt, sich um weitergehende Betreuungsmöglichkeiten ihrer Sportler zu bemühen. Die Trainer, deren Athleten bereits die unterschiedlichen Serviceeinrichtungen an Olympiastützpunkten (OSP) in Anspruch genommen hatten, bekundeten ein hohes Maß an Gleichberechtigung ihrer Sportler im Vergleich mit den Sportlern aus dem Nichtbehindertenbereich.

Die *Vertreter der Olympiastützpunkte (OSP)* konstatierten bezüglich der Betreuungssituation der Athleten mit Behinderung an ihren Stützpunkten eine recht intensive Nutzung der Serviceangebote. Kader-Athleten mit den unterschiedlichen Behinderungsarten und Startklassen nahmen das Betreuungsangebot der Olympiastützpunkte an, aber auch talentierte Nachwuchsathleten wurden im Sinne der Talentförderung zunehmend bereits in die Betreuung einbezogen. Zum Teil war auch schon vor der Festlegung zwischen Deutschen Sportbund (DSB) und dem Deutschen Behindertensportverband (DBS) im Jahre 2000 die Betreuung einzelner behinderter Kaderathleten übernommen und somit den behinderten Athleten die Nutzung der Serviceleistungen der Olympiastützpunkte ermöglicht worden. Stand nach Aussage der OSP-Vertreter die Grundbetreuung behinderten als auch nichtbehinderten Athleten gleichermaßen zur Verfügung, so erwies es sich für die behinderten Athleten weitaus schwieriger, über die Grundversorgung hinausgehende Serviceleistungen wie z.B. das psychologische Training in Anspruch zu nehmen, wenn ihre Sportart nicht zu den Schwerpunktsportarten an einem Olympiastützpunkt (OSP) gehörte. Die Vertreter regten an, dass stützpunktübergreifende Möglichkeiten geschaffen werden sollten, um Athleten in Einzelfällen die spezifischen Serviceleistungen zur Verfügung zu stellen.

Aus Sicht der Vertreter der Olympiastützpunkte (OSP) wurde die von dem Deutschen Sportbund (DSB) und dem Deutschen Behindertensportverband (DBS) geforderte Gleichberechtigung in der Betreuung der behinderten Leistungssportler bereits weitgehend umgesetzt. Einige Vertreter äußerten sich erfreut über die gegebene Möglichkeit, auch behinderte Athleten betreuen zu können. Sie stellten heraus, dass sich nicht zuletzt mit der Aufnahme der Athleten mit Behinderung auch Vorteile z.B. durch die neuen baulichen Maßnahmen für alle Athleten ergeben hatten. Spezielle Schulungsmaßnahmen bezüglich behindertenspezifischer Belange wurden von den befragten Vertretern der Olympiastützpunkte (OSP) als weniger wichtig eingestuft. Ein Vertreter räumte ein, dass speziell in der Laufbahnberatung behindertenspezifische Aspekte zu beachten waren, die autodidaktisch kaum erarbeitet werden konnten und daher separate Fortbildungsmaßnahmen der Laufbahnberater notwendig machten. Die Kooperation mit den Verbänden und Vereinen zur Rekrutierung behinderter Leistungssportler wurde als positiv gewertet, da die bestehenden Netzwerke eine erfolgreiche Zusammenarbeit ermöglichten. Auf eine noch nicht ausreichende Kooperation mit anderen wissenschaftlichen Instituten wurde hingewiesen. Daher wünschten sich die Vertreter der Olympiastützpunkte (OSP) in der nahen Zukunft eine engere Bündelung gemeinsamer Interessen und deren Umsetzung in der Praxis.

Nach Aussagen der *Vertreter des Instituts für Angewandte Trainingswissenschaft (IAT)* nutzten behinderte Leistungssportler aus rechtlichen und strukturellen Gründen an ihrer Einrichtung vornehmlich die medizinischen Leistungstests für die Erlangung des Kaderstatus. Fehlende Kooperationsvereinbarungen zwischen DSB und DBS, die Förderstruktur des DBS generell, finanzielle Engpässe sowie organisatorische und räumliche Probleme wurden von den Vertretern als wesentliche Hindernisse für eine umfangreichere Betreuung von Athleten mit Behinderung genannt. Dabei wurde die Bereitschaft in recht hohem Maße bekundet, sich vermehrt der Problematik des Leistungssports der Behinderten zu widmen. Um dies zu gewährleisten, sahen es die Vertreter jedoch als notwendig an, die einzelnen Serviceeinrichtungen innerhalb des Instituts für Angewandte Trainingswissenschaft (IAT) untereinander enger zu verknüpfen, was allerdings personelle Erweiterungen und auch einen höheren finanziellen Aufwand voraussetzen würde. Da bei der finanziellen Situation des Instituts eine solche strukturelle Veränderung nicht möglich erschien, wurde eine offizielle Förderung durch das Bundesinnenministeriums des Innern (BMI) für notwendig erachtet.

Der befragte *Vertreter des Instituts für Forschung und Entwicklung von Sportgeräten (FES)* bestätigte aus rechtlichen Gründen eine geringe Betreuungsaktivität behinderter Athleten. Die Zusammenarbeit mit den Athleten aus dem Behindertenbereich war bisher allenfalls mit einzelnen Fachverbänden und einzelnen Athleten informell durchgeführt worden. Wenn auch eine kontinuierlichere Betreuung behinderter Athleten durchaus auf großes Interesse stieß, so war es vorwiegend der Mangel an finanziellen Mitteln, der eine umfangreichere Betreuung nicht zuließ. Eigene Projekte im Bereich des Behinderten-Leistungssports waren finanziell nicht oder kaum abzusichern. Die Möglichkeit zur Betreuung sah der Vertreter des Instituts für Forschung und Entwicklung von Sportgeräten (FES) lediglich durch übergreifende Projektmaßnahmen, bei denen er sich, parallel zum Nichtbehindertenbereich, eine Mitbetreuung der behinderten Athleten vorstellen konnte. Eine spezielle Ausbildung der Angestellten für den Bereich Behindertensport wurde als kaum erforderlich, jedoch wünschenswert angesehen.

Von den *Vertretern des Deutschen Behindertensportverbandes (DBS)* wurde insgesamt die Arbeit und die damit verbundene Betreuung behinderter Athleten der Olympiastützpunkte positiv bewertet. Im Rahmen der medizinischen Untersuchungen lag der Schwerpunkt der Betreuungsleistungen für die behinderten Athleten vornehmlich im Bereich der Leistungsdiagnostik. Die DBS-Vertreter wünschten sich eine intensivere und umfangreichere Betreuung der Athleten durch die einzelnen Olympiastützpunkte (OSP). Sie wiesen darauf hin, dass hierzu die personellen Engpässe an den einzelnen Olympiastützpunkten (OSP) beseitigt werden müssten und vermehrt hauptamtliche Personen eingestellt werden müssten, insbesondere auch für den Bereich des Leistungssports der Athleten mit Behinderung. Daher forderten die Vertreter des Deutschen Behindertensportverbandes (DBS) mehr Engagement auf der sportpolitischen Ebene.

5.2 Empfehlungen

Als **Empfehlungen** können aus den aufgeführten Befunden der vorliegenden Studie zur Betreuung von Leistungssportlern mit Behinderung an Olympiastützpunkten (OSP) und weiteren Fördereinrichtungen aus der Perspektive von Trainern und Funktionären anhand der quantitativen und der qualitativen Befragung mehrere Aspekte für den *Transfer in die Praxis des Leistungssport von Athleten mit Behinderung* hervorgehoben werden.

Eine Verbesserung der Information über die rechtlichen Regelungen der Kooperation zwischen dem Deutschen Behindertensportverband (DBS) und den einzelnen Olympiastützpunkten (OSP) erschien für die Athleten mit Behinderung, die Trainer, die Vertreter der Olympiastützpunkte und die Sportfachverbände dringend notwendig. Dies bezog sich auf die Möglichkeiten und Grenzen der bisherigen Serviceangebote der einzelnen Olympiastützpunkte (OSP) für die Athleten mit Behinderung.

Neben der Grundversorgung, die den Athleten mit Behinderung am Olympiastützpunkt (OSP) gewährt wird, sollte ihnen auch bei Bedarf die Schwerpunktförderung beispielsweise in Form der psychologischen Beratung, der gezielten Laufbahnberatung und der Ernährungsberatung angeboten werden. Hierdurch könnten auch bei nicht schwerpunktbezogener Förderung von Athleten lange Anfahrtswege, hohe Reise- und Unterbringungskosten vermieden werden und eine Ökonomisierung der Trainingsmaßnahmen erreicht werden. Insofern sollte auch die Anzahl der Olympiastützpunkte (OSP) mit Schwerpunktförderung für die Athleten mit Behinderung ständig erhöht werden.

Um eine optimale Betreuung an den Olympiastützpunkten (OSP) zu gewährleisten, forderten die Vertreter des Deutschen Behindertensportverbandes (DBS) eine verbesserte personelle Ausstattung der spezifischen Stützpunkte und setzten sich für mehr hauptamtlich Angestellte (z.B. im Laborbereich, aber auch speziell im Trainingsbereich) ein, die insbesondere auch für die Belange der behinderten Athleten zu Verfügung stehen sollten.

Es sollten weitergehende Überlegungen zur Ausweitung der projektbezogenen Betreuung von Leistungssportlern mit Behinderung durch das Institut für Angewandte Trainingswissenschaft (IAT) in Sachsen, möglicherweise in den östlichen Bundesländern im Sinne einer weitgehend zentralen Institution gemacht werden. Hierdurch könnte die Kooperation mit den Einrichtungen der Fakultät für Sportwissenschaft der Universität Leipzig erheblich intensiviert werden. Auf diese Weise könnte ein weiteres Zentrum der Betreuung der Athleten mit Behinderung in den östlichen Bundesländern geschaffen werden, das eng mit der im Konzept des Leistungssports des Deutschen Behindertensportverbandes (DBS) erwähnten Deutschen Sporthochschule Köln bzw. mit der Fakultät für Sportwissenschaft München und einzelnen benachbarten Instituten für Sportwissenschaft zusammenarbeitet.

Ferner sollten auch Möglichkeiten einer Erweiterung der projektbezogenen und sportartorientierten Betreuung von Athleten mit Behinderung durch das Institut für Forschung und Entwicklung von Sportgeräten (FES) ausgelotet und zumindest für einzelne Athleten möglichst realisiert werden.

Die Vertreter des Deutschen Behindertensportverbandes (DBS) sollten im Sinne der Möglichkeiten des Gesetzes auf Gleichstellung von Menschen mit Behinderung auf der politischen Ebene ihre Rechte im Bereich des Sports allgemein und insbesondere des Leistungssports mit Nachdruck vertreten. Sie sollten angesichts der zunehmenden Relevanz und Akzeptanz des Leistungssports von Athleten mit Behinderung eine Erhöhung der finanziellen, personellen und materiellen Ressourcen im Hinblick auf die sportpolitische und wirtschaftsbezogene Unterstützung anstreben.

4. LITERATUR (Studie 1 und Studie 2)

Ahrbeck, B. & Rath, W. (1999). Psychologische Besonderheiten bei Menschen mit speziellen Behinderungen – blinde Menschen. In J. Fengler & G. Jansen (Hrsg.), *Handbuch der Heilpädagogischen Psychologie* (S. 21-35). Stuttgart: Kohlhammer.

Alfermann, D. (1993). Soziale Prozesse im Sport. In H. Gabler, J.R. Nitsch & R. Singer (Hrsg.), *Einführung in die Sportpsychologie* (S. 65-109). Schorndorf: Hofmann.

Alfermann, D. & Strauß, B. (2001). Soziale Prozesse im Sport. In H. Gabler, J.R. Nitsch & R. Singer (Hrsg.), *Einführung in die Sportpsychologie. Teil 2: Anwendungsfelder* (S. 73-108). Schorndorf: Hofmann.

Anders, G. (1989). Soziale Betreuung von Kaderathleten: Fazit und Ausblick. In G. Anders & J. Schiffer (Red.), *Soziale Probleme im Spitzensport* (S. 91-95). Köln: Sport und Buch Strauß.

Anders, G. & Braun-Laufer, E. (Red.). (1998). *Karrieren von Mädchen und Frauen. Rahmenbedingungen und Konsequenzen.* Köln: Sport und Buch Strauß.

Anders, G. & Braun-Laufer, E. (Red.). (1999). *Sportlerinnen in den Medien. Möglichkeiten und Grenzen.* Köln: Sport und Buch Strauß.

Anders, G. & Braun-Laufer, E. (Red.). (2001). *Grenzen für Mädchen und Frauen im Sport?* Köln: Sport und Buch Strauß.

Anders, G. & Schiffer, J. (Red.). (1989). *Soziale Probleme im Spitzensport.* Köln: Sport und Buch Strauß.

Asken, M.J. (1991). The challenge of the physically challenged – Delivering sport psychology services to physically disabled athletes. *The Sport Psychologist, 5,* 370-381.

Baillie, P. & Danish, S. (1992). Understanding the career transition of athletes. *The Sport Psychologist, 6 (*1), 77-98.

Baur, J. (1989). *Körper- und Bewegungskarrieren.* Schorndorf: Hofmann.

Baur, J. (1998). Hochleistungssportliche Karrieren im Nachwuchsbereich. *Sportwissenschaft, 28* (1), 9-27.

Beckmann, J., Elbe, A.M., Szymanski, B. & Ehrlenspiel, F. (2006). *Chancen und Risiken. Vom Leben im Verbundsystem von Schule und Leistungssport. Psychologische, soziologische und sportliche Leistungsaspekte.* Köln: Sportverlag Strauß.

Belitz, G. (2000). Integration und Lebensqualität für Menschen mit Behinderungen durch Leistungssport – Beispiele aus der Leichtathletik. In V. Scheid & H. Rieder (Hrsg.), *Behindertensport – Wege zur Leistung* (S. 225-233). Aachen: Meyer & Meyer.

Berndt, I. (1998). Auswertung der Statements. Beratung und Betreuung von Spitzensportlerinnen während und nach der Karriere. In G. Anders & E. Braun-Laufer (Hrsg.), *Karrieren von Mädchen und Frauen. Rahmenbedingungen und Konsequenzen* (S. 125-127). Köln: Sport und Buch Strauß.

Bette, K.H. & Neidhardt, F. (1985). *Förderungseinrichtungen im Hochleistungssport.* Schorndorf: Hofmann.

Bette, K.H., Schimank, U., Wahlig, D. & Weber, U. (2002). *Biographische Dynamiken im Leistungssport. Möglichkeiten der Dopingprävention im Jugendalter.* Köln: Sport und Buch Strauß.

Bleidick, U. & Hagemeister, U. (1998). *Einführung in die Behindertenpädagogik I. Allgemeine Theorie der Behindertenpädagogik.* Stuttgart: Kohlhammer.

Bleidick, U., Hagemeister, U., Rath, W., Stadler, H. & Wisotzki, K.H. (1998). *Einführung in die Behindertenpädagogik II. Blinden-, Gehörlosen-, Geistigbehinderten-, Körperbehinderten- und Lernbehindertenpädagogik.* Stuttgart: Kohlhammer.

Borchert, J. (Hrsg.). (2000). *Handbuch der Sonderpädagogischen Psychologie.* Göttingen: Hogrefe.

Borggrefe, C., Thiel, A. & Cachay, K. (2006). *Sozialkompetenz von Trainerinnen und Trainern im Spitzensport.* Köln: Sportverlag Strauß.

Brettschneider, W.D. & Heim, R. (2001). Heranwachsende im Hochleistungssport. Eine (Zwischen-)Bilanz empirischer Befunde. *Leistungssport, 4,* 34-38.

Brettschneider, W.D. & Kleine, T. (2002). *Jugendarbeit in Sportvereinen. Anspruch und Wirklichkeit. Eine Evaluationsstudie.* Schorndorf: Hofmann.

Brettschneider, W.D. & Klimek, G. (1998). *Sportbetonte Schulen. Ein Königsweg zur Förderung sportlicher Talente?* Aachen: Meyer & Meyer.

Brettschneider, W.D., Heim, R. & Klimek, G. (1998). Zwischen Schulbank und Sportplatz – Heranwachsende im Spannungsfeld zwischen Schule und Leistungssport. *Sportwissenschaft, 28* (1), 27-40.

Brettschneider, W.D., Drenkow, E., Heim, R. & Hummel, A. (1993). Schule und Leistungssport – Chancen und Probleme. *Sportunterricht, 42* (9), 372-382.

Bühl, A. & Zöfel, P. (2000). *SPSS Version 10. Einführung in die moderne Datenanalyse unter Windows.* München: Addison-Wesley.

Buggenhagen, M. (1996). *Ich bin von Kopf bis Fuß auf Leben eingestellt.* Berlin: Sportverlag.

Buggenhagen, M. (Hrsg.). (2000). *Paralympics 2000. Die 11. Sommerspiele in Sydney.* Berlin: Sportverlag.

Bundesinstitut für Sportwissenschaft (2006). *Das Klassifizierungssystem der paralympischen Sportarten.* Bonn: Bundesinstitut für Sportwissenschaft.

Bundesministerium des Innern (Hrsg.). (1999). *Neunter Sportbericht der Bundesregierung.* Bonn: Universitäts-Buchdruckerei.

Bundesministerium des Innern (Hrsg.). (2002). *Zehnter Sportbericht der Bundesregierung*. Bonn: Universitäts-Buchdruckerei.

Bundesministerium des Innern (Hrsg.). (2004). *Leistung fördern. Die Sportpolitik des Bundesministeriums des Innern*. Köln: Kölnische Verlagsdruckerei.

Cachay, K. & Thiel, A. (1995). *Kindersport als Dienstleistung. Theoretische Überlegungen und empirische Befunde zur Einrichtung von Kindersportschulen in Sportvereinen*. Schorndorf: Hofmann.

Cachay, K. & Thiel, A. (1996). Sozialkompetenz für Trainerinnen und Trainer im Hochleistungssport. *Trainerakademie aktuell*, 4, 8-15.

Carl, K. (1988). *Talentsuche, Talentauswahl und Talentförderung*. Schorndorf: Hofmann.

Cerne, R. (Hrsg.). (2000). *Sydney 2000. Die Spiele der XXVII. Olympiade*. Berlin: Sportverlag.

Cerne, R. (Hrsg.). (2002). *Salt Lake 2002. Das ZDF-Olympia-Buch*. Berlin: Sportverlag.

Cloerkes, G. (2001). *Soziologie der Behinderung*. Heidelberg: Winter.

Conzelmann, A., Gabler, H. & Nagel, S. (2001). *Hochleistungssport. Persönlicher Gewinn oder Verlust? Lebensläufe von Olympioniken*. Tübingen: Attempto.

Daugs, R., Emrich, E. & Igel, C. (Hrsg.). (1997). *Kinder und Jugendliche im Leistungssport*. Schorndorf: Hofmann.

Daumann, F., Langer, M. & Altmann, A. (2007). *Zusammenarbeit zwischen den Olympiastützpunkten und der Wirtschaft*. Köln: Sportverlag Strauß.

Delhees, K.H. (1994). *Soziale Kommunikation*. Opladen: Westdeutscher Verlag.

DePauw, K. (1988). Research on sport for athletes with disabilities: Research opportunities. *Adapted Physical Activity Quarterly*, 5, 80-89.

Deutscher Behindertensportverband (1997). *Positionspapier des Deutschen Behindertensportverbandes*. Ratingen/Duisburg: Deutscher Behindertensportverband.

Deutscher Behindertensportverband (1998). *Nachwuchsförderprogramm im Leistungssport Behinderter für den Deutschen Behindertensportverband*. Duisburg: Deutscher Behindertensportverband.

Deutscher Behindertensportverband (2001). *Leistungssportkonzept*. Duisburg: Deutscher Behindertensportverband.

Deutscher Sportbund (Hrsg.). (1983). *Grundsatzerklärung für den Spitzensport. Entschließung zur Grundsatzerklärung für den Spitzensport*. Frankfurt/Main: Deutscher Sportbund.

Deutscher Sportbund (Hrsg.). (1992). *Leistungssport-Konzeption 1993-1996*. Frankfurt/Main: Deutscher Sportbund.

Deutscher Sportbund (Hrsg.). (1993). *Beiträge zur Förderung im Nachwuchsleistungssport*. Frankfurt/Main: Deutscher Sportbund.

Deutscher Sportbund (Hrsg.). (1995a). *Förderkonzept 2000*. Frankfurt/Main: Deutscher Sportbund.

Deutscher Sportbund (Hrsg.). (1995b). *Leistungssport im Nachwuchsbereich. Struktur und Förderung. Bestandsaufnahme und Analysen*. Frankfurt/Main: Deutscher Sportbund.

Deutscher Sportbund (Hrsg.). (1997a). *Nationales Spitzensport-Konzept*. Frankfurt/Main: Deutscher Sportbund.

Deutscher Sportbund (Hrsg.). (1997b). *Weiterentwicklung des Stützpunktsystems*. Frankfurt/Main: Deutscher Sportbund.

Deutscher Sportbund (Hrsg.). (1997c). *Nachwuchs-Leistungssport-Konzept*. Frankfurt/Main: Deutscher Sportbund.

Deutscher Sportbund (Hrsg.). (1997d). *LAL – Rahmenkonzeption*. Frankfurt/Main: Deutscher Sportbund.

Deutscher Sportbund (2000). *Förderkonzept 2000*. Frankfurt/Main: Deutscher Sportbund.

Digel, H. (2001). Talentsuche und Talentförderung im internationalen Vergleich. *Leistungssport, 4*, 72-78.

Digel, H. & Fahrner, M. (2003). *Hochleistungssport in Frankreich*. Weilheim: Bräuer.

Digel, H. & Kruse, A. (2004). *Hochleistungssport in Australien*. Weilheim: Bräuer.

Digel, H., Burk, V. & Sloboda, H. (2003). *Hochleistungssport in Großbritannien & Nordirland*. Weilheim: Bräuer.

Digel, H., Miao, J. & Utz, A. (2003). *Hochleistungssport in China*. Weilheim: Bräuer.

Doll-Tepper, G., Kröner, M. & Sonnenschein, W. (Eds.). (2001). *New horizons in sport for athletes with a disability* (Proceedings of the International VISTA' 99 Conference, Volume 1, Volume 2). Aachen: Meyer & Meyer.

Eckert, R. & Zimmer, A.C. (Hrsg.). (1999). *Rehabilitationspsychologie*. Lengerich: Pabst.

Emrich, E. (1996). *Zur Soziologie der Olympiastützpunkte. Eine Untersuchung zur Entstehung, Struktur und Leistungsfähigkeit einer Spitzensportfördereinrichtung*. Niedernhausen: Schors.

Emrich, E. & Pitsch, W. (1998). Die Qualitätserhöhung als entscheidende Größe des modernen Nachwuchsleistungssports. Erste Ergebnisse einer empirischen Untersuchung von D-Kaderathleten in Rheinland-Pfalz und im Saarland. *Leistungssport, 28* (6), 5-11.

Emrich, E. & Pitsch, W. (2001). Leistungssport aus Sicht der Sportvereine. *Leistungssport, 4*, 59-62.

Emrich, E. & Pitsch, W. (2002). Zur Steuerung von Fördersystemen im Leistungssport. *Leistungssport, 1*, 14-21.

Emrich, E., Altmeyer, L. & Papathanassiou, V. (1989). Konzeptuelle Überlegungen zur pädagogisch-sozialen Betreuung an Olympiastützpunkten. *Leistungssport*, 5, 34-37.

Emrich, E., Papathanassiou, V. & Pitsch, W. (1996). Struktur und Funktion von Laufbahnberatung und Umfeldmanagement an Olympiastützpunkten aus der Innen- und Außenperspektive. *Leistungssport*, 2, 35-41.

Emrich, E., Pitsch, W. & Papathanassiou, V. (1999). Die Trainerrolle aus Athletensicht. *Leistungssport*, 6, 9-14.

Emrich, E., Pitsch, W. & Wadsack, P. (1994). Olympiastützpunkte zwischen Zentralisierung und Dezentralisierung. Spitzensportförderung in Deutschland. *Sportwissenschaft*, 2, 151-166.

Emrich, E., Pitsch, W., Fröhlich, M. & Güllich, A. (2004). Olympiastützpunkt aus Athletensicht. *Leistungssport*, 1, 41-49.

Emrich, E. Pitsch, W., Güllich, A., Klein, M., Fröhlich, M., Flatau, J. Sandig, D. & Anthes, E. (2008). Spitzensportförderung in Deutschland – Bestandsaufnahme und Perspektiven. *Leistungssport Beilage*, 1, 1-20.

Fengler, J. & Jansen, G. (Hrsg.). (1999). *Handbuch der Heilpädagogischen Psychologie*. Stuttgart: Kohlhammer.

Fessler, N. (1995). Zufriedenheit und Dropout von Mädchen und (jungen) Frauen im Leistungssport. In M.L. Klein (Hrsg.), *„Karrieren" von Mädchen und Frauen im Sport* (S. 157-169). Sankt Augustin: Academia.

Fessler, N. (2000). Sportförderprogramme für behinderte Kinder und Jugendliche. In V. Scheid & H. Rieder (Hrsg.), *Behindertensport – Wege zur Leistung* (S. 99-120). Aachen: Meyer & Meyer.

Fessler, N. (2001). Der jugendliche Leistungssportler: Zeitaufwendungen des Nachwuchses auf Landesebene für das Training. *Leistungssport*, 4, 28-32.

Fessler, N. & Hauptmann, M. (1995). Talentsichtung und Talentförderung am Olympiastützpunkt. In T. Buttendorf, N. Fessler & R. Röhrle (Hrsg.), *Kooperationsprogramm Schule/Sportverein – Entwicklung, Stand und Perspektiven* (S. 97-101). Villingen: Neckar-Verlag.

Fessler, N. & Knoll, M. (1997). Der Stellenwert der Talentfördergruppen in der leistungssportlichen Nachwuchsförderung. *Leistungssport*, 5, 16-21.

Franz, B., Mainka, E., Regner, R. & Sander, H. (2000). *Olympische Sommerspiele 2000. Zur Entwicklung ausgewählter nationaler Spitzensportkonzepte und deren Umsetzung in Vorbereitung auf die Olympischen Spiele in Sydney*. Leipzig: Institut für Angewandte Trainingswissenschaft.

Franz, B., Mainka, E., Regner, R. & Sander, H. (2002). *Olympische Winterspiele 2002. Zu ausgewählten Spitzensportkonzepten und deren Umsetzung in Vorbereitung auf die Olympischen Winterspiele 2002 in Salt Lake City*. Leipzig: Institut für Angewandte Trainingswissenschaft.

Franz, B., Mainka, E., Regner, R. & Sander, H. (2004). *Olympische Sommerspiele 2004. Zur Entwicklung der nationalen Spitzensportkonzepte der USA, Chinas, Russlands und Australiens im Olympiazyklus 2000-2004*. Leipzig: Institut für Angewandte Trainingswissenschaft.

Franz, B., Mainka, E., Regner, R., Sander, H. & Wegner, A. (1998). *Olympische Winterspiele 1998. Zu ausgewählten nationalen Spitzensportkonzepten und deren Umsetzung in Vorbereitung auf die Olympischen Spiele in Nagano*. Leipzig: Institut für Angewandte Trainingswissenschaft.

Friede, C. & Schirra-Weirich, L. (1992). *SPSS/PC+. Eine strukturierte Einführung*. Reinbek: Rowohlt.

Fröhner, G. (1996). Sportärztliche Aspekte der Belastbarkeitssicherung und -entwicklung im Nachwuchstraining. *Leistungssport, 5*, 15-20.

Gabler H. & Ruoff, B.A. (1979). Zum Problem der Talentbestimmung im Sport. *Sportwissenschaft, 2*, 164-180.

Geist, A. (2001). Der Olympiastützpunkt – Ein Beitrag zur Förderung des Leistungssports. *Behinderte machen Sport, 6*, 6-8.

Grupe, O. (1996). Kultureller Sinngeber. *Forschung & Lehre, 3* (7), 362-366.

Güllich, A. (2001). *Perspektiven der Nachwuchsförderung*. Frankfurt: Deutscher Sportbund.

Güllich, A., Papathanassiou, V., Pitsch, W. & Emrich, E. (2001). Kaderkarrieren im Nachwuchs- und Spitzensport – Altersstruktur und Kontinuität. *Leistungssport, 4*, 63-71.

Hackfort, D. (1997). Zeitperspektiven und Handlungsorientierungen von Spitzensportlern mit Bezug auf Karriereübergänge. In W. Brehm, P. Kuhn, K. Lutter & W. Wabel (Hrsg.), *Leistung im Sport – Fitness im Leben* (S. 59-60). Hamburg: Czwalina.

Hackfort, D. (2001). Karriere im Sport – Psychosoziale Aspekte eines Karrieremanagements. Unter besonderer Berücksichtigung von Eliteschulen des Sports. *Leistungssport, 31* (4), 55-58.

Hackfort, D. & Birkner, H.A. (2004). *Förderung von Hochleistungssportlern durch Berufsausbildung*. Köln: Sport und Buch Strauß.

Hackfort, D. & Schlattmann, A. (1992). Laufbahnberatung und Umfeldmanagement an Olympiastützpunkten – Eine Analyse des Aufgabenspektrums. *Leistungssport, 22* (1), 41-46.

Hackfort, D., Emrich, E. & Papathanassiou, V. (1997). *Nachsportliche Karriereverläufe*. Schorndorf: Hofmann.

Hartleb, F.T. (1999). Trainerin und Trainer im Spannungsfeld von sportlichem Erfolg und Bildung. In W.D. Brettschneider & B. von Einem (Red.), *Weltmeister werden und das Leben meistern – Aber wie?* (S. 119-123). Paderborn: Schiborr.

Hartleb, F.T. (2000). Organisation und Verantwortlichkeiten im Leistungssport des Deutschen Behindertensportverbandes. In V. Scheid & H. Rieder (Hrsg.), *Behindertensport – Wege zur Leistung* (S. 173-181). Aachen: Meyer & Meyer.

Holz, P. & Gahai, E. (1988). Handlungs- und Lebensräume von Trainern. *Sportpsychologie, 3*, 25-28.

Innenmoser, J. (1996). Sport, Spiel und Bewegung für Behinderte – Entwicklungen, Trends, Möglichkeiten und Probleme. In H. Rieder, G. Huber & J. Werle (Hrsg.), *Sport mit Sondergruppen* (S. 245-264). Schorndorf: Hofmann.

Innenmoser, J. (1999). Aktuelle Forschungsschwerpunkte im Behindertensport. *DVS-Informationen, 3*, 25-31.

Innenmoser, J. (2000). Trainingsaufbau und -gestaltung – Wie trainieren behinderte Sportler? In V. Scheid & H. Rieder (Hrsg.), *Behindertensport – Wege zur Leistung* (S. 35-62). Aachen: Meyer & Meyer.

Innenmoser, J. (2003). *„Total quality management". Qualitätssicherung in Sporttherapie, Rehabilitationssport und Behindertensport. Realität und Aufgaben.* Köln: Sport und Buch Strauß.

Jahnke, B. & Schüle, K. (2006). *Entstehung und Entwicklung der Paralympischen Winterspiele: Örnsköldsvisk 1976 bis Turin 2006.* Köln: Sportverlag Strauß.

Kähler, W.M. (1994). *SPSS für Windows.* Braunschweig: Vieweg.

Kaminski, G., Ruoff, B.A. & Mayer, R. (1984). *Kinder und Jugendliche im Hochleistungssport.* Schorndorf: Hofmann.

Kauer, O. & Bös, K. (1998). *Behindertensport in den Medien.* Aachen: Meyer & Meyer.

Kellmann, M., Fritzenberg, M. & Beckmann, J. (2000). Erfassung von Belastung und Erholung im Behindertensport. *Psychologie und Sport, 7* (4), 141-152.

Kemper, F.J. (1981). Organisatorische und strukturelle Probleme sowie Führungsaspekte des Behindertensports. *Hochschulsport, 8* (1), 17-20.

Kemper, R. (1999a). Motivationale Aspekte zur Anwendung psychologischer Trainingsformen aus der Sicht von AthletInnen und TrainerInnen. In D. Alfermann & O. Stoll (Hrsg.), *Motivation und Volition im Sport – Vom Planen zum Handeln* (S. 253-258). Köln: bps-Verlag.

Kemper, R. (1999b). Psychological training in high level athletes. In W. Araki (Ed.), *International Conference on Mind and Body in Sport* (pp. 27-34). Osaka: Osaka University of Health and Sport Sciences.

Kemper, R. (2003). *Spezifische Karriereaspekte von nichtbehinderten und behinderten Leistungssportlern. Eine empirische Studie zu motivationalen, identitätsorientierten und sozialen Aspekten.* Unveröffentlichte Habilitationsschrift, Institut für Sportwissenschaft Jena.

Kemper, R. & Teipel, D. (2001). *Spezifische Karriereverläufe behinderter LeistungssportlerInnen in verschiedenen Sportarten.* Unveröffentlichter Forschungsbericht, Institut für Sportwissenschaft Jena.

Kemper, R. & Teipel, D. (2002). Spezifische Aspekte der Motivation behinderter Athleten im Leistungssport. In B. Strauß, M. Tietjens, N. Hagemann & A. Stachelhaus (Hrsg.), *Expertise im Sport. Lehren – Lernen – Leisten* (S. 177-178). Köln: bps-Verlag.

Kemper, R. & Teipel, D. (2003). *Selbst- und Fremdbild behinderter LeistungssportlerInnen.* Unveröffentlichter Forschungsbericht, Institut für Sportwissenschaft Jena.

Kemper, R. Teipel, D. (2004). *Selbst- und Fremdbild behinderter Leistungssportler. Eine empirische Studie mit Athleten, Trainern, Funktionären und Sportjournalisten unter Einbezug einer Medienanalyse von Paralympischen Spielen.* Unveröffentlichter Forschungsbericht, Institut für Sportwissenschaft Jena.

Kemper, R. & Teipel, D. (2005a). *Organisation der Betreuung behinderter Kadersportler.* Unveröffentlichter Forschungsbericht, Institut für Sportwissenschaft Jena.

Kemper, R. & Teipel, D. (2005b). *Chancen und Probleme der Nachwuchsförderung im Leistungssport der Behinderten.* Unveröffentlichter Forschungsbericht, Institut für Sportwissenschaft Jena.

Kemper, R. & Teipel, D. (2007). *Selbst- und Fremdbild von Leistungssportlern mit Behinderung. Eine empirische Studie mit Athleten, Sportjournalisten, Trainern und Funktionären sowie eine Medienanalyse von Paralympischen Spielen.* Köln: Sportverlag Strauß.

Kemper, R. & Treu, C. (2007). *Selbst- und Fremdkonzept von Frauen mit Behinderung.* Aachen: Meyer & Meyer.

Keuther, D. (2000). Zur Bedeutung des Leistungssports im Deutschen Behinderten-Sportverband & National Paralympic Commitee Germany. In V. Scheid & H. Rieder (Hrsg.), *Behindertensport – Wege zur Leistung* (S. 165-172). Aachen: Meyer & Meyer.

Knoll, M. (2001). Nachwuchsförderung unterhalb des Landeskaders. Ein Beitrag aus der Sicht von Trainern und Athleten in Hessen. *Leistungssport, 4,* 23-27.

Kosel, H. (1993). Leistungssport Behinderter. *Rehabilitation, 32* (4), 241-249.

Lamnek, S. (1995a). *Qualitative Sozialforschung. Band 1: Methodologie.* Weinheim: Beltz.

Lamnek, S. (1995b). *Qualitative Sozialforschung. Band 2: Methoden und Techniken.* Weinheim: Beltz.

Landessportbund Nordrhein-Westfalen (1998). *Kooperationsprojekt „Partnerschule des Leistungssports". Flankierende schulische Maßnahmen zur Förderung sportbegabter Jugendlicher in Kooperation von Leistungsstützpunkt, Teilinternat und Schule.* Düsseldorf: Eigenverlag.

Lavallee, D. & Wylleman, P. (Eds.). (2000). *Career transitions in sport. International perspectives.* Morgantown: Fitness Information Technology.

Marpmann, J. (1994). Behinderte und Leistungssport. Sport bei zerebral bedingten Bewegungsstörungen. *Therapiewoche, 44* (18), 1020-1023.

Martin, D. & Ziegler, J. (Hrsg.). (1998). *Nationales Nachwuchstrainingssystem. Probleme – Ziele – Lösungsstrategien aus der Sicht von Wissenschaft und Praxis.* Aachen: Meyer & Meyer.

Martin, J.J. (2000). Sport transitions among athletes with disabilities. In D. Lavallee & P. Wylleman (Eds.), *Career transitions in sport. International perspectives* (pp. 161-168). Morgantown: Fitness Information Technology.

Mester, J. & Knuth, S. (2004). *Sport ist Spitze. Landesprogramm Talentsuche und Talentförderung.* Aachen: Meyer & Meyer.

Ministerium für Kultus und Sport Baden-Württemberg & Landessportverband Baden-Württemberg (Hrsg.). (1991). *Behindertensport in Baden-Württemberg. Landeskonzeption zum Stand und zur weiteren Entwicklung des Behindertensports.* Stuttgart: Selbstverlag.

Möller, R. (1996). Was heißt hier behindert? Erfahrungen einer Weltmeisterin. In G. Pfister (Hrsg.), *Fit und gesund mit Sport – Frauen in Bewegung* (S. 237-241). Berlin: Orlanda.

Naul, R. (1989). *Berufsanalyse für Spitzensportler und Netzplanung für flexible Qualifikationswege in der beruflichen Laufbahn der Athleten.* Unveröffentlichter Forschungsbericht, Universität-Gesamthochschule Essen.

Otto, R.M. (2000). Entwicklung und Perspektiven des Behinderten-Leistungssports in den leichtathletischen Disziplinen. In V. Scheid & H. Rieder (Hrsg.), *Behindertensport – Wege zur Leistung* (S. 234-239). Aachen: Meyer & Meyer.

Pfaff, E. (2004). Zum Umstieg vom Sport in den Beruf. *Leistungssport, 6,* 4-11.

Pitsch, W., Papathanassiou, V., Güllich, A. & Emrich, E. (2001). Zur Rolle von Trainingsempfehlungen im Nachwuchsleistungssport. *Leistungssport, 3,* 9-14.

Platonov, W.N. (2004). Das langfristige Trainingssystem endet nicht mit der Erreichen des Leistungshöhepunkts! *Leistungssport, 1,* 18-22.

Quade, K. (1997). Forschung im Behindertensport. In Bundesinstitut für Sportwissenschaft (Hrsg.), *BISp-Jahrbuch 1997* (S. 15-23). Köln: Bundesinstitut für Sportwissenschaft.

Quade, K. (2000). Nachwuchsförderung – Wie kommen Behinderte zum Leistungssport? In V. Scheid & H. Rieder (Hrsg.), *Behindertensport – Wege zur Leistung* (S. 23-34). Aachen: Meyer & Meyer.

Quade, K. & Frischmann, J. (1997). Orthopädie – Technik und Sport aus der Sicht des Hochleistungssports. *Orthopädie-Technik, 6,* 536-544.

Rahn, S. (1991). Zu einigen Problemen der Talentsuche, Talenterkennung und Talentförderung. *Leipziger Sportwissenschaftliche Beiträge, 2,* 216-225.

Rheker, U. (2000). Sport für alle – Auch für und mit behinderten Menschen? In R. Markowetz & G. Cloerkes (Hrsg.), *Freizeit im Leben behinderter Menschen* (S. 289-302). Heidelberg: Winter.

Richartz, A. & Brettschneider, W.D. (1996). *Weltmeister werden und die Schule schaffen.* Schorndorf: Hofmann.

Rieder, H., Huber, G. & Werle, J. (Hrsg.). (1996). *Sport mit Sondergruppen. Ein Handbuch.* Schorndorf: Hofmann.

Rittner, V. & Breuer, C. (2004). *Gemeinwohlorientierung und soziale Bedeutung des Sports.* Köln: Sport und Buch Strauß.

Rost, K. & Martin, D. (1997). Ansätze zur Weiterentwicklung des Nachwuchstrainingssystems im deutschen Spitzensport. *Leistungssport, 27* (1), 32-33.

Saborowski, C., Würth, S. & Alfermann, D. (1998). Besonderheiten und Beeinflussung des motivationalen Trainingsklimas im Kinder- und Jugendsport. In D. Alfermann & O. Stoll (Hrsg.), *Motivation und Volition im Sport. Vom Planen zum Handeln* (S. 132-137). Köln: bps.

Scheid, V. (Hrsg.). (2002). *Facetten des Sports behinderter Menschen. Pädagogische und didaktische Grundlagen.* Aachen: Meyer & Meyer.

Scheid, V. & Rieder, H. (Hrsg.). (2000). *Behindertensport – Wege zur Leistung.* Aachen: Meyer & Meyer.

Scheid, V., Kuckuck, R. & Simen, J. (2000). Ziele, Anforderungen und Gegebenheiten im Leistungssport Behinderter – Zwischenbericht eines Forschungsprojekts. In V. Scheid & H. Rieder (Hrsg.), *Behindertensport – Wege zur Leistung* (S. 187-204). Aachen: Meyer & Meyer.

Scheid, V., Rank, M. & Kuckuck, R. (2003). *Behindertenleistungssport. Strukturen und Anforderungen aus Athletensicht.* Aachen: Meyer & Meyer.

Schlattmann, A. & Hackfort, D. (1994). *Laufbahnberatung und Umfeldmanagement an Olympiastützpunkten. Eine quantitative Tätigkeitsanalyse.* Köln: Sport und Buch Strauß.

Schlicht, W. & Strauß, B. (2003). *Sozialpsychologie des Sports.* Göttingen: Hogrefe.

Schmidt, W. (Hrsg.). (1996). *Lehrer- und Trainerrolle im Wandel.* Hamburg: Czwalina.

Schmidt, W., Hartmann-Tews, I. & Brettschneider, W.D. (Hrsg.). (2003). *Erster Deutscher Kinder- und Jugendsportbericht.* Schorndorf: Hofmann.

Schneider, W. (1991). Wie wird man Spitzensportler? Entwicklungsvoraussetzungen sportlicher Höchstleistungen. *Sportpsychologie, 2,* 13-16.

Schwier, J. (1994). *Spiel- und Bewegungskarrieren sehgeschädigter Kinder und Jugendlicher.* Hamburg: Czwalina.

Sinclair, D.A. & Hackfort, D. (2000). The role of the sport organization in the career transition process. In D. Lavallee & P. Wylleman (Eds.), *Career transitions in sport. International perspectives* (pp. 131-142). Morgantown: Fitness Information Technology.

Treutlein, G., Janalik, H. & Hanke, U. (1989). *Wie Trainer wahrnehmen, denken, fühlen und handeln.* Köln: Sport und Buch Strauß.

Teipel, D., Kemper, R. & Heinemann, D. (Hrsg.). (2001). *Nachwuchsförderung im Fußball*. Hamburg:Czwalina.

Teipel, D., R. Kemper & Y. Okade (Hrsg.). (2007). *Topics of social and behavioral science in sport*. Köln: Sportverlag Strauß.

Wegner, M. (2000a). Psycho-soziale Wirkungen des Behindertenleistungssports. In V. Scheid & H. Rieder (Hrsg.), *Behindertensport – Wege zur Leistung* (S. 63-87). Aachen: Meyer & Meyer.

Wegner, M. (2000b). Psychologie, Sport und Behinderung. Theorie – Konzepte – Erfahrungen. *Psychologie und Sport, 7* (3), 125-140.

Wegner, M. (2001). Behinderung und Belastungsverarbeitung. Anpassungsprozesse durch sportliche Aktivität. In R. Seiler, D. Birrer, J. Schmid & S. Valkanover (Hrsg.), *Sportpsychologie. Anforderungen – Anwendungen – Auswirkungen* (S. 19-29). Köln: bps-Verlag.

Wiemann, H.U. (2000). Sportmedizinische und trainingswissenschaftliche Betreuung an Olympiastützpunkten. In V. Scheid & H. Rieder (Hrsg.), *Behindertensport – Wege zur Leistung* (S. 139-144). Aachen: Meyer & Meyer.

World Health Organisation (Ed.). (1980). *International classification of impairments, disabilities and handicaps*. Genf: WHO.

World Health Organisation (Ed.). (2001). *International Classification of Functioning, Disability, and Health* (ICF). Genf: WHO.

Wylleman, P., Stambulova, N.B. & Biddle, S. (1999). Career transitions in sport. Research and interventions. In V. Hosek, P. Tilinger & L. Bilek (Eds.), *Psychology of sport and exercise. Enhancing the quality of life* (Proceedings of the 10th European Congress of Sport Psychology, part 2, pp. 301-303). Prague: Charles University.

Ziemainz, H. & Gulbin, J. (2001). Talentauswahl, -suche und -förderung am Beispiel des australischen Talent Search-Program. *Leistungssport, 6*, 43-46.

Ziemainz, H., Abu-Omar, K., Raedeke, T. & Krause, K. (2004). Burnout im Sport. *Leistungssport, 6*, 12-17.

Zimmer, M. (2000). Medizinische Wirkungen des Leistungssports behinderter Menschen. In V. Scheid & H. Rieder (Hrsg.), *Behindertensport – Wege zur Leistung* (S. 88-96). Aachen: Meyer & Meyer.

www-Seiten

Deutsche Vereinigung für Sportwissenschaft (o. Jahresangabe). *Sportwissenschaftliche Hochschuleinrichtungen in Deutschland (alphabetisch nach Ort)*. Zugriff am 28. Januar 2005 unter http://www.dvs-sportwissenschaft.de/information_adressen inst_d.html

Grupe, O. (o. Jahresangabe). *Allgemeine Informationen zur Sportwissenschaft*. Zugriff am 30. Januar 2005 unter http://www.tu-darmstadt.de/dvs/information_ adressen

Institut für Angewandte Trainingswissenschaft (o. Jahresangabe). *Homepage des Instituts für Angewandte Trainingswissenschaft.* Zugriff am 29. Januar 2005 unter http://www.sport-iat.de

Institut für Forschung und Entwicklung von Sportgeräten (o. Jahresangabe). *Homepage des Instituts für Forschung und Entwicklung für Sportgeräte.* Zugriff am 30. Januar 2005 unter httw//.www.fes-sport.de/entwicklung.htm

Olympiastützpunkt Berlin (o. Jahresangabe). *Homepage des Olympiastützpunktes Berlin.* Zugriff am 28. Januar 2005 unter http://www.berlin.de/osp/index.html

Olympiastützpunkt Frankfurt-Rhein-Main (o. Jahresangabe). *Homepage des Olympiastützpunktes Frankfurt-Rhein-Main.* Zugriff am 28. Januar. 2005 unter http://www.landessportbund-hessen.de/osp/liste_der_betreuten_athleten.htm

Statistisches Bundesamt Deutschland (2004). *Statistisches Jahrbuch 2004 für die Bundesrepublik Deutschland.* Zugriff am 27. Januar 2005 unter http://www.destatis.de/download/jahrbuch/stjb_6.pdf